新时期高校英语教学及发展研究

韩 艳 / 著

图书在版编目（CIP）数据

新时期高校英语教学及发展研究 / 韩艳著. -- 长春：吉林出版集团股份有限公司，2022.6

ISBN 978-7-5731-1720-5

Ⅰ.①新… Ⅱ.①韩… Ⅲ.①英语—教学研究—高等学校 Ⅳ.①H319.3

中国版本图书馆CIP数据核字（2022）第118057号

新时期高校英语教学及发展研究
XINSHIQI GAOXIAO YINGYU JIAOXUE JI FAZHAN YANJIU

著　　　者：	韩　艳
责任编辑：	矫黎晗
装帧设计：	马静静
出　　　版：	吉林出版集团股份有限公司
发　　　行：	吉林出版集团青少年书刊发行有限公司
地　　　址：	吉林省长春市福祉大路5788号
邮政编码：	130118
电　　　话：	0431-81629808
印　　　刷：	北京亚吉飞数码科技有限公司
版　　　次：	2023年3月第1版
印　　　次：	2023年3月第1次印刷
开　　　本：	710mm×1000mm　1/16
印　　　张：	15.25
字　　　数：	242千字
书　　　号：	ISBN 978-7-5731-1720-5
定　　　价：	86.00元

如发现印装质量问题，影响阅读，请与印刷厂联系调换。电话：010-82540188

前言
PREFACE

　　英语是当今世界上最主要的国际通用语言之一，也是世界上运用最为广泛的语言。21世纪的今天，随着社会不断进步，科技迅猛发展，中国拥有更多的机会与他国进行交往，中国人在世界上的地位也越来越重要。与此同时，我国的整体英语水平得到了长足发展。作为一门语言实践课程，英语技能的培养需要学生个人积极参与，并经过反复的实践才能达到熟练的地步。作为一名英语教师，他们需要打破传统的课堂教学模式，不应该将学生视作知识的"容器"，而应该将学生视作能动的主体，促进学生在整个教学过程中参与其中，将学生的能动性、自主性发挥出来。

　　近些年，随着我国互联网、大数据、5G技术的飞速发展，传统的教学模式很难满足高标准人才的需要，因此新时期的高校英语教学需要结合先进的信息技术，利用互联网来积极改革高校英语教学模式。基于此，特撰写了《新时期高校英语教学及发展研究》一书，以期推进我国高校英语教学的改革与发展。

　　本书共包含九章。第一章开篇明义，对英语教学的基础知识以及新时期高校英语教学的发展背景展开论述。第二章迎合时代发展，分析了新时期高校英语教学变革的技术动力，即互联网技术对高校英语教学的影响、优势与挑战以及意义与目标。第三章至第七章为本书的重点，从互联网视角，对与高校英语教学发展相关的各项因素展开分析，涉及教学模式、学习方式、教学内容、教学评价、教师与教材的创新与发展。第八章与第九章为创新视角，从ESP、课堂生态、课堂思政三个角度分析互联网技术下的高校英语教学。

　　总体而言，本书对高校英语教学的创新改革展开探索，通过将互联网技术融入高校英语教学中，做到了社会需求与人才培养的紧密融合。在各章节的展开中，以高校英语教学的基础知识与时代背景作为切入点，将互联网技术与高校英语教学相结合，层层深入，有理有据。为了避免本书艰涩难懂，作者在介绍理论的同时加入了大量实例，既降低了读者对本书的理解难度，也提高了本书的实用性与应用性。相信本书的撰写会为英语学习者、教学者和相关领域研究者带来一定的启发。

本书在撰写的过程中参阅了大量与互联网技术、高校英语教学相关的书籍和期刊，同时为了保证论述的全面性与合理性，本书也引用了许多专家、学者的观点。在此，谨向以上相关作者表示最诚挚的谢意，并将参考文献列于书后，如有遗漏，敬请谅解。由于作者水平有限，加之时间仓促，书中如有疏误实所难免，恳请同行专家和读者不吝指正。

作　者

2021年12月

目录
CONTENTS

第一章 绪 论

  第一节 英语教学基本知识阐释   1

  第二节 新时期高校英语教学发展的背景   9

第二章 新时期高校英语教学变革的技术动力

  第一节 互联网技术对高校英语教学的深刻影响 20

  第二节 互联网技术下高校英语教学的优势与挑战 23

  第三节 互联网技术下高校英语教学的意义与目标 26

第三章 新时期高校英语教学模式的创新

  第一节 微课教学模式   32

  第二节 慕课教学模式   40

  第三节 翻转课堂教学模式   44

  第四节 多模态互动教学模式   46

  第五节 混合式教学模式   50

第四章　新时期高校学生英语学习的创新

第一节　高校学生英语学习中的问题及阻碍　　55
第二节　高校学生英语学习倦怠与学习情感障碍　　63
第三节　高校学生英语学习倦怠情绪的内外调试　　73
第四节　互联网技术下高校学生英语学习倦怠情绪的调试
　　95

第五章　新时期高校英语教学的内容创新

第一节　互联网技术下的英语基本知识教学创新　　102
第二节　互联网技术下的英语基本技能教学创新　　114
第三节　互联网技术下的英语文化品格教学创新　　138

第六章　新时期高校英语教学评价的创新

第一节　英语教学评价理论阐释　　155
第二节　互联网技术下英语教学评价创新的必要性　　158
第三节　互联网技术下英语教学评价的原则与方法　　160

第七章　新时期高校英语教学的教材创新与教师发展

第一节　互联网技术下英语教材的立体化发展　　174
第二节　互联网技术下英语教师的角色转变　　179

第八章　新时期高校英语ESP教学的创新

第一节　英语ESP教学理论研究　　　　　　　　　197
第二节　英语ESP教学的创新与优化　　　　　　　205
第三节　互联网技术下英语ESP教学的建构路径　　209

第九章　新时期高校英语教学其他方面的创新探索

第一节　互联网技术下英语生态教学的创新　　　　212
第二节　互联网技术下英语课程思政教学的创新　　222

参考文献　　　　　　　　　　　　　　　　　　226

第一章

绪 论

面对全球化的世界,最广为人使用的语言——英语越来越受到重视,是中外交流的必备技能之一。因此,社会对英语人才的需求越来越大,对英语人才的要求也越来越高。这就意味着,我国的大学英语教学应该不断提升教学水平,培养学生较高的英语运用能力。本章作为开篇,首先对英语教学的基础知识以及新时期高校英语教学的背景展开分析,为后面章节内容的展开做铺垫。

第一节 英语教学基本知识阐释

一、教学与大学英语教学

(一)教学的内涵

教与学两种活动是单独的、双边的,也是共同的、统一的。教与学是两种活动、两种过程,这才有论及它们之间关系的必要性。我们这里首先探讨教和学的意义，其次论述我国对教学的认知和外国对教学的认知，最后我们讨论教与学之间的关系。

教是教师的行为和动作。教的意义一般指"讲授""教授""传授"等，当然还可以指代教学。前者指的是古老的教授，后者是将教作为一门职业对待。英语中，常用teach来指代教，有的时候还用instruct，因为instructor是教师的一种角色，而且有些学者认为这还是主要角色。就教的内容而言，可以包含知识、课程等。就教的主观性来说，可以是有意识地教，如Professor Widdowson teaches us Discourse Analysis；也可以是无意识地教，如"The incident taught him a lot about the nature of the superpower."这种研究深受第二语言习得理论的影响。

学是学生的行为和动作。学的意义是学习、模仿、掌握等，还有人将学和习分开的，称为学得和习得。将学称为学习，这是无可非议的。英语中往往使用learn和acquire来指代，两个词表达的是学习的过程。

我国使用"教学"两字很多是指教的意思，多半受结构主义语言观的影响，如把外语教学与研究译为foreign language teaching and research，和"外语教学—学习模式"。更有甚者把Language Teaching & Learning的书名译为"外语教学与学习"。把教和学分开的也大有人在，如北京外国语学院英语教授、博士生导师胡文仲先生的专著《英语的教与学》、广西师范大学教授王才仁先生的专著《英语教学交际论》中的英语教学实质是交际及其二主体论等，都渗透着分开研究的意义和内涵，但这不意味着没有共同和统一的意义。但是我国的研究很多是"有意无意地"认为"教师教了，学生也就学了；多教多学，少教少学，不教不学"。这样"学"，归结于教，简单地从属于教。把教与学分开来研究，也没有形成自己的独特学术观点，或形成了也显得话犹未尽。这里并不是说笔者研究得深刻，而是认为教学及其关系尚待共同深入研究。

外国对教与学、学与习一直是分开研究的，这与他们的"分析、分析、再分析"的观念有关。他们不仅研究教与学、学与习的过程问题，还研究其结果，这就形成了学得与习得的概念。我们在这里所要讲的是学习不仅指直接从教师那里得到或自己学到或操练获取的，也不仅是技能和知识的掌握，它还指learning to learn and learning to think; the modification of attitudes;

the acquisition of interests, social values, or social roles; and even changes in personality。这就增加了学生教育、学生培训的内容、社会以及个人对学习乃至教学的外部和内部影响。这种广义的学习内涵得到了国外广泛的认可。斯特恩不仅对学习研究得深而且对教授与学习关系也有较独到的见解,他说:"Language teaching can be defined as the activities which are intended to bring about language learning"。[①]他指出了教授的目的是让学生学习,再好的教学理论也需满足学生的要求,否则就会受到批评。除我们在定义讲的内容外,他还指出教的内容包括"the training of teachers, as well as making the necessary administrative provision inside or outside an educational system"。

英国著名第二语言教学专家V.库克指出:"教授的证据在于学习。"[②]这说明了教与学的关系更接近于我们的实际。我国的许多教学模式,实质上是学习模式。评估教师教的优劣,就得看学生掌握知识和技能的程度的高低,在教学评估过程中还要参考学生的认知程度、学生的心理特点,从而使教师的教授活动能促进学生的学习活动。

(二)英语教学

21世纪是信息化、全球化的时代,为迎接新世纪的挑战,我国外语教学经过多次调整,英语已恢复了主要外语地位。在英语教学研究和实践中出现了一些新的理念,当今的英语教学呈现了以下几个新的特点。

首先,当代的英语教学以创新作为教学理念。创新型人才培养是我国目前大力提倡并实施的教育策略之一。以"创造学"和"教育学"的原理为基础的创新教育包括:创新意识与动机创造精神,创造能力和创造个性等要素。创造性思维能力和实践性技能训练是创新素质教育的核心。英语教学研究者和教师们面向学生,因人而异,注重培养语言能力,引导激发他们的兴趣,并不断地反思,以提高教学效果。在这种观念的推动下,学生在学习外

---

① 隋铭才.英语教学论=English Language Teaching[M].南宁:广西教育出版社,2001.
② 同上.

语的同时，也了解了异国文化，外语从一种工具变为一种思想，从而影响了学生的人生观、世界观。

其次，英语教学更加注重培养学生的跨文化意识。语言是交流、传播、延续和发展文化的工具，基于这样的认识，人们在英语教学中逐渐树立跨文化意识，这是语言功能本身的要求，更是时代对外语教学的要求。21世纪对外语人才有了更高的要求：他们要具备扎实的专业知识，敏锐的信息洞察力以及用外语进行交流、沟通、传达和获取信息的能力。时代的要求也就使得外语教学的目的不再是单纯地传授语言知识，更重要的是培养学生运用外语进行跨文化交际的能力。跨文化意识的形成是良好的交际能力的前提。因此，教师和学生们自觉提高跨文化意识，提高了对语言差异的敏感性，逐渐从强调语言基础知识转变到注重跨文化理解，培养跨文化沟通技能。在语言教学中，把文化传输和语言的学习有机结合起来，在训练学生语言驾驭能力的同时，鼓励学生逐步了解异域国家不同的世界观、价值观，不同的文化渊源、历史传统和不同的宗教文化和风土人情，了解不同的言语行为中蕴含的文化特性，自觉接受异域文化的熏陶。

最后，英语教学注重与互联网相结合。互联网英语教学是以现代互联网技术为依托，为学生提供全方位立体化的英语教学与学习环境，以提高学生的语言应用能力。互联网和英语教学利用丰富的网上资源和网络技术，在教学实践上充分显示了其灵活性、针对性、实时性和自主性的个性化教学特征，这是传统英语教学所不具备的。

二、英语教学的理论依据

（一）行为主义理论

行为主义认为人就像一个有机体，能储存各式各样的行为，行为主义认为人的行为和习性（habit）可以由"刺激-反应"机制，及"增强"塑造。换句话说，行为主义认为学习是由环境塑造而成的，学习是由"精心设计的刺激与增强所造成的"。学习的方式是"制约"，制约可以正确指导学习的行为。学习方法包括模仿、重复、加强、矫正错误等。在行为主义的教学方法下，通过复诵、模仿学到正确的内容，纠正错误让学生学习到正确的答案，用奖励的方式增强学生正确的反应，教师是一位权威者，而且是学习的典范，学生则是被动的学习者，复诵教师的话，学生无自由意识可言。从行为主义的学习理论来看，个人是被忽略的，并且没有扮演一个重要的学习角色。

（二）建构主义学习理论

建构主义理论认为，知识不是通过教师传授得到，而是学习者在一定的情境即社会文化背景下，借助他人的帮助，利用必要的学习资料，通过意义建构的方式而获得。这一理论一经提出就引起了社会的强烈反响，并对后世学习理论的研究产生持续的影响。

建构主义提倡在教师指导下的、以学习者为中心的学习，也就是说，既强调学习者的认知主体作用，又不忽视教师的指导作用，教师是意义建构的帮助者、促进者，而不是知识的传授者与灌输者。这一理论在当时具有很强的先进性和前瞻性，对于社会教育的发展具有积极的促进作用。建构主义学习理论认为，学生是信息加工的主体、意义的主动建构者，而不是外部刺激的被动接受者和被灌输的对象。在具体的教学中，教师应当采用全新的教育思想与模式、全新的教学方法和全新的教学设计，这样才能促进教育的进一步发展。

1. 建构主义的知识观

建构主义理论者认为，知识并不是对现实的准确表征，它只是一种解释、一种假设，它并不是问题的最终答案。相反，它会随着人类的进步而不断地被"革命"掉，并随之出现新的假设；而且，知识并不能精确地概括世界的法则，在具体问题中，我们并不是拿来便用，一用就灵，而是需要针对具体情境进行再创造。因此，教师并不是什么知识的"权威"，课本也不是解释现实的"模板"。

除此之外，建构主义理论者还认为，知识不可能以实体的形式存在于具体的个体之外，尽管我们通过语言符号赋予了知识一定的外在形式，甚至这些命题还得到了较普遍的认可，但这并不意味着学习者会对这些命题有同样的理解，因为这些理解只能由个体学习者基于自己的经验背景而建构起来，这取决于特定情境下的学习历程。

总之，建构主义者以不同的方式，在某种程度上对知识的客观性、可靠性和确定性提出了质疑，尽管这种知识观过于激进，但对传统的理论提出了挑战，对于推动整个社会教育的发展产生了深远的影响。

2. 建构主义的学生观

建构主义理论非常强调学生经验的丰富性，认为他们只有形成了丰富的经验，才能对事物做出正确的认知，促进自身的发展。在某些时候，有些问题即便他们还没有接触过，没有现成的经验，但当问题一旦呈现在面前时，他们往往也可以基于相关的经验，能对这些问题做出一些合理的解释，这就是以往的经验在起作用。

建构主义者强调学生体验世界的差异性，每个人在自己的活动和交往中都形成了自己的个性化的、独特性的经验，每个人都有自己的兴趣和认知风格。因此，在具体问题面前，每个人都会基于自己的经验背景形成自己的理解，由此可见经验的重要性。

3. 学习的建构性

建构主义学习理论认为"情境""协作""会话"和"意义建构"是学习环境中的四大要素，这四个要素缺一不可，是学习者从事学习活动的重要基础。随着信息技术的不断发展，建构主义学习理论的应用范围也逐步扩大，如今这一理论成为信息技术与课程整合的主要学习理论基础。

英语是一门集理论与实践于一体的特殊课程，信息技术与英语课程的有效整合，可以创设更佳的学习"情境""协作""会话"机会，更能体现"意义建构"理论，这些能极大地促进英语教学质量的提高。

（三）文化模式

舒曼被认为是文化模式的倡导者，他最早提出语言的习得是外在的因素加诸学习者。舒曼的重要理论是探讨社会及心理的距离对第二语言及学习的影响。舒曼（1978）提出的理论指出语言的习得"是由学习者与所学语言的文化之间的社会及心理距离所决定"。[①]舒曼指出社会距离是指两个社会团体的关系。舒曼研究从哥斯达黎加来美学习英文的Alberto，舒曼探讨这位学习者学习速度缓慢的原因，发现他对所学习的语言有社会及心理的距离。他指出八个影响社会距离的因素：社会权力关系、融合的形态、开放程度、聚合力、大小、文化的融合度、态度和打算居留的长短。语言学习的优良条件包含如下几点。

（1）第二语言学习者与所在国的成员具有平等的地位。

（2）第二语言学习者与所在国成员均希望学习者同化。

（3）第二语言学习者与所在国成员能共同享用社会福利设施。

（4）第二语言学习者的成员既少又统一。

（5）两种语言的使用者对对方的态度均为肯定的态度。

（6）第二语言学习者的母语文化与第二语言的文化相差不大。

（7）第二语言学习者期待在所学语言国逗留相当一段时间。

舒曼也指出心理距离对于认知的影响。心理的距离是指个人的特色。心理因素包括如下几点。[②]

（1）语言障碍，即学习者在使用第二语言时常常有不理解或不清楚之处。

（2）文化障碍，即由于所学语言的文化与本族文化差距较大而引起的恐慌、紧张及不知所措。

（3）动机问题。

（4）个人形象问题。

---

① 蔡昌卓,刘振聪.英语教学研究与论文写作[M].桂林：广西师范大学出版社，2002.

② 同上。

舒曼发现早期的第二语言的认知与洋泾腔类似。他认为第二语言的学习者若是有很大的社会及心理的距离，这位学习者将会停留在初级洋泾腔的阶段。

（四）监视模式

克拉申的监视模式有五个不同的假设。

1. 习得及学习的假设

克拉申（1985）认为有两种不同的方式发展第二语言的能力，而这种能力包括习得及学习。习得是一个下意识的学习语言的过程，这与儿童学习第一语言的过程类似；学习则是一个有意识的过程，是熟悉语言的知识（know about language）。

2. 自然顺序的假设

克拉申解释这个概念首先来自科德（Corder，1967）。这个假设提及我们学习语言有一定顺序。有些法则比较快习得，有些则比较慢，但这些法则和顺序与学校教语法的顺序并没有关联。

3. 监视的假设

这个假设指明习得与学习的运作。克拉申认为我们创造口语的能力来自我们下意识所得到的能力。学习是有意识的获得和运用语言知识，扮演着一个编辑及监视者的角色。我们说或写之前可用"学习"来纠正错误，或者是改变结果。在用到监视器之前，必须有条件，如使用者必须有意识地关注正确性并且熟悉法则。

4. 输入的假设

这个假设认定人们是透过外在语言的输入而学习语言。若我们理解了语言的输入，我们的语言能力就可以在自然的法则中一步一步地渐进提高。语言输入常具有下一阶段的结构，而这个结构是超越了我们目前所能了解的范围，我们目前的能力是i，而我们进展到下一个阶段所具备的能力则应是i+1。举例来说，我们目前知道英语的进行式，若要知道过去式，我们就必须常听到过去式的结构。这些语言的获得最主要的是靠情境的帮助，这些情境包括非语言的信息。这个假设有两个要点：

第一，"说"是习得的结果，而不是原因。

第二，假如输入是可被了解，而且有足够的输入，我们便自然习得语法。

5.情绪及心理假设

虽然可理解的输入是习得语言所必需的，但是并不是所有的条件，语言学习者必须有开放的心态去接受语言的输入，人的情绪及心理的过滤网就像一个心理的阻碍，会妨碍学习者习得语言，影响人们获得可理解的输入。

第二节　新时期高校英语教学发展的背景

一、互联网与移动互联网

（一）互联网的发展

2017年是中国连接全球互联网的第23年，随着互联网功能和应用的不断完备以及智能手机的进一步普及，我国网民数量快速攀升。今天的互联网世界，更多地体现出"+"、体现出融合创新。随着新兴业态的成长及传统业态的升级与转型，"互联网+"成为经济社会的基础设施，"大数据+"成为国家和企业赖以生存与发展的战略性资源。互联网带来的大变革，正催生着各种业态的跨界融合。

1. Web 1.0（1994—2004年）

通常把1994—2004年这个阶段称之为Web 1.0。就全球而言，Netscape（网景）、Yahoo（雅虎）和Google（谷歌）等公司都是在Web1.0时崛起的，并做出很大贡献。

Netscape（网景），曾经是美国的一家计算机服务公司，以其生产的同名网页浏览器Netscape Navigator而闻名。在网景出现之前，浏览器的界面只有文字，网景制作出了图文并茂的浏览器界面。1995年8月9日，这家创始资金只有400万美元的公司，在华尔街上市几个小时后，市值就达到了20亿美元；4个月内，用户数增长到600万，市场份额达到75%。中央电视台大型纪录片《互联网时代》将之称为"人类历史上没有任何一样商品或服务拥有如此快速的普及速度"，并把这看作互联网繁荣的开始。1998年11月，网景被美国在线（AOL）收购。

Yahoo（雅虎），也是20世纪末互联网奇迹的创造者之一。雅虎创办于美国，提出了互联网黄页，是最早的"分类目录"搜索数据库，也是最重要的搜索服务网站之一。雅虎由杨致远和大卫·费罗创办。杨致远，其华裔美国人的身份在一定程度上激励了中国互联网的后来人。

在中国，1995年，张树新创立了首家互联网服务公司"瀛海威"。当时中关村有一个巨大的广告牌，写着："中国人离信息高速公路有多远——向北1500米。"这个广告牌成为当年国内最受关注的商业事件之一，同时也令瀛海威和它的创始人张树新成为1996年的焦点。瀛海威的前身为北京科技有限责任公司，最初的业务是代销美国PC机，张树新到美国考察时接触到互联网，回国后即着手从事互联网业务，于是有了瀛海威。其盈利模式是用户在缴纳一定的费用后，即可将电脑接入互联网，进行网络聊天、收发电子邮件、阅读电子报纸。

Web1.0的主要特点是单向传播，主要功能还是信息展示。我们现在所熟知的三大门户网站搜狐（www.sohu.com）、新浪（www.sina.com）、网易（www.163.com）都是在这一时期发展起来的。1996年11月，张朝阳从硅谷获得22.5万美元的风险投资，回中国创办了搜狐。1997年6月，1971年出生的丁磊在广州创办了网易公司。那一年，他只有26岁。新浪前身是王志东1993年12月18日在北京成立的四通利方信息技术有限公司，于1998年12月1日与海外华人网站"华渊资讯"宣布合并，成立新浪网公司，并推出同名的中文网站。2000年4月13日，新浪网宣布首次公开发行股票，第一只真正来自中国大陆的网络股登上纳斯达克。在这之后的几个月里，搜狐、网易也成功在美国纳斯达克挂牌上市，掀起了对中国互联网的第一轮投资热潮。

在移动互联网时期被合称为BAT的三大移动互联网巨头也在这段时间相继成立。腾讯公司由马化腾于1998年11月在深圳成立，1999年2月，推出了即时通信软件OICQ（也就是QQ）。1999年，马云创立了阿里巴巴，一改当时互联网界热门的"门户与搜索"两种商业模式，专注电子商务领域。2000年，李彦宏在北京中关村创立了百度，"百度"二字源于辛弃疾《青玉案》："众里寻他千百度，蓦然回首，那人却在灯火阑珊处。"十分有意韵。政府上网工程主站点（www.gov.com）1999年1月22日在北京举办的"政府上网工程启动大会"开通试运行。1999年9月，招商银行率先在国内全面启动"一网通"网上银行服务，成为国内首个实现全国"网上银行"的商业银行。在新闻领域，2000年12月12日，人民网、新华网等网站经国务院新闻办公室批准，率先成为获得登载新闻许可的重点新闻网站。在网络游戏领域，盛大网络2001年开始在大陆运营韩国网络游戏《传奇》，成为大陆网络游戏市场上的霸主。在2000年，全球也正在经历一场互联网泡沫。在早期对互联网的狂热和投机后，期望过高带来了产业信心消失，互联网的免费模式"宠"坏了消费者，互联网几乎是用"烧"的速度用尽投资者的金钱，盈利遥遥无望。

在中国同样如此。但在互联网公司耗尽了投资者的金钱时，中国移动2000年推出的移动梦网，带来了新的盈利模式。移动梦网，是中国移动向客户提供移动数据业务的统一品牌。英文叫作Monternet，意思是"Mobile+Internet"。这是一种SP/CP增值业务发展的典型模式——中国移动是"移动门户提供商+网络运营商"，梦网平台是移动互联网业务的载体，聚集起众多内容提供商（CP）和服务提供商（SP），用户通过定制业务交费，在收到费用后，中国移动再向CP、SP分成。移动梦网为中国互联网公司解决了支付、用户、商业模式等问题。2002年第二季度，搜狐率先宣布盈利，新浪、网易也相继盈利。

2. Web 2.0（2004—2009年）

2004年，互联网进入Web 2.0时代。Web 2.0概念始于O'Reilly Media的创造人Tim O'Reilly（蒂姆·奥莱利），在一场和Media Live International（灵动媒介国际公司）之间的头脑风暴论坛上，他认为互联网泡沫破裂是互联网的一个转折点，这也带来了"Web 2.0"运动。

笔者以为，较之Web 1.0，Web 2.0最大的不同不在于技术，而在于主导思想及应用。Web 2.0与Web 1.0最大的不同，是从"用户获取内容"转向"用户获取并生产内容"，更注重的是交互作用。可以说是用户"主动创造""共同建设"了Web 2.0。这从Web 2.0具有代表性的技术，以及支撑的业务可以看出。

Blog（博客），是Web和Log的混成词，在台湾被译作部落格、网志，在港澳被译作网志，总之是一种由个人管理、不定期更新文章、图片或视频的网页。有用户把它当作在线日记，用以记录事件、抒发情感。也有用户将其当作分享信息的阵地。著名科幻作家William Gibson在1996年预言了职业博客的出现："用不了多久就会有人为你浏览网络，精选内容，并以此为生，的确存在着这样的需求。"方兴东于2002年8月创立的"博客中国"（blogchina.com）是中国第一个正式的博客网站。

博客的创新性在于实现了"零进入壁垒"的网上个人出版方式，只要有电脑，会打字，就能向全世界表达自己的观点。

RSS（简易信息聚合），是一种消息来源格式规范，用以聚合经常发布更新数据的网站，如博客文章、新闻、音频或视频的网摘。RSS包含了全文或是节录的文字，按照用户的要求，"送"到用户的桌面。可以借由RSS阅读器、FeedReader或是Aggregator等网页或以桌面为架构的软件来阅读。RSS技术1999年诞生于网景公司，可以传送用户所订阅的内容，现在已经为新浪、网易等越来越多的网站所使用。

SNS（社交网络服务），是为一群拥有相同兴趣与活动的人创建的在线社区。主要是基于互联网，为用户提供各种联系、交流的交互通路，为信息的交流与分享提供了新的途径。1999年，周云帆、陈一舟和杨宁共同创办ChinaRen校友录，被认为是中国最早的SNS产品。ChinaRen后来被搜狐收购。从2008年5月开始，开心网、校内网（后改名为人人网）等SNS网站迅速传播，SNS成为2008年的热门互联网应用之一。承载在这些SNS网站上，"偷菜游戏"等休闲交友游戏也风靡一时。"今天你偷菜了吗"成为人们打招呼的问候语。

2007年苹果iPhone手机面世，带来了Web2.0阶段的另一个明显趋势。苹果iPhone引领的移动智能终端大潮，使网络接入方式从固定转向移动互联网。手机江湖戏称：诺基亚和苹果，其最大不同在于，诺基亚用渠道卖终端，苹果把终端当渠道卖。苹果向第三方开放App Store，拉开了一个全新的移动互联网商业模式。App Store是一个应用商店，用户可以在里面购买各种应用。这些应用是由开发者提供的，开发者不是苹果的员工，也未有任何资金或者资质方面的限制，苹果还为注册的开发者提供App SDK和相应的技术支持。用户购买应用的收益，苹果公司以一定比例同开发者分成。

2004年3月4日，"掌上灵通"在美国纳斯达克首次公开上市，成为首家完成IPO的中国SP（服务内容提供商）。掌上灵通是一家为中国手机用户提供增值服务（如媒体、娱乐及联系等）的供应商，通过中国移动和中国联通来推广自己的服务，一度成为世界最大的无线手机市场。此后，TOM、盛大等公司纷纷在海外上市。中国互联网公司开始了自2000年以来的第二轮境外上市热潮。随着互联网的蓬勃发展，国家监管随之而来。2005年9月25日，国务院新闻办公室、信息产业部联合发布《互联网新闻信息服务管理规定》；2006年3月30日，中华人民共和国信息产业部颁布的《互联网电子邮件服务管理办法》开始施行。

互联网在媒体领域也正逐步发挥作用。2005年11月7日，搜狐成为2008年北京奥运会互联网内容服务赞助商，这是奥运会历史上第一次互联网内容赞助。2007年2月28日，《人民日报》面向全国正式发行手机报，这对全国主流媒体有一定的示范作用，也进一步促进手机媒体化的进程；2007年5月开始，千龙网、新浪网、搜狐网、网易网、TOM网、中华网等11家网站举办"网上大讲堂"活动，以网络视频授课、文字实录以及与网民互动交流等方式，传播科学文化知识；2007年12月18日，国际奥委会与中国中央电视台共同签署了"2008年北京奥运会中国地区互联网和移动平台传播权"协议，这也是奥运史上首次互联网移动平台的传播授权。

3. Web 3.0（2009年后）

Web 3.0较之Web2.0，有了一些新的方向和特征，包括将互联网本身转化为一个泛数据库，跨浏览器、超浏览器的内容投递和请求机制，人工智能技术的运用，语义网，地理映射网，运用3D技术搭建的网站甚至虚拟世界等。在中国，2009年1月7日，工业和信息化部为中国移动通信集团、中国电信集团公司和中国联合网络通信有限公司发放3张第三代移动通信（3G）牌照。从2010年开始，UCWEB等互联网公司纷纷融资成功，中国的移动互联网进入繁荣发展时期。根据中国互联网络信息中心（CNNIC）发布的数据，截至2012年12月底，中国网民规模5.64亿，互联网普及率达到42.1%；手机网民规模为4.2亿，使用手机上网的网民规模超过了台式电脑。截至2013年12月，中国网民规模6.18亿，互联网普及率达到45.8%。手机网民保持增长态势，已达5亿。新浪在2009年推出了"微博"服务，被称为"中国Twitter"，新浪微博于2014年4月17日在纳斯达克挂牌上市，而在上市之前，阿里巴巴增持微博股权至30%。

从2009年下半年起，搜狐网、网易网、人民网纷纷推出微博应用，吸引了企业机构、社会名人、众多网民加入，成为2009年热门互联网应用之一。2011年初，"微博打拐"活动发起，"随手拍照解救乞讨儿童"的微博行动引起全国关注，微博逐步成为中国重要舆论平台。2011年12月16日，《北京市微博客发展管理若干规定》出台，规定任何组织或者个人注册微博客账号，应当使用真实身份信息，随后广州、深圳、上海、天津等地亦采取相同措施。

腾讯于2011年1月21日推出微信——一款只在手机上使用的、主打通信录社交概念的IM（即时通信软件）。微信由张小龙所带领的腾讯广州研发中心产品团队打造，名字由马化腾在产品策划的邮件中确定。微信开始只能在智能手机上使用，后来又开发了PC平台，但仍需要用手机辅助登录。随着微信5.0版本的发布，微信也正式开始进军移动电商。2014年春节的"抢红包"，一举让微信绑定了近亿张银行卡。微信支付将支付过程简化到极致。在这个阶段，电子商务开始兴起。2010年走红的是团购这一商业模式。根据中国互联网络信息中心（CNNIC）统计，截至2010年底，中国网络团购用户数达到1875万人。2013年电子商务快速发展，网络零售交易额达到1.85

万亿元。中国超过美国（根据eMarketer数据显示，2013年美国网络零售交易额达到2589亿美元，约合人民币1.566万亿元）成为全球第一大网络零售市场。

国家继续加强对互联网各领域的监管。2011年5月，国家互联网信息办公室正式成立。在这之前的2010年6月14日，中国人民银行公布《非金融机构支付服务管理办法》，将网络支付纳入监管。2011年5月18日，中国人民银行下发首批27张第三方支付牌照（《支付业务许可证》）。2013年6月25日，在公安部指导下，阿里巴巴、腾讯、百度、新浪、盛大、网易、亚马逊等中国21家互联网企业，成立了"互联网反欺诈委员会"。2013年10月25日，新修订的《中华人民共和国消费者权益保护法》发布，规定经营者采用网络、电视、电话、邮购等方式销售商品，消费者有权自收到商品之日起七日内退货。

在中国移动互联网业，出现了百度、阿里巴巴、腾讯三大巨擘。因为百度的首字母是B、阿里巴巴的首字母是A、腾讯的首字母是T，被合称为BAT。BAT三巨头逐渐发展起了自己的互联网产业，涉及电子商务、网络游戏、社交媒体、搜索门户以及基于地理位置服务等多个领域，并且每个巨头下都有众多与其有着紧密关系的公司。在个人创业方面，李开复博士创办创新工场，孵化的第一款产品是豌豆荚，开始进军移动互联网应用领域。

各大互联网企业竞争进入新阶段，开始一系列互联网之战，甚至走上了诉讼之路。最为有名的可算是"3Q"大战。2010年10月29日，周鸿祎的奇虎360推出名为"扣扣保镖"的安全工具，号称是"隐私保护器"，该软件查出QQ软件侵犯用户隐私。腾讯则指出360浏览器涉嫌不正当推广。

2010年11月3日，腾讯公司做了一个"艰难的决定"——在装有360软件的电脑上停止运行QQ软件。2010年11月4日，在政府主管部门介入调查及干预下，双方的软件恢复兼容。另一场战争是2012年8月16日，奇虎360综合搜索上线，又引发了百度和360的搜索之争。2012年11月1日，在中国互联网协会组织下，百度、奇虎360等12家搜索引擎服务企业签署了《互联网搜索引擎服务自律公约》，促进了行业规范。

2013年中国互联网企业开始出现并购热潮，除了上文提到的阿里巴巴5.86亿美元入股新浪微博外，另有几个大手笔是：百度3.7亿美元收购PPS

视频业务，苏宁云商与联想控股旗下弘毅资本以4.2亿美元战略投资PPTV，腾讯4.48亿美元收购搜狗，百度18.5亿美元收购91无线网络有限公司100%股权等。

Web 3.0时代的重大突破，是网络连接从人和人之间转向万物互联，物联网的发展开始起步。2009年，欧盟执委会提出欧洲物联网行动计划，推动互联网向万物互联发展。

（二）移动互联网时代的到来

移动互联网（Mobile Internet）定义有很多，通常是指将移动通信和互联网二者结合起来，成为一体。如果从用户角度出发，移动互联网可以描绘为"移动的用户从自身需求出发，能够通过以手机、移动互联设备为主的无线终端随时随地接入互联网来消费内容和使用应用"。

移动互联网不仅仅是在手机上使用互联网，也不仅仅是简单的桌面互联网的移动化。一些在桌面互联网上热门的、赚钱的业务，在移动端都很难平移过去，门户、搜索都是其中典型的业务。移动互联网时代，屏幕大小的变化、用户使用习惯的变化、注意力的变化，包括社交在内的行为变化都和桌面互联网有着很大的不同。移动互联网把手机独有、随身携带、实时移动等功能和互联网这一新技术有机结合起来，创造出很多新应用、新模式。移动互联网具有六大特点。

移动性：从2G、3G、4G到5G，移动通信技术的发展使手机、平板等智能终端随时随地拉入互联网，互联网逐步移动起来。特别是因为4G的高速解决了传输瓶颈，真正实现了"移动宽带"，让长久以来被网线所束缚的互联网获得自由。

便携性：移动互联网的根本是智能终端，智能终端属于个人随身携带物品。而智能眼镜、手表、手环等穿戴设备的兴起，使智能终端逐渐成为人类身体器官的延伸。

即时性：由移动性和便携性引发而来的是用户可以随时随地使用互联网。另一方面，对互联网反馈速度的需求也进一步提高。

私密性：有报告显示，92.8%的安卓手机用户在手机中存放隐私，智能手机已经成为隐私最多的设备。隐私通常包括两个部分：一个是存的私人信息；一个是生活习惯的隐私。

个性化：移动互联网的每一次使用都精确地指向一个明确的个体。再加以大数据技术，移动互联网能够为每一个个体提供更为精准的个性化服务。

智能化：电视、汽车等传统设备的智能化，衍生出新形态。同时，人机交互更加智能，而重力感应、磁场感应，甚至人体心电感应、血压感应、脉搏感应等传感器，使通信从人与人通信，向更智能的人与物，以及物与物演进。

二、信息化教育与"互联网+教育"

（一）信息化教育的推进

信息化给教育带来的影响可以说是革命性的。一个国家教育现代化发展水平是由教育信息化水平所衡量的。教育信息化的重要性已经得到了全世界的认可和关注，教育现代化发展离不开教育信息化的推动，教育信息化的革命是全球性的，这场革命在世界各国被点燃，如火如荼，声势浩大。教育信息化对教育的影响遍及学校教育、家庭教育、社会教育等各个教育领域，对高等教育的影响尤为明显。因此对教育信息化进行研究具有重要意义。

也就是说，无论是教学还是教育都离不开信息技术，教学中使用最多的教材就是一种信息技术。随着科技的进步与发展，现在信息技术对人们的工作、学习等产生了深远影响，尤其是计算机技术的进步，为信息技术应用于教学提供了便利。最初，计算机在教学中的应用主要是开发辅助教学软件，这些软件大都是基于行为主义学习理论的，主要用来供学生操作和练习。

20世纪70年代，计算机在教学中的运用更为广泛，一些大学和公司相继开发了各课程的比较成熟的辅助教学软件。

到了20世纪80年代后期，随着微型计算机和多媒体技术的发展，信息技术在教育中的应用越来越广泛，利用计算机开发的教学软件的呈现方式也不仅仅局限于文本，而是图、文、声、像并茂。此时认知理论已经成为指导计算机辅助教学发展的重要理论基础，这一时期开发了一些高质量的教学软件。与此同时，世界上许多国家从20世纪80年代初都把"计算机教育"引入中小学教育中。

20世纪90年代以来，国外的中小学普遍加强信息技术教育，发达国家尤其注重这一点。而且他们已经意识到以计算机、多媒体和网络为核心的信息技术将是今后人们获取知识、从事工作、了解世界与人交往的重要途径。为此，发达国家加大了对信息技术教育的投入，用于购置计算机设备和进行信息技术教育方面的师资培训。

在中小学开设信息技术教育课程的目标是培养学生的信息能力，即学生获取、分析、加工和利用信息的能力，为实现这一目标，通常有两种模式：一是独立开设信息技术课；另一种是将信息技术内容整合到中小学各学科的课程中去，使信息技术知识和能力的培养与各学科的教学过程紧密结合起来。20世纪90年代中期以前，基本上是采用第一种模式—单独开课；到20世纪90年代中期以后才有一些国家开始采用第二种模式——信息技术与课程整合。

之前，教育者把注意力都放在了技术在教学中的单独呈现上，而忽视了技术与课程的整合。尽管第二种模式只是试验性探索，但是"整合模式"将会成为信息技术教育发展的必然趋势。

（二）"互联网+教育"革新

"互联网+"是现代的主流思想，其意义是把传统的生产、销售、运营乃至生活方式都以互联网的思维进行全新的诠释。互联网+教育也是最近的热门话题，那么"互联网+教育=？"答案是教育对教育的变革。

首先是对教学思维及模式的改变。传统的教学是以老师为主体。在互联网的思维模式下，老师与学生的地位完全被颠覆。所以，现在强调要提升学生在课堂上的主体地位，引发学生的学习积极性，增加课堂的互动性及灵活性。

其次是助学工具的改变。传统的助学工具，就是提供试题，让学生来做题而已。但是现在，这些简单的助学工具已经无法满足时下教育的需求。所以更多的教育商开始提供更多更科学、更人性化的服务。比如，孩子们上下学都是交通的高峰期，有很多一线城市堵车非常严重，动辄一个小时或者几个小时。那么，学生有一部分时间是浪费在上下学途中，缩短了学生的自主使用时间，无形中增加了学生的负担。而网上的教学系统则很好地解决了这个问题，只要在手机中下载软件，就可以离线学习，于是堵车的过程变成了学习的过程。这样不但科学地整合了学生的零散时间，也及时地帮助学生在最短时间内完成课后的复习，巩固了知识点，相对减轻了学生的学习负担。

总体而言，"互联网+教育"就是在教育行业中引入互联网，实现一些基于互联网的教育应用，如K12在线教育、MOOC等，"互联网+教育"将会改变教育行业的很多行为方式。"互联网+教育"没有一个固定的形式与定义，等于变革了传统的教育思维、教育方式及教育工具，而三者的变革又相辅相成，共同促进着变革的发展与深入。

第二章
新时期高校英语教学变革的技术动力

当下,人类已经迈入新时代,以计算机为基础的互联网技术迅猛发展,并在社会各个领域都有不同程度的渗透。在信息化时代,我国大力推进互联网技术与教育教学的融合,不断研究如何充分利用互联网技术提高教学质量,加强互联网技术在各学科教学的应用。如果离开教育信息化,教育创新将失去载体,教育也无法适应新时代的要求。英语教学作为教育的重要组成部分,自然也需要适应互联网技术的要求。本章就从互联网技术入手,探究新时期高校英语教学变革的技术动力。

第一节 互联网技术对高校英语教学的深刻影响

互联网技术在高校英语教学中有着非常显著的影响,并且在高校英语教学中得到了广泛的应用。在高校英语教学中,有三个基本的要素,即教师、学生、教学设施。随着互联网技术的融入,这三个要素都会相应地发生改变,

互联网技术在高校英语教学中有着非常显著的影响,并且在高校英语教学中得到了广泛的应用。在高校英语教学中,有三个基本的要素,即教师、

学生、教学设施。随着互联网技术的融入，这三个要素都会相应地发生改变，不仅改变了教师的教学作用，也改变了学生的学习能力，同时还影响着教育设施的工作性能。

互联网技术对高校英语教学的改变主要有如下几点表现。

一、革新了英语教育思想和观念

传统的高校英语教学主要是强调知识的讲授，无论在课程设置还是在教学内容组织、教学方法运用等层面，都是为了传授知识服务的。在互联网技术背景下，要求高校学生不仅要掌握基本的知识，还需要掌握获取知识的能力，因此需要对教育思想与观念加以变革，这样才能将高校英语教学从知识的传授层面转向对能力的培养层面。

二、改变了英语教学的目的

随着社会不断发展，时代不断进步，高校英语教学也必然发生改变。在互联网技术背景下，高校英语教学不再处于封闭状态，而是逐渐开放，面向大众，并且出现了网络大学、远程教育等新的教学模式，教学内容上也多趋于多媒体化。这使得高校英语教学的教学对象不断扩大，使终身教育、大众教育逐渐变得可能。

三、改变了英语教学的内容和方式

互联网技术的进步使高校英语教学逐渐走向社会，其各个层面与人们的生活相融合。人们可以对学校、教师、课程等进行自由选择,将办学的开放性充分展现出来。随着互联网技术的运用,高校英语教学的组织形式变得更为方便、灵活,教学计划也更为针对与柔性。在当今信息社会背景下,知识更新速度加快,人与人之间的竞争更为明显,这就使得人们对学习更加重视,愿意接受高等教育,甚至终身教育,因此导致英语学习更接近终身化。

在教学内容层面,教师运用互联网技术的网络搜索功能,对英语这门学科前沿的知识、最新的成果进行查询,从而将这些内容运用到高校英语教学中。在高校英语教学方法上,通过互联网技术对传统的高校英语教学方式加以改变,创设良好的教学情境,从而将教学内容更便捷地表达出来,凸显了互动性,也便于对学生综合能力的培养。

四、改变了传统英语课堂上的师生关系

传统的高校英语教学模式主要是以教授为主,是一种单向的模式。互联网技术使得大学英语教师的作用发生改变,从知识的传递者转向学生学习的引导者、协调者,学生可以运用互联网技术对英语这门学科前沿的知识、最新的知识进行学习与接收,使自己从被动的学习者转向主动的学习者,即学习的主人。显然,师生的角色在互联网技术背景下都发生了改变。

五、改变了英语教学的评价制度

互联网技术使学校的办学行为更为开放、透明,社会机构也对学校更加关注,并且更为突出的是,教育评价的主体从政府逐渐转向社会,这都有助于互联网技术教育的进步与发展。教育评价的内容也会发生改变,其中对学生的评价从以往对知识的过分重视转向对能力的要求,从过去的单纯考试转

向考试与实践相结合的方式,这些变化都是因为互联网技术教育的影响。

第二节　互联网技术下高校英语教学的优势与挑战

一、互联网技术下高校英语教学的优势

(一)互联网的交互性使得学生英语综合素质不断提升

计算机网络体现出交互性的特点,这一特点有助于将学生学习的积极性调动起来,让学生有学习的欲望,愿意去学习,形成学习动机。在互联网技术下,交互性就是学生在学习中不是被动地学习,而是参与到具体的学习过程中。传统的教学过程往往是教师占据主导地位,学生是被动地接受学习,但是互联网技术下的交互学习改变了这一局面。

在互联网技术下,计算机对学生提出的问题做出处理,对学生给出的答案可以进行逻辑分析,并能够将结果向学生反馈,这对于学生而言有助于锻炼他们的英语运用能力。在这一环境下,学生可以从自己的兴趣出发,对学习的内容进行选择。可见,这种模式为学生提供了理想环境,从而令学生从自己的知识基础与认知出发,展开学习,提升自身的知识水平和能力。

(二)互联网知识的强大促使课堂内容更为丰富

课堂的知识的容量大,延展性强,有利于丰富课堂和提高教学的效率和质量。在互联网技术下的高校英语教学课堂上,教师可以利用现代互联网技术把大量的教学内容融入课堂中,知识的展现不再是单纯的文字和图片,而是集文字、图片、声音、视频等多种媒体于一体的综合体,在课堂上学生通

过不同媒体的展示知识的途径获取新知识，而且在视觉和感官上都有新的认识，从而在有限的时间内进行知识的有效学习。例如，在进行Unit 2 *Puzzles in Geography*这一教学中，可以融入许多知识内容，设计形式多样的教学活动并顺利开展，这是传统教学所不能及的。

（三）互联网技术充分调动了教师主导与学生主体的作用

互联网技术下的高校英语教学中，学生占据主体地位，教师发挥主导作用，这就营造了一个轻松、和谐、融洽的师生交互的环境。通过借助互联网技术的优势，设计活动，组织教学，充分发挥教师的主导性，让学生在不同的活动中参与、体验、感悟、交流和成长。所设计的活动既有自主学习，又有合作探究学习等，以培养学生的自主、自觉、合作学习能力，充分发挥学生在学习中的主体性。互联网技术又为师生活动的互动营造一个宽松、和谐、融洽的环境，使得学生乐于参与、敢于谈论、积极思考、形成自己的新知识，提高自我思考和处理问题的能力。

二、互联网技术下高校英语教学的挑战

（一）教学层面：挑战教学方法与教学手段

传统的高校英语教学是从教材出发来一步步地传授知识的，教学主要是以教师为中心，采用"填鸭式"的教学模式。随着互联网技术的引入，以及慕课教学、微课教学、翻转课堂教学等的实施，教学内容不断深化与多样，学生可以运用互联网技术在任何地方获取教学内容。

在传统的高校英语教学中，教师是教学的主导，学生被动接受知识，但是随着互联网技术的引入，这种角色发生了改变，教师展开探究教学、项目教学等，实现教与学方式的改变，教师主要负责引导，学生主动进行学习。显然，传统的教学模式与当前的高校英语教学改革已不相符。当前的高校英

语教学需要运用新的教学手段，提升教学水平和质量。

（二）教师层面：挑战教师角色与教师技能

"教师教、学生学"这一模式就意味着教师是知识的传输者，学生只是知识的接受者。但是，随着互联网技术的融入，一些新的教学模式兴起，教师的责任发生了转变，从灌输者转向引导者，学生从接受者转向主动学习者。虽然教师的主体地位被颠覆了，但教师仍然是推动学生展开学习的动力，他们需要不断指导学生的学习，是学生学习的必要支持者。显然，教师成了学生获取资源的一种途径，当然教师在教学中不仅需要为学生答疑解惑，还需要不断提升自身的技术水平。

在传统的高校英语教学中，教师只需要具备专业素养就可以了，会用电脑执行一些基本的任务就能够完成教学。但是，在当前新时代背景下，教师需要提升自身的技术能力，能够多样化地组织课堂教学。

互联网技术为教师和学生提供了海量的资源，学生在面对如此多的资源的时候是很难做出选择的，这就需要教师的帮助，教师帮助学生对资源进行甄别，在课前将这些资源提供给学生，如微课视频、微课课件等。在课堂之上，教师努力激发学生学习的兴趣和积极性，熟练把握课堂活动，如进行合作学习等。同时，教师还需要掌握互联网技术，能够运用该技术制作视频，对学习进行检测，实现与学生的互动。当然，教师还需要处理好传统手段与现代手段的关系，发挥好自身的情感与人格作用。

（三）学生层面：挑战学习观念与学习方式

在互联网技术下，自主学习、合作学习、体验式学习等是最为常见的方式。随着互联网技术的不断引入，知识变得更为开放，学生要想获取知识，除了从课堂和教师那里，还可以通过网络获取。当然，传授知识的场所也不仅限于课堂之上，而是教师让学生把握基本的学习策略，帮助学生解决学习中遇到的问题。显然，互联网技术融入高校英语教学使学生的学习路径更为拓宽，学生也获得了丰富的学习资源，让学生的学习变得更为主动。

在资源选择上，学生的自主性更为明显，他们可以选择本校教师的微课讲解，也可以选择其他学校教师的讲解。同时，学习的时间、地点也非常灵活，只要具备无线网络，学生就可以在任何时间、地点展开学习，这将传统课堂只能讲授一两遍的弊端予以消除。

互联网技术融入高校英语教学，使得学习更加具有互动性，学生可以和教师交互，学生可以和计算机交互。学习平台也可以监控学生的学习情况，教师也可以实时查看学生的学习情况，为学生提出一些意见和建议。师生之间、生生之间可以随时展开交流与合作，将英语学习的困难放在明面上解决。泛在性、自主性、随时性是互联网时代的大学英语学习方式的主要特征，颠覆了传统的"机械"和"被动"的学习方式。

第三节　互联网技术下高校英语教学的意义与目标

一、互联网技术下高校英语教学的意义

（一）互联网技术对外语教师的意义

应用互联网技术进行高校英语教学与研究对于大学英语教师有着"近水楼台"的优势，因为教师完全没有语言障碍，随时可以掌握网上最新的动态与消息。我国著名应用语言学家桂诗春（1997）曾把互联网技术对英语教师的好处归纳为以下五大点。

（1）可以为自己建立一个最完善的图书馆，解决教学中的各种疑难问题。

（2）网上语言主要是英语，上网为教师提供了广泛接触英语的机会，对迅速更新知识、提高英语水平很有好处。

（3）英语教学中最缺乏的是教学资料，互联网可以每日每时为我们提供大量的教学资料。

（4）可以参加与外语教学有关的新闻组和电子论坛的讨论组，交流信息和经验，开拓视野，提高科研水平。

（5）可以上网参加一些适合自身水平和兴趣的在线课程，不断充实提高自己。

在这个迅速发展的信息社会，许多教师还存有疑问和恐惧，也就是"计算机与网络的发展会不会取代教师的地位和职业？"这一点其实大可不必担心。正如Claire Bradin所说，"计算机不会取代老师的职业，但是会利用计算机的老师却必然会取代不会利用计算机的老师"。计算机不能也不会取代教师的地位，这是因为机器不能代替人做许多有意义的工作。比如，备课和选取学习资料。但随着技术的不断更新和发展，只有不断迎接它，不断利用它，更新自己的知识结构，才能做一个受学生欢迎的教师。同时，在人机交互的学习环境下，传统的"学生在教师控制下被动接受知识"的局面将会改变。教师应放弃一些原有的课堂权威，把角色转换为"启发学生如何运用计算机学会学习"，学生在教师的引导下将会更加独立、自主、积极地学习。

（二）互联网技术对英语学习环境的意义

对正在进行英语学习的学生而言，互联网技术具有巨大的开放性，它为学生提供了更加广阔的学习和思维空间，激发了他们的兴趣和自主学习的能力。同时，互联网技术的介入还更加优化了英语学习的环境。

Egbert和Jessup（1996）曾提出理想的语言学习环境的四个条件。

（1）学习者要有与真实语言交际对象进行交流和讨论的机会。

（2）学习者要参与有利于接触和产生各种创造性语言的真实训练活动。

（3）学习者有组织思想和有意识认知的机会。

（4）学习者在课堂里要有理想的压力和焦虑环境，这种焦虑是一种积极的焦虑，而不是退缩性的焦虑。

显然，互联网技术的介入优化了这种学习环境，并赋予它全新的面貌。

主要包括以下几方面。

1. 能够帮助教师实现个体化教学

英语教师在备课时常常因为学生对英语兴趣各异、水平不齐而感到苦恼。然而，通过网络自主学习，学生能够建立自己的学习目标，并独立自主地掌握学习进度。互联网上有大量的语言学习信息，难度与种类也各不相同，学生在老师的统一指导下可以选择自己感兴趣的和适合自己水平的内容学习；由于电子邮件实现快速专递，使学生在几分钟的时间内就可以与世界各地的人们交换信息，促使他们在短时间内进行网上写作，大大激发了他们运用语言的兴趣和创造性的潜能。日本著名的CALL研究专家Kitao（1996）曾说过："网络鼓舞了学生积极向上的学习，使他们及时运用已有的知识，鼓励了理解性的学习，而且能够让学生们发现自己在进步。"

2. 使学生学习到并运用上真实的语言

外语学界普遍认为，学习真实的语言，也即现实中的人在真实的场景下有明确交流目的的语言，能够达到最佳的学习效果。在互联网上不仅能够实现人机交流，而且能够及时实现人与人之间的交流。无论学生是在电子公告栏发布消息和观点、参加讨论组、加入英语聊天室，或是在互联网上检索和阅读信息，他们都会发现自己置身于真实的英语环境，学习任务本身也不再是枯燥无味的了。

3. 促进协作式学习

协作式学习意味着一组学生互相协作，为完成一项学习任务共同努力。这种协作式学习可以是本校学生之间的，也可以以国际交流的方式进行。教师联系教学任务，规定一个小项目，学生以小组的形式在规定时间内完成任务，最后举行评比。

二、互联网技术下高校英语教学的目标

（一）改变传统观念

在互联网技术下，高校英语教学应该改变传统的教学观念。我国传统的教学往往以教师作为中心。在教学中，学生往往是被动的学习，教师对整个课堂教学进行控制。这种教学形式不能被完全否定，其也是存在可取之处的，如对知识系统的传授是较为完整的，但是其也不可否认有弊端，即忽视了学生的主体地位，忽视了学生内心的改变。因此，在培养学生独立性与创新性层面存在着明显的不足。

互联网技术下的高校英语教学就是要将学生的主体性充分发挥出来，让他们敢于创造，让学生真正成为知识的主体与建构者，而不是被动的接受者。教师应该逐渐成为课堂的指导者与组织者，引导学生对意义加以建构，而不是仅仅是主宰与灌输。因此，无论对于教师、学生还是管理人员而言，都应该改变传统的教与学观念，从以教师为中心转向以学生为中心，从完全的课堂教学转向计算机自主学习。传统的计算机辅助教学仅仅改变了教学手段，因此在这里的计算机仅仅是一种辅助工具，对教学内容、教学结构等未做改变。互联网技术下的高校英语教学是运用互联网创造理想化的学习方法与环境。同时，教师也应该改变传统观念，不能仅仅将互联网技术视作辅助的工具，而应该强调将互联网技术视作学生自主学习的与情感激发的工具，将其看成课程的一部分。

（二）改进教与学的方法

在互联网技术下，高校英语教学应该逐渐改变教与学的方法。也就是说，大学英语教师并不是知识传授的唯一渠道，教师应该引导学生突破课本的限制，运用互联网技术，进行自主探索、自主学习，实现资源的有效共享。教师应该将学生带入计算机构建的探索空间，使他们的知识获取渠道更为广阔。

这就要求，教师的教需要做如下改变。

第一，在课堂教学层面，从原本的以课本为主导的教学转变成帮助学生探寻、收集学习资源的教学。

第二，在教学组织层面，从原本的以教师作为中心转变成教师帮助学生展开深层次的思考，引导学生设计符合自己学习的任务。

第三，在教学设计上，从原本注重教学内容转变成注重教学过程、教学模式，并深层次开发与利用教学资源。

第四，在教学模式上，从原本的以教师为中心的教授、模拟等步骤转向学生注重探索，或与教师或者其他学生进行合作学习。

第五，在教学评价上，从原本强调对学生学习结果的终结性评价转向对学习过程的形成性评价。

可见，在互联网技术下，学生的学习并不能完全对教师与课本产生依赖，而是应该学会运用互联网技术平台，教师与学生之间进行互助式的学习，并运用互联网技术对信息加以收集与探究。因此，在互联网技术下，学生需要掌握如下几点。

第一，学会运用互联网技术资源展开自主学习。

第二，学会运用互联网技术进行交流与协作。

第三，学会在数字化情境中展开自主学习。

第四，学会运用信息加工工具展开创新学习。

（三）提高教与学的效率

互联网技术融入高校英语教学之后，教学效果会发生如下几点改变。

第一，通过互联网技术资源的共享，可以提高教学效率。我们都知道，互联网技术的内容非常广泛，信息更新也非常及时，运用互联网技术展开教学，很多教学资源也都经过优化，能够让大家共享，这就使原有的课程内容被无限放大，便于提升教与学的效率。另外，外语教学的很多场景都可以通过互联网进行设计，这可以为学生提供语言学习的环境。显然，这些在传统的教学中是不存在的，传统的教学无法设计语言操练的场景，但是互联网就可以做到，学生可以随时运用丰富的教学资源来展开自主学习，这必然会提升教与学的效率。

第二，计算机超级强大的功能有助于提升教与学的效率。在互联网技术下，计算机成为高校英语教学常规的手段与工具，并在每一位教师、每一堂课中渗透，逐渐成为一种常态化的手段。因此，计算机并不再是一种辅助教授的工具，而逐渐成为大学英语课堂教学的一部分。也就是说，计算机除了演示功能外，还可以发挥其他功能，如激励学生学习、师生之间交流、运用个别辅导软件进行辅导、运用数字测试系统进行测试等。这些都是计算机的超级强大的功能，在这些功能下，学生学习的积极性也会提升，当然可以改善之前"费时低效"的学习状态，促进教与学效率的提升。

（四）整合教学资源

在互联网技术下，各种相关的资源被引入其中。对于高校英语教学而言，教学资源是什么呢？美国教育技术与传播协会（AECT）指出，教学资源即帮助人们展开操作、实现有效教学的所有东西。但是对于高校英语教学而言，教学资源涉及与教学相关的人力、物力等。一般指出，学习资源涉及如下几类。

第一，根据学习资源的来源，可以划分为设计资源与可利用资源。前者指的是从教学目的出发而准备的资源，如教材、教室等；后者指的是用于为教学服务的资源，如教学软件、百科全书、网络信息资源等。

第二，根据教学资源的表现形态，可以划分为硬件资源与软件资源。前者指的是在教学过程中需要的场所、设施等设备；后者指的是媒体化的学习资料等软件。

第三，根据教学资源所涉及的人与物，可以将其划分为人力资源与非人力资源。前者指的是同学、教师、学习小组等，甚至一些可以通过网络展开交流的人员；后者指的是教学信息、学习媒体等。

从目前我国的高校英语教学来说，各方面资源都较为短缺，这就需要改变传统的教学方法，利用现代互联网技术整合现有的教学资源，满足外语教学的要求。

第三章
新时期高校英语教学模式的创新

在高校英语教学中，为了能够与时代发展、社会发展相适应，不断提升学生对语言的驾驭能力，培养学生的英语实际水平和英语核心素养，就必然需要更新教学模式，融合互联网技术来创新多种教学模式。本章就对这些创新教学模式展开分析和探讨。

第一节 微课教学模式

一、微课教学的定义

微课，又可以被称为"微课程"，其是运用视频教学的手段，依托PPT形式来展开教学的一种新型技术手段。既然是微课程，那么必然要求简短，因此在教学内容的设计上要求简洁，并能够涵盖完整的教学工作。也就是说，在整个教学中，主要对一些专门的知识点进行讲解，通过短小的视频将内容向学生传达。当然，除了要讲授基本的知识点，还需要增加一些练习甚至是专家点评等。可以看出，微课并不是对传统教学模式的延伸，而是一种新型的、开放性质的教学手段。

随着微课教学的不断发展，很多学者对其展开了研究，其深刻影响着全球的基础教育。对于我国来说，我国在极力推进微课教学，但是由于我国的研究仍旧处于初级阶段，因此研究主要限于宏观领域，在微观层面还有所欠缺。

二、高校英语微课教学的优势

（一）有利于突出教学的主题

在做高校英语微课的选题时，首先要保证其主题鲜明、突出。在此基础上，再将课程主题确定下来，通常为高校英语教学中的特定知识点。高校英语微课教学采用的教学方式为视频，而视频的时间是有限的，视频结束后，学生也无法向老师提问问题。因此，这就要求微课的教学内容必须是焦点、重点、难点、易错点，这些都是处于核心地位的，具体来说，是没有内容限制的，某一个学习环节、学习主题、学习任务等都可以，具体要以学生的实际需要为标准，对自己所要学习的微课程加以选择，这样，不但能有效节省学生的学习时间，还能使学生学习的针对性更强，相对于传统的课堂教学，微课教学所产生的效果会更好，这与其筛选的精练的教学内容以及较高的教学效率和教学质量不无关系。

在高校英语教学过程中运用微课这一教学形式，能够将其特殊作用充分发挥出来。

第一，借助微课的形式来进行课前预习，在随后的课堂练习中，能够获取的理论指导会更多。

第二，借助微课的形式引入正式的课堂学习，观看制作好的微课教学视频，能够将学生对微课程的浓厚兴趣激发出来，有利于良好教学效果的获得。

第三，借助微课的形式来进行课堂总结，能让学生对自我的认知准确性更强一些。

第四，借助微课的形式来学习课外内容，可以更好地指导英语技能的运用，大大增强学生自主学习的能力。

（二）有利于呈现短小精悍的内容

心理学研究发现，成年人高度集中注意力去完成一个简单枯燥的任务，其注意力仅仅能高度集中 20 分钟左右，也就是说，学生在高校英语教学过程中，也只有前面的20分钟是能够做到高度集中注意力的。换言之，后面的25分钟的课堂教学效果并不理想。因此，传统的高校英语课堂要完成复杂教学内容传授就需要进行相应的调整和改变，微课内容在设计上要保证科学性和合理性，要展现出鲜明的特色，教师的讲解应该清晰，能够调动学生的学习兴趣，这样学生在课堂上才能获得更多的知识，掌握更多的内容。因此，为了让学生集中注意力来展开学习，从认知心理上分析，进行微课教学非常有效。

（三）有利于展现更为丰富的资源

尽管高校英语微课的时间相较于传统的课堂教学要短一些，但其中所包含的教育资源的丰富程度却并不低，采用的教学形式也不乏显著的多样性特点。微课课程将教学内容都制作成精彩的教学视频，由此能够对其中包含的核心内容有准确且正确的掌握，学生对这种新型的教学形式也会产生好奇心，对于吸引他们更好地参与到教学中并取得理想的教学效果都是有很大帮助的。另外，高校英语微课资源所占据的流量是比较少的，便于通过网络传输和发布，也能使学生个性化学习的需求得到较好的满足。可以说，其将精练性特点体现得淋漓尽致。高校英语微课支持的播放形式并不是单一的，不仅支持多种移动设备上的在线播放，下载储存至移动设备再进行移动学习也是可以的，并且这种形式还不受时间和地点的制约，自由程度较高。如此，可见其作用的显著性与广泛性，补充高校英语教师在课堂教学中的讲解只是其中之一，还能作为学生课前预习的材料，能使学生因此而获取一定的便利，从而保证了教师课堂教学的高效率。另外，学生自主学习过程中所得到的便利，学生学习兴趣的不断被强化，以及学生所建立的创新理念，都从不同程度上得益于微课资源。

（四）有助于展现更为形象实用的内容

不管高校英语微课的形式是什么样的，其本质上仍然是高校英语课，这一点是不变的。微课中教学内容的设计都是通过教师展示出来的，比如，多媒体课件中的展示或示范、讲解或配音、引导或说明、解释或纠错等，大都是教师亲自进行示范和展示而制作成的，如果在微课教学过程中用到相关的教学器械，那也是真实的，是与教学相适应的，采用的教学方式和练习方法、测试等都是课堂内容的真实体现。由此可以看出，微课能够将一个实用性、直观性、可操作性非常强的课堂形式展现给学生，这就为学生更好地理解和消化知识点提供一定的便利。

三、高校英语微课教学的实施策略

在高校英语教学中应用微课，首先要将其与学校所制订的教学培养目标相适应，并且将二者有机结合起来，从而保证所制订的微课的可行性与科学性。在设计微课时，要求必须要遵守学校高校英语的教学特征及实际教学情况，合理规划高校英语课程的不同类型的微课程，从而使不同类型的高校英语教学需要都能得到有效满足。具体来说，在高校英语教学中应用微课这一教学技术，可以采用以下策略。

（一）结合网络教学信息平台展开微课教学

一般来说，微课对于不同年级学生，所具体制定的教学方式是不同的。比如，对于高年级的学生来说，很多都已经掌握了基础的网络知识和技能，通过学校网络平台，能够进一步提升他们获取知识的网络能力，知识结构与能力也会进一步充实。对于低年级的学生来说，通常需要在家长的陪同下参加课程学习，因为低年级学生在处理和操作技能方面往往不能自主完成。另外，不管是低年级还是高年级的学生，要改变当前高校英语教学中的内容单一的情况，进一步拓展和扩充高校英语教学内容的广泛性，需要教师首先认真研读高校英语教学大纲，从中摘取有效信息，并且考虑相应的要求，将与教学目标紧密关联的网络教学资源联系起来，将这些资源运用到微课课程中，让所有的学生都能够通过微课学习对这些信息进行共享。通过网络平台，可以保证整体的教学过程，同时微课资源也可以得到整合，从而让学生展开系统的学习。微课的优势是非常显著的，而要将其显著优势最大限度地发挥出来，必须做好微信平台的选择与确定工作。将微课资源上传到网络上，学生可以从自身的教学目标出发，对教学内容、教学活动等展开系统的学习，从而实现网络的服务功能。

（二）为微课教学设计恰当的主题

微课的最终教学效果如何，在很大程度上受到微课设计程度的影响，因此，要求教师一定要重视对微课主题的选择。对于高校英语教学来说，要想选择合适的微课主题，首先要确定教学目标，即通过微课教学，使学生获得哪些知识点，要掌握哪些技术技能，再以此为依据来选择相应的高校英语理论或实践课中学生经常遇到的问题、难题，针对性地解决学生可能会遇到的问题和重点知识点。同时，教师设计时要尽量全面考虑，难度适当，切合要求。

（三）对微课要有全面深入的了解

微课的教学实施在时间上是有所限制的，在教学内容方面，要做好针对性选择，深度与广度都要恰到好处，不能太难也不能太容易。另外，还要注意微课学习的时间控制上也要合适，从而满足大部分学生利用课余的碎片时间学习的实际情况，因此这就要求本次课的知识应该具有完整性，并且也应该保证连贯性，当然这都源自教师对教学内容与学习者个体的分析。教师在微课前需要明确分析高校英语微课的学习者及其基础、教学目标、课程的内容与特点等方面，以此来对学生的认知基础、学习能力、技术程度、需求状态等内容，以及价值观与目标、知识与技能、过程与方法等进行深入分析。通过对上述内容的分析和总结，以得出的结果为依据，通常就能使教师合理地组织和设计出质量较高的微课，从而满足学生的学习需求。

在选择微课教学形式之前，要做好充分的准备工作，比如，要首先了解微课的特点、教学目标，还要准确分析学习内容、学习者的具体情况，在此基础上选择微课教学形式，才有可能保证选择的正确性与准确性，才能恰当地采用一些方法展开教学。微课可以被认为是一种自主学习模式，其前提就是需要保证优质的教学资源。同时，教师还要重视微课"小而精"的特点，并以此为依据，结合学生的学习需求，来选择相应的课程内容，在有效整合优质学习资源之后，将其应用于微课教学中，传授给学生。高校英语微课侧重于把握英语技能的内在规律，形成高校英语经验积累。需要强调的是，微课程的目标能否达成，与很多因素都有着密切的关系，比如，教师教学理念、具体的教学措施和实践等。高校英语教师的职责之一，就是设计出科学性和可行性较强的教学实施计划，其中应该包含合适的教学形式。要使选用的教师形式与教学发展相适应，就要求教师对多方面的因素加以考量。比如，目标预期、课程类型、教学内容、学习者的特点等。高校英语微课主要的教学形式有许多种，常见的有情景式、探究式、讲解示范式、演示式等。最后，在微课程发布的环节中，发布平台的选择也是至关重要的，一般而言，那些在现在受众群体选择最多的、主流的、快捷的网络平台是较为理想的平台，因为其对于学生用户来说，在运用上是较为便利的。

（四）为学生制作出完整的微课

将各种学习资源整合起来，微课的制作就算完成了，一个完整的微课，是通过以视频为核心的形式将各种学习资源展示出来的，其制作流程大致为：拍摄视频源文件→课程讲解录音→剪辑视频→合成讲解录音→输出视频文件→压缩与格式转换。开展高校英语课的目的在于让学生掌握高校英语相关技能。微课的教学内容所体现出的特性主要有直观性、活动性、户外性和操作性等。高校英语微课的制作模式主要采用实景拍摄和 PPT 混合模式进行制作，因为这样能够有效促进高校英语教学实践课取得理想的教学效果。在实景现场拍摄制作微课时，为了保证课程的质量，有几个问题要加以注意：第一，教师在示范动作时，为了保证示范的效果，一定要保证动作的规范性和准确性，同时，仪态、技术动作标准等都要严格要求，动作上也要尽可能保持连贯；第二，在进行视频的拍摄时，一定要保证画面的稳定性和拍摄的画质清晰度，否则，视频的质量会受到影响，最终取得的教学效果也会不甚理想；第三，教师现场讲解时，要做到声音洪亮，节奏感强，尽量采用通俗易懂的口语进行讲解，书面语句尽量不用或者少用。在制作高校英语微课的过程中，为了保证整体的制作水平和质量，必须对下面几个方面加以注意。

其一，在微课制作人员的利用上要做好明确分工，通力合作来保证微课整体质量，尤其要注意课程中动作的连贯性。

其二，教师在处理微课的视频时，一定要具备较高的能力，使微视频能达到使人身临其境的效果。首先要重视微课的开篇，要做到吸引人；在后期的剪辑中适当加上慢动作回放，让学生在反复观看的同时，可以仔细研究与探讨，从而为能够清晰地看出肢体动作的展示提供一定的便利。

其三，教师在微课中的讲解与表达要清晰，从而能达到动静融合、远近融合的立体表达效果，这对于教学目的的顺利达成也是有所帮助的。

其四，微课传播所选择的传播平台也是非常很重要的。微视频制作完成后，就要考虑选择适合的传播平台了，这一点也至关重要，关系到后面能否保证播放的流畅性和整体效果。

除此之外，引进新资源，更新和完善课程的相关内容，弥补漏洞也是教师需要引起重视的方面，促使学生不断地自主学习，使微课程的最佳效果得以保证。

（五）要及时做好微课效果的评价与反思

微课的质量决定了其在教学形式、教学内容等方面的选择和运用是否科学合理，也决定了其能否取得理想的教学效果，因此，保证高质量的微课水平是非常重要且必要的。而要做到这一点，需要在微课结束之后，通过学生的评价与反馈来实现。教师要时刻保持与学生之间的联系渠道，做好相互之间的沟通和交流，以为教学活动提供必要的依据，这就需要借助于新媒体平台，同时，还要以积极、客观的态度来检验微课是否实现了之前预期的结果。在学习过程中，学生通过不断地交流与反思，能够让微课内容更加完善与有效。微课制作是好还是坏，应该考虑学生的学习情况。通过对微课进行反思与评价，能够让教师更好地了解微课的制作情况，便于他们对自己的微课加以改善。但是，不管运用什么手段，都应该不断提升微课的质量，哪怕是重新建构微课也好，只要能顺利实现教学目标，避免出现问题，就能算作好的微课，也就说明这一操作是科学且有效的。

受新型科学技术的不断发展与更新的影响，学校的教学模式也发生了一定的改变。微课教学形式的出现对于高校英语教学来说，能够起到丰富和发展高校英语教育资源、创新教师的教学理念和教学方法的显著作用。因此，这就要求教师必须精通网络，熟悉并理解高校英语教学理念，精心准备和制作微课，在制作过程中一定要对其中的各个方面都进行准确把握，从而保证微课的整体质量，把最好的授课内容展示在学生面前，让学生对课堂的教学内容达到更快的领悟，同时，学生在高校英语微课的学习过程中，不仅使课标的要求得以完成，身体和心理素质得以提高，同时也更加了解网络的运用技能，这就进一步加强了学生对于社会发展的适应能力。

总的来说，通过微课，不仅能使教师顺利达成既定的教学目标，同时能让学生成功达到提高综合素质的目的。

第二节　慕课教学模式

一、慕课教学的定义

所谓慕课，英文是MOOCs，是"大规模在线开放课程"的简称。从Wiki百科中我们可以查询到，慕课指的是由参与者进行发布的课程，并且材料也可以在网络上查询到。也就是说，慕课的课程是开放的课程，当然慕课的课程非常宏大。简单来说，慕课的课程具有分享性，无论你处于世界任何一个角落，都可以进行学习与下载。与传统课程相比，慕课课程有图3-1所示的优势。

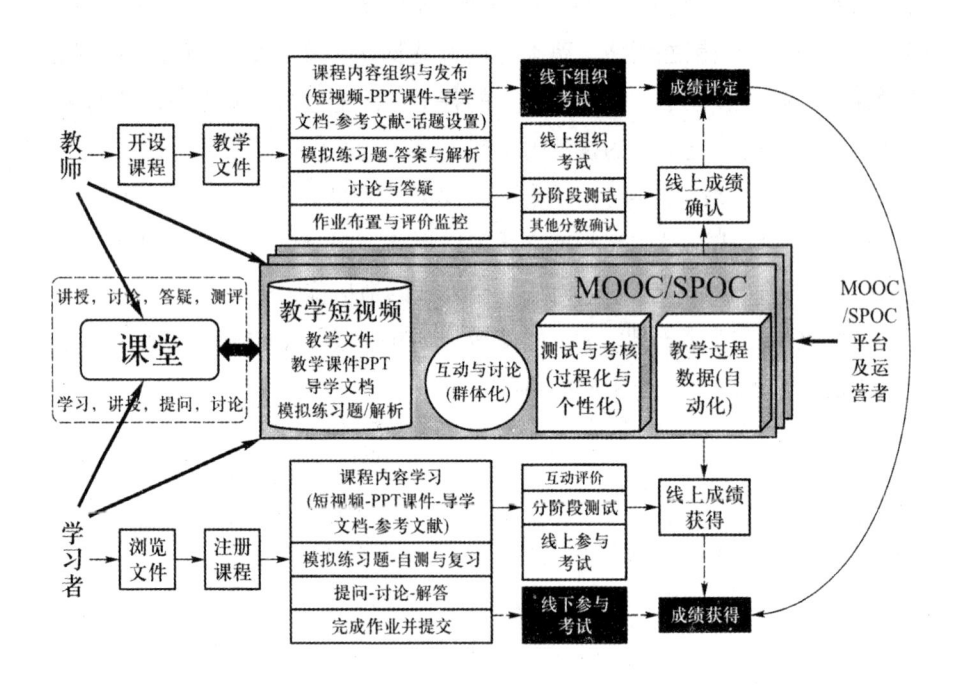

图3-1　慕课教学与传统课堂的比较

（资料来源：战德臣等，2018）

慕课既然用MOOCs表示，其可以理解为如下四个层面。

M是Massive的简称，指的是规模比较大。那么这个规模比较大具体指的是两种：一是人数比较多，二是资源规模比较宏大。当然，这个"大规模"也是相对来说的。

O是Open的简称，即慕课课程的开放性，学生可以根据自己的兴趣选择学习课程，如果他们想学习，他们就可以注册、下载学习。即便一些课程是由某些盈利公司建设的，他们也可以进行下载。

O是Online的简称，即教与学的过程是通过网络实现的，如教师的线上教授、学生的线上学习、师生之间的讨论、学生作业的完成与提交、学生作业的批改等。

C是Courses的简称，即课程包含主题提纲的讲授、内容的讲解、各种学习资料的上传、作业的布置、注意事项的提醒等。

慕课这门课程与传统的互联网远程课程、函授课程、辅导专线课程不同，也与网络视频公开课不同。从目前的慕课教学来说，所有的课程、教与学进程、师生之间的互动等都可以在网络上实现，具有完整性与系统性。

慕课这一教学模式最早是在2008年出现的，但是真正的流行是在2011年，是教育的一大革新。之后，出现了很多与之相关的课程，直到2012年，由于各个大学不断推进慕课教学，因此将2012年称为"慕课元年"。

二、高校英语慕课教学的优势

（一）突破时空限制，转变教学模式

慕课教学突破了传统的大学限制，让学生在接受高等教育的时候，不因时间、地点等受到限制，这对于传统的高等教育来说，面临着巨大的挑战。

慕课教学模式对于大学课程的设计与开发、师资发展等影响巨大，尤其

更明显的影响主要体现在教学方法与策略层面。因此，当前的高等教育除了要适应社会发展的趋势，还需要考虑慕课教学在我国的本土化问题。一些专家学者通过研究国外的慕课教学，建立了很多国内本土化的英语在线开放课程群，这样学习者不仅可以自己选择适合自己的课程，还能学到英语知识，提升自身的英语水平。也就是说，高校英语慕课教学使教学更加优化，不断提升了教师的教学质量与效果。具体来说，高校英语慕课教学在教学层面有如下几点优势。

第一，使高校英语教师从传统的教学模式中解放出来，他们也将面临巨大的挑战，就是高校英语教师应该不断学会运用技术，为学生构建高效、多样的英语慕课课程。

第二，运用慕课教学模式，教师的需求将会减少，并且会在慕课教学中出现一些"明星"教师，每一位教师也有很多的学生"粉丝"。另外，教师的授课重点也会发生改变，尤其是明星教师提供的精品课程，这些课程必然需要有好的教材、声源等，为了给学生创造优质的视觉感受，因此还需要添加一些肢体表达。

（二）激发学习兴趣，使学生的学习更为自由

在慕课教学模式下，人们更多关注的是是否激发了学生的学习兴趣，是否发挥了学生的主观能动性。因此，通过慕课平台，学生的学习从繁重的课堂中解放出来，而在这种轻松的学习模式下，他们获取知识的欲望将会逐渐增加，从而变成主动获取知识。学生可以在自己设定的时间内，对知识的来源与结构进行充分的了解，将关键性知识与内容把握好，学生的学习过程也限于如何提出问题、寻找答案解决问题等。

另外，慕课学习环境让学生的学习是自由的，便于学生培养自身的自主学习能力。他们通过自主学习，有了大量的课外学习实践，从而不断拓宽自己的学习视野，提升自己的兴趣点。

三、高校英语慕课教学的实施策略

（一）构建多层次的慕课课程

慕课教学模式冲击着传统的高校英语教学，尤其是传统的高校英语教学模式单一的情况。从师资力量上说，传统的师资力量比较薄弱，教师资源非常有限，导致很多课程的讲授都没有针对性。但是相比之下，高校英语慕课教学基于学生的兴趣和积极性来设置课程，这使得学生学习英语的动力明显提升，从而不断提升他们学习的效率与质量。

（二）采用多种教学方式展开慕课教学

虽然很多学校都要求不断进行高校英语教学改革，在上课方式上也不再是单一的手段，但是在教授方式上还是过多倾向于知识点的讲述，即便是将多媒体手段融入其中，也多是课堂讲授的辅助手段，因此只是将传统的板书形式替代成了现在的多媒体形式。相比之下，高校英语慕课教学模式更为多样化，学生即便不在学校之内，也能够通过网络获取知识。

（三）展开多渠道考核学生的慕课学习情况

在慕课教学模式下，高校英语教学中设置了多渠道的考核手段。如果仅仅是传统的笔试考试或者论文写作，那么很难将学生的实际能力检测出来。但是，在高校英语慕课教学模式下，可以进行个性化的考核，这样的考核可以将学生的积极性激发出来，从而开展下一阶段的学习。

第三节　翻转课堂教学模式

一、翻转课堂教学的定义

当前，看到的出现最早的翻转课堂模型就是图3-2所示的罗伯特·塔尔伯特（Robert Talbert）教授的模型，其在"线性代数"中应用了这一模式，并且效果显著。

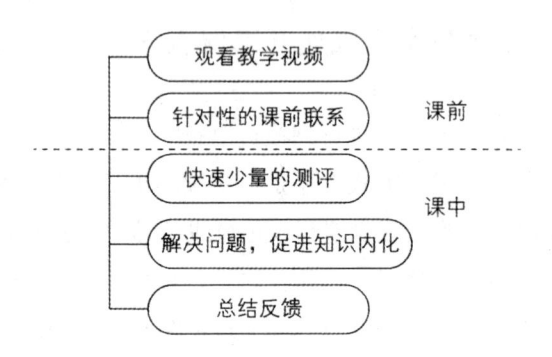

图3-2　罗伯特·塔尔伯特的翻转课堂教学结构图

（资料来源：孙慧敏、李晓文，2018）

这一模型为后续学者、专家进行教学模式探索提供了基本思路。

那么，到底什么是翻转课堂教学模式呢？有人将其定义为一种再现课程，也有人将其定义为传统课堂顺序的颠倒，并未实质进行变动。但是，这两种观点都不准确。实际上，翻转课堂的核心在于教学视频，但是教师在其中也仍旧发挥重要的作用，因此不能将翻转课堂定义为一种再现课程。在传统的课堂中，教师充当知识的灌输者，但是翻转课堂是将知识传授予以提前，而将课后需要练习的内容转移到课堂之中，学生与教师或者其他学生在课堂上可以进行探讨。这种颠倒实际上是为了让学生对知识进行内化，这才是翻转课堂的内涵所在。

二、高校英语翻转课堂教学的优势

（一）真正实现了以学生为中心

翻转课堂教学模式是对传统教学场所、教学时间等的改变。通过这一教学模式，教师将讲授的媒介转向视频，学生通过自学来获取知识。教师可以通过Facebook，Twiter等为学生提供资料，学生可以在网上对这些资料进行获取，从而主动进行学习。但是课堂成了学生与教师、其他学生之间交流的场所，从而激发学生的探究学习、协作学习。

（二）让学生的英语学习更为自主

在翻转课堂教学的课前学习部分以及课堂的任务活动部分，都需要学生参与其中，这不仅仅是让学生对学习负责人，还是让学生认识到只有通过学习，才能够与教师或者其他学生展开探究。这时候，学生从被动的学习转向主动的学习，从而培养他们的自主学习意识。

三、高校英语翻转课堂教学的实施策略

（一）设计英语教学过程

美国创新学习研究所（Innovative Learning Institute，ILI）提出了翻转课堂设计流程。ILI认为，翻转课堂的设计过程主要包括如下几个层面。

第一，对课外学习目标进行确定。
第二，选择翻转课堂的具体内容。
第三，选择翻转课堂传递的手段。
第四，准备翻转课堂教学的资源。

第五，对课内学习目标加以确立。

第六，选择翻转课堂评价的手段。

第七，设计具体的翻转课堂教学活动。

第八，辅导学生展开学习。

（二）开发英语教学资源

从广义层面来说，教学资源指的是用于教学的材料以及相关的人力、物力、设施等，能够帮助个体展开学习的任何东西。随着科技的进步，信息化教学资源呈现出来，指的是在信息技术环境下，为了实现教学的目的，而出现的各种教学资源，如人力资源、信息资源等。

随着信息化资源的不断丰富和在教学中的不断应用，人们逐渐提出了翻转课堂的教学理念，从翻转课堂的过程可知，要想实现翻转课堂，需要具备一些基本的教学资源，如教学视频、阶段训练、学习任务单等。

当然，要想实现翻转课堂，除了需要具备上述一些资源外，还需要考虑借助一些软件工具，这类资源贯穿于翻转课堂教学的全过程。这些软件的作用在于帮助教师设计教学视频，帮助师生展开协作交流，展示学生的学习成果等。

第四节 多模态互动教学模式

一、多模态互动教学的定义

所谓模态，即交流的渠道与媒介，是一种囊括语言、图像、技术、音乐等符号的系统。多模态教学模式是建立在多模态话语分析理论的基础上。20世纪90年代，西方学者提出了多模态话语理论。这一理论指出，语言属于一种社会符号，音乐、绘画等非语言符号对语言意义的生成起着重要的影响作用。各种语言符号与非语言符号模态之间是相互独立也是相互影响的关系，共同生成语言意义。

在多模态话语分析理论的基础上，New London Group提出了多模态教学方法。其作为一种教学理论，涵盖了多种符号资源，如声音、视觉、图像等。根据多模态语言理论，语言的输入、输出会受到多种符号模态的影响，因此在高校英语教学中，可以将多种符号模态融合起来，结合音乐、图像、网络等形式，对英语课堂进行丰富，调动学生学习的积极性与主动性，从而交互式地学习英语语言，达到对英语语言的充分记忆以及恰当应用的目的。

在信息技术背景下，教师采用多模态互动教学，可以充分运用网络多媒体等手段，创设各种语言学习情境，让学生真正体会到语言学习的乐趣，多渠道地激发学生的听觉、视觉等感官，为学生提供全方位侵染式的环境。促进学生不断提升自身的语言技能。

二、高校英语多模态互动教学的优势

（一）改善了学生的英语学习模式

首先，高校英语多模态互动教学将多种符号模态引入高校英语教学之中，对学生的多种感官进行刺激，让学生将多种感官应用到高校英语学习之中，对自己的信息输入加以丰富，让学习者直观地接收、记忆学习内容。与单一的语言讲解相比，多模态互动教学能够提升学生的记忆力。

其次，从多模态表现形式的需求出发，高校英语多模态互动教学往往采用的是不同的教学手段，对教学形式加以丰富，避免高校英语教学过于单调。这样的方式可以将学生的学习积极性调动起来，通过参与各项活动，学生的英语学习也变得更为主动，便于学生形成自主学习的意识。同时，学生的参与也能够不断训练他们的综合能力。

最后，高校英语多模态互动教学能够对传统单一的模态教学进行弥补，从教学目标、教学内容出发，采用不同的教学方法，用直观的方式，让学生主动、积极地参与其中，提升他们对语言使用的效率，进而提升学生的综合运用能力。

（二）提升了英语教学的质量和水平

高校英语多模态教学是将多种模态结合起来展开教学，将学生的各个感官调动起来，让学生对学习内容有清楚的理解，在同样的时间内，多感官要远远比单一的感官更容易理解与记忆。这从一定程度上大大提升了教学的效率和质量。

（三）有助于培养学生的跨文化交际能力

高校英语多模态互动教学要求运用多种模态的教学手段，并要求多种模态的互动环节。多种教学手段的运用可以大大提升学生的思维能力与感官能力，互动环节是学生展开实践的舞台，从而不断提升学生的交际能力与实际运用能力。高校英语多模态互动教学对于提升学生的跨文化交际能力有着明显的作用。文化是跨文化交际能力的核心，文化能够将地理、历史、风土、思维方式、生活方式等传承下来，可见文化能够在物质中得以体现，但是并不是物质的形式存在。正是因为文化特殊性，如果仅仅依靠文字，教师很难让学生深刻体会某一种文化，学生也无法在特定的文化下展开交际，因此教师需要借鉴多种模态、多种手段，通过一些影像资料传递给学生，这样才能让学生逐渐形成对文化的认知。

三、高校英语多模态互动教学的实施策略

高校英语多模态互动教学作为一种新型模式，充满着活力，在大数据背景下必将日趋完善。那么下面就来具体分析高校英语多模态互动教学的构建

策略。

（一）充分利用多媒体资源展开多模态互动教学

在高校英语教学中引入多媒体技术，是高校英语教学的一种变革手段。多模态教学强调调动学生的多项感官，从而满足高校英语教学的要求。多媒体课件正是这样的一种实现手段，其将文字、音频、视频等集合起来，便于调动学生的多种感官。当然，教师在制作多媒体课件的时候，需要进行多种准备，需要考虑不同的教学任务，对各种资料进行搜集与设计。

（二）建设多模态化英语网络空间

随着网络技术不断进步，大数据技术也不断革新，我们的校园网、校园论坛更加丰富，也被人们逐渐应用到教学中。所谓网络空间教学，即教师通过网络平台与学生展开交流与互动。他们可以在网络上进行实名认证，从而师生之间展开交流。

2015年河南牧业经济学院创建了网络教学平台系统，这一系统是在Sakai教学平台的基础上研发的远程教学系统，该系采用"引领式再现学习"的理念，通过论坛、课程空间等形式，在教师、学生、学习资源之间构建了一个交互渠道，调动了学生的多种感官，激发了学生学习的积极性，从而实现了多模态互动教学。

当进行英语网络空间教学之后，教师与学生之间可以突破时间、地点的障碍，他们可以在线进行问答，展开互动，这样不仅便于教师了解学生的学习情况，也能增进彼此之间的关系。

通过网络空间，教师也可以对学生的作业进行批改。学生按照固定的时间提交自己的作业，然后教师进行批改与反馈，这不仅可以节约用纸，还可以让师生进行互动。

需要指明的是，网络空间要想发挥出应有的作用，首先必须让学生积极参与其中，学生需要登录上去完成学习和作业，教师要实时进行分析和阅读，从而评估学生的学习情况。

第五节　混合式教学模式

一、混合式教学的定义

混合式教学是教学信息化发展的新阶段，它体现出信息技术从教学辅助向与教学深度融合的发展轨迹。信息技术应用于教育教学最早始于计算机辅助教学（Computer Assisted Instruction，CAI），并且衍生出了计算机辅助学习（Computer Assisted Learning，CAL）计算机辅助训练（Computer Assisted Training，CAT）等概念，直到之后互联网时代的网络教学平台（E-Learning）等，这些教学应用的特点都是从属于已有的教学流程，在教学过程中所起的更多是辅助、补充和支持作用。

当前从教学角度而言的混合式教学，使互联网技术在教学中发挥的作用不再仅仅是工具或支撑平台，而是对教学思维、教学元素以及完整教学流程的重构。因此，混合式教学对于教学系统设计中的信息技术环境和条件、教学参与者的信息技术素养、教学管理的信息化水平都提出了更高的要求。

具体而言，在网络教学环境中，需要有稳定的有线网络和无线网络接入，而云计算服务器需要安装在专业的数据中心机房内，教师和学生应该普及智能手机和笔记本电脑等终端，并能够随时随地稳定快速地接入平台；教师和学生对"互联网+"教育教学以及信息化时代教学和学习的新理念、新思维有一定程度的认识和理解，能够适应教学流程重构和翻转对教师和学习者提出的新要求，能够主动调整自己在传统教学和学习模式中的习惯思维和行为，积极融入混合式教学的新模式之中；作为教务管理部门而言，在混合式教学的教务管理过程中必须继续提高管理的信息化水平，努力消灭数据孤岛，跨越数字鸿沟，重构教务管理规则和流程，避免传统教务管理中的一些规定和流程原样照搬到混合式教学的管理之中，以免造成生搬硬套影响混合式教学开展的不良后果。

另外，混合式教学中的教学绩效考核制度和教学质量评价体系也与传统教学评估的指标和模式存在较大的差异，需要教务管理部门与时俱进，研究制定混合式教学的考核和激励机制，从制度上推动基于慕课的混合式教学在学校教学中的应用普及与深入发展。

由于混合式教学是对传统教学模式的流程重构，不仅仅是简单的互联网应用，必将触动教师的传统教学观念和工作模式，甚至是触动教师的个人利益，这些问题与技术问题交织在一起，使混合式教学模式的施行势必会遇到一系列问题和阻力，因此学校教务管理部门和教学单位的首要工作目标应该是区别并梳理各种矛盾和问题，对症下药，多管齐下地予以逐步解决，切忌以点带面，放大次要矛盾而忽视或回避主要矛盾，从而使问题复杂化，导致关键问题更加难以处理。

二、高校英语混合式教学的优势

（一）有利于发挥集合优势

开展混合式教学有助于将新旧教学模式结合起来，彼此之间进行相互的学习，系统展开思考，对各种教与学方法进行整合和分析。这样不仅能够将教师的教学技能挖掘出来，发挥教师在教学中的主导地位，还能够以学生为中心，发挥学生的主体性。同时，教师集中先进的教学技术、教学设施等，为学生创设必备的学习环境，从某种程度上说，这种混合式教学对教师的要求更高。

（二）有利于及时反馈

在传统的教学中，教师很难进行准确的全面的反馈，但是在混合式教学模式下，教师可以运用一些网络平台，结合线上线下教学环境，让教师全面准确地了解学生，帮助学生解决学习中遇到的问题，从而不断提升教师的教学效果。

（三）有利于高效互动课堂的建立

传统的教学模式主要侧重于教学活动，教学内容主要是教师灌输给学生，是一种单向的转移。在学习中，学生不能有效地参与到课堂之中，学生与课堂很难实现互动。教师的教学模式也比较单一，缺乏灵活性。

在混合式教学模式下，教师选择先进的教学手段，目的是实现师生之间的互动，从而便于师生解决教与学的问题。

（四）有利于个性化学习

在学习中，学生可以根据自己的需要选择适合自己的学习方式，激发他们主动参与课堂，展开与教师、与其他学生之间的协作。同时，学生也有充足的时间进行课外实践。显然，这与当前的高校英语教学改革潮流相符。同样，学生能够自主选择也属于一种深度学习，是一种创新手段，便于学生获取好的成绩。

三、高校英语混合式教学的实施策略

（一）课前阶段

在混合式英语教学中，教师在展开授课之前，要从教学内容、学生实际学习情况出发，对课程资源进行整合，并考虑实际的情况，设计具体的教学任务，从而培养学生的自主学习能力。例如，通过"朗文交互学习平台""新理念外语网络教学平台"等平台，教师可以将与教材相关的学习目标、学习计划、学习主题等预习任务发送给学生，学生从自身的能力出发，通过各种形式完成预习任务，从而不断提升自身的自主学习能力。同时，在混合式教学中，学生与教师或者其他同学之间还可以进行互动，如果遇到问题，学生也可以向教师或者其他学生寻求帮助。

（二）课堂阶段

混合式教学实际上是线上线下混合式教学，其中的线下即课堂讲授，这一阶段主要通过课堂与自主学习平台的融合，展开多媒体辅助教学。首先，教师要对学生的预习情况进行检查，并指出学生在预习过程中存在的问题。其次，教师运用多媒体对教学内容进行丰富，提出一些具体的问题，让学生进行思考。再次，教师从实际情况出发，设计相应的学习任务，让学生之间进行探讨，或者通过一些角色扮演的形式，调动学生的参与积极性。最后，教师让学生进行反思，或者进行自评、互评，对自己的学习内容加以总结，激发他们的探究精神。

（三）课后阶段

在课后，教师通过混合式教学对学习资料进行补充，扩大学生的视野，加深学生对知识的掌握情况。当然，学生也可以在网上寻找一些复习材料，从而使自己的学习效果更优化。

第四章
新时期高校学生英语学习的创新

　　高校英语教学是我国基础教育的一项重要组成部分，其与我国先进的科技、文化等交流有着密切的关系。掌握英语这门语言，是现代人必备的一项素质。但是，我国高校学生来自各个地区，本身英语水平就有明显的差距，加上很多学生认为高校英语这门基础学科与自身的专业关系不大，导致他们出现了学习倦怠。处于学习倦怠的学生，学习没有动力，情绪上比较疲惫，课前不预习，课堂不听讲，甚至放弃英语学习。对于学生而言，如果他们产生了学习倦怠，往往影响了英语知识和技能水平的提升；对于学校来说，会导致学风下降。造成学生学习倦怠的因素有很多，如学生自身、教师、学校、社会等，但是学习倦怠也不是无法解决的，只有对导致高校学生学习倦怠的各项因素进行清楚把握，才能避免学生在英语学习中出现倦怠情绪，也避免这一情绪在其他学生中蔓延。

第一节 高校学生英语学习中的问题及阻碍

一、高校学生英语学习中的问题

（一）学习方向存在偏差

学生的英语学习主要是以应试为目的，他们花费更多的时间在词汇背诵、语法分析上，学习如何应对考试，但是并未付出努力学习听力、口语，也不会将英语付诸实践。同时，因为高校英语的难度会比中学的英语学习难度提高，导致学生之前积累的词汇量不能满足高校英语学习的需要，听力、口语甚至写作能力都逐渐下降。高校英语要求学生在听力、口语、阅读、写作、翻译各个层面的能力都能得到提高，如英语四级考试就考查了这些层面。

另外，高校英语教材与中学英语教材明显的差别，体现在高校英语教学具有较大的阅读量，每篇课文的词汇量要远超于中学课文的词汇量，同时进度比较快，即要求四个学期就得学完所有的英语课本，难度梯度也比较大，这对于学生的词汇量提出了更高的要求。

可见，高校英语学习的难度较高，对于学生有了较高的目的性与实用性要求，在短短的四个学期，他们需要快速提升词汇量与阅读能力、听说能力，因此在这样的情况下，造成很多学生很难适应当前的情况，英语水平很难得到进一步的提升。

（二）学习动力存在偏差

很多学生无法调整以前中学时期的学习习惯，他们学习英语并不是出于对英语的爱好，而仅仅是为了应对考试，仅仅将考试视作学习的动力，这样的功利性目的是很难持久的。一旦考试结束，他们实现了考试目标，那么就会将英语学习抛之脑后，甚至放弃英语学习，直至下一次考试之前在投入学习。例如，很多学生在英语四级、六级考试之前，才会去学习英语，做各种练习，他们将四级、六级考试作为动力，一旦考试结束，他们的这种动力就消失了，最终也很难真正地提升自身的英语水平。

（三）情感因素对学生学习的影响

大学的学习模式与生活环境与中学不同，对于刚成年的学生来说，必然是一种考验，他们也难以避免因为环境与习惯的影响出现一些心理问题。例如，一些学生出现了焦虑感、挫折感、胆怯感等。长期以来，传统的英语学习并未重视情感这一因素，将认知能力作为英语学习的因素，过分重视英语认知能力，他们并未学会用英语来表达情感，学生也缺乏学习的信心，热情不高，导致课堂枯燥乏味。

二、高校学生英语学习的阻碍

（一）内部阻碍

1. 学习态度

所谓学习态度，指的是学生对学习、学习情境等展现出来的一种心理倾向，是学生对学习持有的积极或者消极的心理倾向。学习态度对学生的学习方式、学习目的等产生直接的影响。如果学生持有肯定的学习态度，他们会积极参与到学习中，形成较高的学习效率。相反，如果学生持有消极的学习态度，他们不愿意主动学习，从而导致学习懈怠。

（1）高校学生的英语学习态度问题

第一，高校学生对待英语学习的消极心理。很多高校学生的英语学习积极性偏低，甚至出现厌学情绪，逃课现象经常发生，这使得英语课堂变得没有活力。一般来说，这些学生的英语基础本身较为薄弱，缺乏英语学习的兴趣，因此很容易产生厌恶心理。

第二，高校学生不重视英语学习。学生进入大学后，管理要比小学、中学阶段松弛，加上高校英语本身也不是专业课程，因此很多学生不重视英语学习。

第三，高校学生缺乏良好的英语学习习惯。很多学生存在明显的拖拉情况，只有在教师逼迫下，他们才愿意完成作业，这种消极、被动的态度导致他们英语学习效果不佳。

（2）高校学生英语学习心理态度的阻碍

从人的心理来分析不难发现，高校学生的英语学习在认知、情感、意志等层面存在严重的问题，具体总结为如下几点。

第一，矛盾的心理态度。一些学生本身下定决心努力学习好英语，但是在实际的英语学习中，缺乏英语学习的毅力，导致他们在短期内未形成预期的效果，丧失了英语学习的信心，形成了想要学习好但是害怕吃苦的矛盾心态。

第二，害羞的心理态度。有一些学生在英语学习中害怕自己出错，因此不愿意开口说英语；甚至在课堂上，害怕教师提问自己，导致自己的问题积累越来越多，出现了种种的障碍。

第三，畏难的心理态度。一些学生在英语学习中一旦遇到困难的地方，就产生了放弃的思想，丧失了学习的信心。任何一个智力正常的人，都需要掌握多种能力，当然在学习中不免遇到困难，只有克服这些困难，才能提升自身的能力。但是，很多学生习惯夸大学习中的难度，认为自己解决不了这些问题，缺乏学习的勇气和毅力。

第四，自卑的心理态度。一些学生本身基础比较差，虽然在学习中付出了努力，但是取得的成绩并不显著。甚至一些学生未考上理想的大学，本身也比较自卑。正是因为这种自卑感的存在，导致学生缺乏自信，降低了学习的兴趣和效率。在英语学习中，一些学生产生退缩心理，认为自己学不好英语，因此不愿意付出努力去学习。

第五，逆反的心理态度。一些教师可能在教学中存在着伤害学生自尊心的情况，并且教师也未合理地处理学生的心理创伤，导致他们对教师比较厌恶和恐惧。这类学生大多比较偏激，容易暴躁，缺乏正确的思维方式，很容易产生逆反心理。

第六，骄傲的心理态度。一些学生在英语学习初期，由于知识相对来说较为简单，成绩较为突出，容易产生骄傲的心理。但是，随着知识难度的加大，成绩出现了波动，进而失去了英语学习的兴趣。

第七，内敛的心理态度。一些学生受自身家庭、生活环境等的影响，导致性格比较孤僻，不善于表达。虽然情绪稳定，也愿意付出努力进行学习，但是不愿意开口说，这就影响了他们英语综合能力的提高。

第八，功利的心理态度。很多学校规定，只有通过了英语等级考试，才能拿到毕业证。这就导致了很多学生在考试之前，将自己置身于题海之中，依靠一些捷径、窍门等应对英语等级考试。一旦他们考试结束，就不会继续学习英语，这种功利的态度很容易让他们放弃英语学习，也不利于他们英语学习长远目标的实现。

2. 学习动机

动机是激发人们展开行动的内部力量，是个体发动行动、维持行动的一种心理状态。一个人的动机往往与其是否能够满足自身需要有着紧密的联系。英语学习动机是个体展开英语学习的强烈愿望，其是推进英语学习的内部动力。只有有动机的英语学习，才能取得较好的学习结果；如果是无动机的英语学习，往往将英语视作一种学习负担，也很难取得较好的英语学习效果。

（1）内在动机与外在动机

内在动机往往是在学生内部起作用的动机，是由学生对学习的兴趣、需要、理想、好奇心、自尊心、责任感等的内在因素转化成的，因此具有主动性与积极性，对于英语学习而言有着巨大的意义。

外在动机是指英语学习受外部因素的影响，由外部因素激发，如考试压力、社会要求、伙伴认可、父母奖励、荣誉奖金等引发起来的，表现为心理上的压力。受外部因素的影响，高校学生不得不进行英语学习，如为了获得文凭、为了以后的工作等，但是由于外在动机是受外部因素影响的，外部因素不断变化，因此外在动机也具有较大的可变性。

（2）主导性学习动机与辅助性学习动机

主导性学习动机的动力非常强，主要起着主导性的作用，会随着学生的成长不断发生改变。例如，大一学生的英语主导性学习动机主要是为了获得教师、家长的认可；到了高年级，其主导性学习动机变成了获得优异成绩，找到一份好的工作。

辅助性学习动机的动力一般比较弱，主要起着辅助的作用。其可能不仅仅只有一个，而是很多个，如得到奖学金、获得赞赏等。

（3）远景性学习动机与近景性学习动机

远景性学习动机与学习活动之间并没有直接的关联性，而是间接性的，其对于学习活动的价值、结果等起着强调性的作用，其与英语学习的社会意义之前有着紧密的联系。对英语学习的主动性产生有力的影响。也就是说，这类动机与长远活动关系密切，具有极强的稳定性。

近景性学习动机与学习活动有着直接的联系，是直接的，主要是学习活动本身引起的，表现在对英语这门学科的兴趣和积极性，通过学习获得成功的结果和体验。这类动机可能是同学之间的竞争引起的，也可能是由教师、家长等施于的压力引起的。

（二）外部阻碍

1. 教学环境

（1）高校学生英语教学物理环境的问题

第一，英语教学设施欠缺。当前，很多多媒体技术、网络技术在高校英语教学中应用，使课堂气氛更为活跃，但是经过长期使用，也出现了设施老化、数量短缺等情况，尤其是现在大学扩招严重，使教学设施更为短缺，这些对于英语教学质量提升而言非常不利。对于英语教学而言，当然小班课最好，但是由于教室数量、教师数量等问题，导致不得不合班上课，加上由于设施问题，扩音设备陈旧，导致学生丧失了学习的兴致，精读课成了听报告，听力课成了放录音、对答案，这样的课堂必然导致英语教学水平下降。

第二，空间环境安排失当。首先，课时少，学习周期短。当前的高校英语教学课时较少，学生学习的周期较短，这就导致很多教学任务完不成，即便是降低了教学的要求，对某些教学内容进行删减，也很难完成教材中一般课文的讲解及英语技巧的学习。其次，课堂活动时间设置不合理：在设计活动时未考虑周全，如设置导入活动过多，占据过多时间，导致真正的课堂内容未介绍完全，导致教师不得不缩减真正的内容；教师未控制好教学的节奏；教师对学生的知识水平未充分了解，导致将目标设置得过高，影响了教学的预期效果；教师未发挥群体的作用，未重视学生的监督与参与作用；教师未开展多样的课外活动；教师未充分利用外教资源，未给予学生足够的平台与外教展开交流；教师未考虑课堂英语环境，即在课堂上，教师未强调实践的作用，没有给学生营造有利于语言运用的环境。

（2）高校学生英语教学心理环境的问题

第一，学风问题。当前，高校学生的学风问题主要有如下几种。首先，上课迟到。这一现象在高校学生群体中非常普遍，尤其是早晨的课，很多学生不起床导致迟到。如果追究其根源，都是因为对课程不重视，觉得迟到没什么关系，反正教师也不会批评或者责罚。越是人数多的课堂，迟到现象越严重；越是高年级的学生，迟到现象越严重。其次，旷课。除了上课迟到，旷课现象在大学校园中也非常常见。这反映出两大问题：学生方面，学生未认识到英语课程的重要性，对于综合素质的提升缺乏自觉性，学生只是为了应付考试，有些学生将兼职作为大学的主要活动，认为赚钱比学习更为重要；教师方面，课程设置的并不合理，甚至有些教师对英语课堂的投入不足，授课内容不具有新颖性。最后，考试作弊。之所以出现考试作弊的现象，主要由两点原因：客观原因是考试形式较为僵化，考场纪律不严格；主观原因是学生存在侥幸的心理，学生为了获取高的成绩愿意冒险。

第二，英语课堂教学氛围不和谐。首先，教师未转变自身角色，更新教学理念。教师只有对学生给予尊重与理解，才能激发学生学习的热情，提升他们投入英语学习的信心。因此，教师应该创造多种条件，让学生愿意去学习。但是，当前很多教师在学生面前摆出一副高高在上的姿态，保持着自身的权威性，未将自己融入学生之中，导致师生之间存在明显的不和谐。其次，教师未适应时代要求，调整教学手段。随着时代在发展，社会在进步，新的教学理念下产生了很多新的教学手段和方法，但是现代很多英语教师，未将先进的教学手段融入教学之中，对英语教学进行优化，导致学生不愿意投入学习。同时，在教学中，教师也未对学生投入情感，导致让学生体会不到和蔼的感觉，学生的英语学习显得更为紧张。

2. 师资水平与教法

（1）高校英语教师存在的问题

当前，随着高校扩招，学生人数剧增，导致教师队伍与高校所需之间存在明显的差距。

第一，教师的教学任务繁重。当前，英语教师数量不足已经成为制约高校英语教育的突出问题之一。一名教师甚至承担着好几个专业的英语教学任务，显然英语教师的工作非常繁忙。

第二，教师队伍结构不合理。具备高级职称的教师并不多，很多教师为刚入校教学的新教师，执教能力还有所欠缺，因此很难完成高深的教学任务，只能依靠那些资历老的教师，这样也造成了资历老的教师压力大、资历新的教师没任务。

第三，教师创新意识与科研能力不高。很多高校对科研的重视力度不够，尤其很多领导、教师认为英语只是一项工具，只要能用英语沟通就可以了，从而导致很多英语教师没有创新意识，也不进行科研工作。同时，很多高校英语教师所占比例低，缺乏科研骨干与带头人，导致高校英语教师的科研工作也很难开展起来。

第四，教师队伍的综合业务水平不高。要想培育出优秀的学生，就必须具有高超水平的教师。近些年，很多高校英语教师都是从大学刚刚毕业，从学生转向教师，当然也需要院校的培养。但是，很多高校忙于扩招，并未解决扩招带来的各种问题，在教师的培训上也未下多大努力，导致教师队伍的整体综合业务水平不高。

第五，缺乏双师型教师。当前，很多高校的英语教师虽然具备英语基础知识，但是缺乏专业英语知识，如有学生是学物流的，他就需要学习物流英语；有学生学习计算机的，他就需要学习计算机英语等。但是，很多教师对于专业英语并不熟悉，也不了解专业类的词汇，导致这样的英语教学不利于学生以后的工作和生活。

（2）高校英语教师教学层面存在的问题

第一，教学方法缺失型。对于学生学习情绪起作用的最重要外部因素就是教师。一方面，教师对学生的态度对于学生的学习态度产生影响。现代很多教师认为高校学生是成年人，具有了独立的思想、较强的自学能力，因此教师不必要管太多，上课来去匆匆，很少与学生进行深入交流，师生之间的关系较为冷淡，这就容易导致学生产生消极的学习态度。另一方面，英语这门学科的实践性很强，由于受传统教学的影响，很多高校英语教师仍旧将教学重点放在词汇、语法上，教学模式较为单一，忽略了学生的自主学习与实践，课堂气氛非常沉闷，对学生的英语学习并未给予恰当的方法指导，久而久之就导致学生对英语学习缺乏兴趣，产生厌烦心理。

第二，师源误导型。由于教师教学水平存在差异，加上缺乏职业责任感，导致很多英语教师在教学中缺乏耐心，不能引导学生掌握恰当的学习方法，导致学生的英语学习中遇到各种困难。加上学生本身的英语水平存在差异，一些学生的英语学习总是沉浸在挫折中，这样的学习很难形成成就感。

3. 教学理念

（1）理论层面存在的问题

任何教学都需要理论做指导，任何理论也都随着社会不断发展。但是，在当前的高校英语教学中，很多教师沿袭传统的教学理论，未对理论做重新认识，导致故步自封，不能与时俱进，很难为学生搭建有利于学生英语素养提升的平台，同时实践教学也只是为了应付，这样的教学理论也就称不上理论了，对于高校英语教学的质量产生了极大的影响。

（2）操作层面存在的问题

在操作上，教师的教学核心观是"仓库理论"，将学生作为一个容纳知识的容器，将教与学分离开来，并未将学生视作一个发展的人，很难促进学生的和谐进步与发展。由于教师的思想不够开放，并未对自己的思想进行更新，对教授的内容也不与时俱进，在思想上也未树立全面发展与素质教育的理念，导致这样的教学非常闭塞，学生也没有展开实践的机会。

（3）学科层面存在的问题

从学科层面来说，高校英语教师欠缺对学生进步与发展的关注，这主要表现在如下几个方面。第一，教师缺乏"对象"意识。很多高校学生的英语基础薄弱，教师在教学中缺乏信心，往往在课堂中唱独角戏，不能与学生进行互动，认为只要自己讲过了就可以，不管学生能不能接受。实际上，在教学中，离开了学，就谈不上教。教师没有树立以学生为本，只能以失败告终。第二，教师没有"全人"意识。学生发展是全面的发展，不是某一方面的发展。高校英语教师往往过高估计自身学科的价值，认为学生只要通过考试就可以拿到毕业证书。同时，在授课中，未将人文教育、思政教育融入其中，不利于学生的发展。

4. 教学模式

（1）英语教学模式单一

当前，高校英语教学主要是以讲解为主，在每一堂课的教学中，教师对词汇、语法知识等进行重复，未能带动学生的学习积极性，不能让学生参与其中。这样的教法主要是为了应对考试，因此选择的讲授内容很多都是四级考试题目。这种教学方式单一，缺乏学生所需的环境，忽视了学生的主体地位，师生之间也缺乏互动性，导致学习效率低下。

（2）不能构建高校英语HLBD教学模式

当前，高校英语教师在课堂上讲得非常辛苦，但是学生也就仅仅记住了几个单词、几种语法，在实际的运用中仍旧听不懂，也说不出口。高校英语教学应该培养学生以"探究·合作·自主·人文"为特点的学习方式，强调学生不仅注重理论的学习，还要注重实践，教师也应该让学生参与到课堂中，不仅有利于促进师生之间的了解，还能够提升教学的效率。

第二节　高校学生英语学习倦怠与学习情感障碍

一、高校学生的英语学习倦怠研究

（一）学习倦怠的界定

1. 国外学者的定义

学习倦怠的定义是从职业倦怠来的。[①]在职业倦怠中，一些学者对其结构展开了划分。其中最有名的就是马斯勒的研究，他将职业倦怠的结构划分为三个部分。具体如图4-1所示。

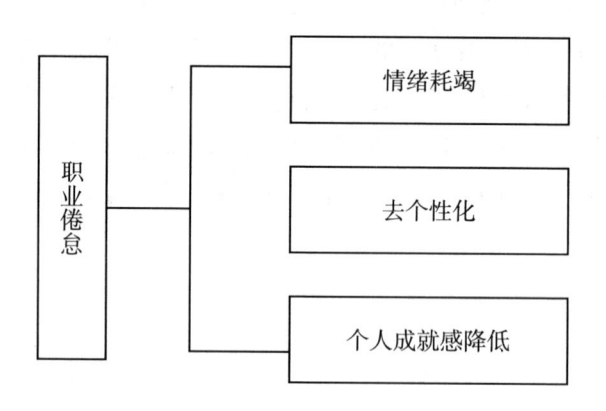

```
                ┌──  情绪耗竭
职业倦怠 ───────┼──  去个性化
                └──  个人成就感降低
```

图4-1　马斯勒的职业倦怠结构

1981年，皮涅斯与凯蒂（Pines & Katry）在对高校学生与助人专业工作者进行研究时，发现高校学生在校期间的学习倦怠要明显比助人专业工作者高，并且提出，学习倦怠指的是学生在学习中产生的一种懈怠。

[①] 杨涛.外语学习倦怠与动机关系研究[M].北京：科学出版社，2015.

皮涅斯与凯蒂的研究认为学生之所以会出现学习倦怠，是因为他们长期受到课业压力的影响，导致精神上出现损耗，逐渐丧失了对学习的热忱，对同学也保持一种冷漠的态度。

肖费勒与里奇洛（Schaufeli & Richlow）持有相似的观点，认为学生之所以出现学习倦怠，是因为他们学习上遇到压力，导致了学习兴趣丧失，对学习的感觉能力也下降，逐渐出现情绪衰竭。

经过这些研究，本书认为学习倦怠是学生对某些学业持有一种负面态度，并且逐渐丧失学习热忱，呈现一种消极态度，对他人也比较冷漠。如果要分析其产生原因，多是由于课业的压力。

2. 国内学者的定义

国内对于学习倦怠的研究起步于中国台湾，但是对于其界定，仍旧是借鉴国外的研究。

台湾学者张治摇这样界定学习倦怠，即学生在学习中由于课业压力，导致他们在情绪上产生耗竭、去个性化，个人的成就感逐渐降低。这一定义只是对马斯勒（Maslach）定义的某些修正。

另外，杨惠贞等学者采用了"学习焦崩"这一词语。首先，这是因为学者们对这个名词的翻译存在争议，但是无论翻译成"学习倦怠"，还是翻译成"学习焦崩"，都是源自工作倦怠。其次，对于学习倦怠的产生，大部分都是源自课业压力，导致他们心理上出现问题。这是对马斯勒定义的延伸，但是这一定义不能将学生的特殊性体现出来，即这些概念仅仅限于学习压力上。

在不同的文化背景下，学生基于不同的情境必然产生压力，因此会产生不同的学习感受与情绪。对大陆的学生进行研究发现，学业压力确实是学生的主要压力，是学生产生不良心理的主要原因。但是一些学者还认为，高校学生由于有很多自由时间，导致他们没有很好地利用这些时间，大多用来玩手机、睡觉、上网、谈恋爱等，这些也是导致学习倦怠的原因。

杨丽娴等人对国内外研究进行综合，从不同的文化背景与实际出发，从心理、行为两大因素入手分析学习倦怠，认为学生对学习缺乏兴趣和动力，往往会从产生疲惫与厌倦状态，从而逃避学习，这就是所谓的学习倦怠。

（二）学习倦怠的特点

通过不同学者对学习倦怠的界定，可以将学习倦怠的特点归纳为如下几点。

1. 感染性

一般情况下，形成学习倦怠之后，个体会对其他人，尤其是周边的同学具有感染性，也使他们产生对学习的反感和惰性。因为在大学阶段，学生的自制力不是很强，意志较为薄弱，导致他们很容易受到外界尤其是同伴的影响。当然，学生学习倦怠的感染性不仅体现在语言层面，还表现在行为以及态度上。

2. 渐进性

学习倦怠是经过长期积累形成的。对于学生而言，学习倦怠的产生经过了一系列的心理过程，是学生在学习中经过多次失败、多次挫折，产生一种消极心理。

3. 相对稳定性

学习倦怠的形成往往具有一定的稳定性，也就是说个体一旦形成了学习倦怠，不是一两次任务就可以缓解甚至结束学习倦怠。在学习中，个体的这种状态会随着环境的改变而改变，但是在相对较长的时间里，这种学习倦怠还是相对稳定的，不会有太大的改变。

4. 独特性

学习倦怠是在学习环境中形成的，因此其除了具有一般倦怠的表现，还具有与职业倦怠相比的独特之处。对于一名学习倦怠者，他/她面对的几乎都是新的内容，他们的倦怠表现多是对学习缺乏信心，学习的自我效能感也比较低。但是，相比之下，职业倦怠者往往面对的是重复的工作，表现的状态是单调乏味。

5. 持久性

学习倦怠并不是一时产生的，而是经过一定的积累而成的。如果个体存在学习倦怠，他/她在学习上会丧失学习兴趣，缺乏学习动机，对待周围的人也较为厌烦和冷漠。并且，个体一旦形成了学习倦怠，很难在短时间消失，甚至会持续很长时间，如果不改善，甚至会使自己走向迷途。

（三）学习倦怠的发生过程

卡罗琳（Cedoline）指出，学习倦怠的形成是一个连续的过程，也是一个渐进的过程。在形成过程中，往往表现为日常生活的疲惫、身体的疲倦。如果这时候不采用恰当的手段遏制，那么很容易因为情绪或者信息的压力过大，导致兴趣减少，对学业也产生拖拉的状态。随后，也可能产生对周围人的冷淡，甚至可能会逐渐忽视任务，情绪也变得更为暴躁。

著名学者魏珍（2007）认为学习倦怠可以划分为三个阶段：第一个阶段是偶然失败阶段；第二个阶段是经常失败阶段；第三个阶段是学习倦怠的形成阶段。并指出，学习倦怠是经过多次失败的积累，是在多次情绪消极的状态下产生的。也就是说，从偶然的失败到学习倦怠的产生，其中经过了一系列的心理变化。

本书认为，高校学生的学习倦怠往往经过四个阶段，如图4-2所示。

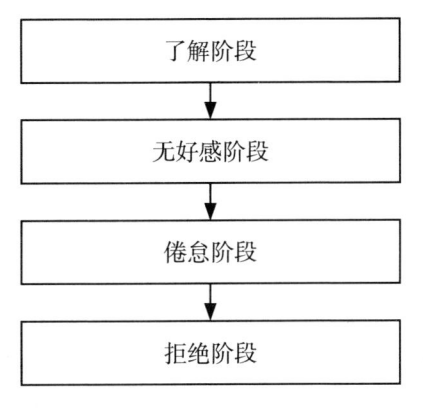

了解阶段
↓
无好感阶段
↓
倦怠阶段
↓
拒绝阶段

图4-2　高校学生学习倦怠的四个阶段[①]

---

① 龚芸.高职学生学习倦怠问题研究[M].北京：北京理工大学出版社，2015.

了解阶段：在了解阶段，主要是让学生通过各种渠道，对某类知识应该知晓和有所了解。

无好感阶段：在无好感阶段，仅仅指学生对于学习缺乏较强的动力，他们可能是不喜欢某项学习内容，或者不喜欢教师上的课。

倦怠阶段：在倦怠阶段，可能会影响学生学习的各个层面，如学习兴趣、学习行为、人际关系、学习成就等。

拒绝阶段：这是终极阶段，表现在无论采取何种方法、何种手段，学习者都不会采取行动避免产生学习倦怠。

二、高校学生的英语学习情感障碍

（一）情感体验与情感反应

与认知相比，情感更侧重心理活动，它具有一定的特殊性，即在情感发生时，主体会出现身体和心理的双重反应。情感体验是指产生情感时主观上的体验，它的特征两极对应，即情感的两极性，表现形式为肯定性质的情感和否定性质的情感的对应。换句话说，就是对同一对象和现象可能持积极或消极的态度，接受或摈弃它，如焦虑—放松；喜爱—厌恶；满意—失望等。当然复杂的情感体验往往同时包含有肯定和否定性质的情感，如既爱又恨、悲喜交加等。

情感反应是指身体在情感发生时所出现的变化，这些变化与情感体验相联系，是情感外部表现的一部分。受到情感影响，各身体动作变化会充当一定的表情含义。例如，我们将面部发生的变化称为面部表情；将身体形态或动作的变化称为身体表情；将语速快慢、音量的大小、音调高低的变化称为语言表情。这些表情彼此联系、相互影响，共同构成了情感反应。通常情况下，表情可以直接或间接地反映出一个人的情感体验。优秀的教师能够在日常教学中捕捉学生的情感反应，通过这些反应，及时掌握学生的学习情况以及学习态度。如果教师只顾在讲台上自说自话，学生不做任何反馈，那教学效果必然会大打折扣。

（二）英语学习中的常见情感障碍

情感障碍具体表现为焦虑、厌倦、恐惧、紧张、冷漠等。通常情况下，如果学习者心理压力很大，思想过于紧张，势必会使其学习效果大打折扣。

1. 外语交际恐慌

（1）外语口头表述焦虑

口头表述焦虑是指说话者在没有安全感的情况下，由于表达水平有限或者受到紧张氛围的影响而引起的内心焦虑不安，导致交际无法正常进行。这种情况在英语学习的初级阶段比较常见，有时也会发生在中、高级阶段。

学生开口表述本来就存在一定的困难，再加上气氛紧张、沉闷或压抑，表述时势必出现焦虑，出现焦虑的学生其想法不外乎以下几种。第一，自己不如别人。第二，讲不好失面子。第三，沉默是金。

（2）外语领会焦虑

在说英语时，人们按照英语语法及发音规则将意思"编成语言信号"（encode a message）表达出来。因而，在听英语时，我们就必须按照同样的语法和发音规则将语言信号"破译出来"（decode a message）。

学生在听的过程中，不能充分发挥心理机制的作用，出现一些难以克服的困难。由于领会困难，学生在语言交际或课堂师生交往过程中听不懂，跟不上，自然而然产生一系列的消极心理，我们称之为焦虑心理。例如：

听到讲英语我就头皮麻，心发慌；我实在是每个字、每个词都注意到了，还是听不懂，真不知怎么办；我在听和领会方面实在是无能为力；听不懂真是活受罪；我对自己失去了信心；为什么别人都能听懂，而我却不行；反正听不懂，跟不上，不如做点别的事。

领会焦虑在语言交际或课堂学习中常以下列形式表现出来。其一，恐惧。害怕参与交际或与教师、同学进行课堂交往，进而发展到害怕上英语课，特别是听力课。其二，烦躁不安。学生听不懂，抓不到重点，心烦意乱，坐立不安。其三，抵触。学生因听不懂、跟不上而赌气。跟自己赌气，放弃交际和交往；跟教师赌气，摔钢笔、课本，不交练习，怨恨教师；或拿公共财物赌气，将课椅弄坏，在墙上乱涂乱画，以发泄心中的不满。

2. 担心否定的社会评价

有些学生害怕给教师、同学们留下负面印象，为了维护自身形象采取消极态度面对各项课堂活动。

（1）逃避。学生严重关注自身缺点，担心自己无法回答教师提问，而最终选择放弃。

（2）白日梦。学生因回避课堂活动，心不在焉，想象天马行空。他们从外表看表现得文静、守纪，但内心想入非非，心猿意马。教师向其提问时，仿佛没有听见，毫无反应，或者要其回答课文上的问题时，半天找不到地方。

（3）过分依赖。学生缺乏自信，一味地依赖教师或班上同学。特别是在学习遇到困难时，望而生畏。作业难度大，完不成，不是积极思考，努力想办法，而是等待同学的帮助，教师的讲解。练习做不出等着对标准答案，作文写不出，等着参看范文。

3. 外语考试焦虑

考试焦虑是一种由于害怕失败而过于担心考试成绩的情感。外语考试是种类最多的考试，一直贯穿于学习的各个阶段，即便是平时成绩不错的学生也极有可能在考试中发挥失常，因此考试焦虑现象普遍存在。

（1）一般考试焦虑

不管是常规的还是非常规的外语考试，都会带给学生一定程度的心理压力，从备考阶段到成绩公布的整个过程中，学生时刻处在一种焦虑、心慌的状态下，一般可以概括为如下几种。其一，复习期间的担忧心理。外语考试题型众多，知识涵盖面广，基本不会组织系统复习，不划定考试范围，另外听力和口语测试也带给学生很大的压力。要应对英语考试就要全部掌握听、说、读、写、译五项基本技能。学生在备考时，常因为复习内容太多而不知如何下手，不清楚考试重点和学习要领，这种盲目复习加重了学生内心的焦虑、紧张。其二，考试中的紧张心理。外语考试题量较大，对比其他考试，时间更为紧迫。学生很容易因为考场严肃的气氛而感到恐慌、不安，伴随出现无法集中注意力、视听困难、思维混乱，不能发挥自己的日常水平。有的同学由于紧张甚至会出现手发抖、忘写姓名等情况。其三，交卷后的懊悔心理。学生交完试卷，走出考场，发现没有把握重点，大意失分，责怪自己平日没有好好学习，悔恨自己由于过度紧张没有答完。其四，成绩公布前焦急不安心理。结束考试后，学生以一种急迫、不安、期待的矛盾心理等待成绩公布。成绩好的学生关注自己是否发挥了实际水准，是否能稳住排名。成绩一般的学生想知道自己是否有进步，排名有没有变化。基础较差的学生担心自己能否及格，排名是否进步。

（2）统考焦虑

外语是所有学科中统考最多的课程，在各个英语学习阶段都有相应的全国性质的考试。统考是一种全国性质的考试，可以说从实施以来就对英语教学起了一定的推动作用。在我国高校学生学习中，高校英语四、六级和专业英语四、八级这两种统考有着十分重要的地位。考生逐年增加，考试成绩也逐年提高。由于统考在广大考生心中地位非同一般，所以大多数学生都会出现不同程度的焦虑心理，主要可以分为以下几种情况。其一，不知所措。由于学生自身对统考了解并不深入，加之家长、教师过分夸大统考的意义和难度，导致考生对统考有一种"遥不可及"的初印象，在心理上产生恐慌、焦虑。面对统考，学生无所知从，不知道从哪入手，紧张情绪进一步影响其学习效果，慢慢地就会形成恶性循环。其二，情绪表现失控。在考试前很长一段时间，有些考生都一直陷在低迷的情绪状态，他们对周围的一切都失去兴趣，很少与教师、同学联系，几乎不去参与各种文化活动。虽然对外语感到迷茫、无奈却也不敢出现一点松懈，所以就使自己在焦虑与痛苦之中无法自拔。其三，生理机制失调。考试引起的焦虑、紧张在生理上有十分明显的表现，如出现神经衰弱、记忆力下降、精神涣散、头晕恶心等，一些情况较为严重的同学甚至还需要进行休息调理。

4. 挫折心理和苦恼

（1）挫折心理

其一，攻击。对班上英语成绩好的同学不服气，看不惯，认为他们在课堂上积极发言是图表现，出风头。教师对成绩优异者稍加指导或偶尔与他们多交谈一会，便认为教师不公平，偏爱好学生，看不起成绩不好的学生，因而有时攻击教师和成绩好的同学，获得心理上的平衡。

其二，退化。退化也称回归，是指个体受挫后表现出一种与自己的年龄、身份很不相称的幼稚行为。例如，有的学生听力跟不上，不是多听多实践，他们看到大部分同学在突击记单词，也盲目地拿着词汇手册，跟着死记硬背单词。

其三，冷漠。有些学生在外语学习过程中受了挫，产生冷漠心理，普遍地表现为对外语提不起兴趣。他们认为，反正学不好，不如把精力花在其他功课上。上英语课、做英语作业或参加英语考试勉强应付，马虎了事，缺乏应有的热情和兴趣。

其四，固执。学生英语学不好，有很大一部分原因在于方法不对，受挫的学生心理上并不灰心，也不服气，认定他自己的方法是行之有效的，固执己见，我行我素。而且有什么想法埋在心里，不愿外露。学习上呈闭锁性，孤芳自赏，自以为是。

其五，逆反。学生考试不及格或课堂语言实践中自尊心受了伤害，产生失败者心态。对学习无兴趣，对教师的感情表现淡漠，采取封闭和疏远态度，甚至产生对立情绪，不接受正面的教育和影响，不按教师的要求或课堂要求行事，心里和教师、同学对着干。例如，该交作业的时候不交作业；该发言的时候不发言，而不要求讲话的时候却念念有词，埋怨教师、同学不给其机会。

（2）苦恼心理

从观察与调查中我们发现，学生中普遍存在不同程度的苦恼，并且主要集中在学习、学校生活、家庭生活、同学朋友关系和师生关系这五个方面。

第一，学习方面的苦恼。学生在学习方面有下列烦恼：觉得有些学科没有意思，有些学科总是学不好；自己花了时间，成绩总是上不去；教师讲课枯燥无味，但又不得不去；作业不会做，但无从问起；基础差，底子薄，赶不上别人；成绩差，无人关心；学习不得法，又无人指导；考试太多；课业负担太重；学习条件差。

第二，学校生活方面的苦恼。在学校生活方面学生常因一些无法克服的矛盾引起内心不快，如校园生活单调、枯燥；个人兴趣、爱好受到抑制；班级学风不好，影响学习；做了好事或工作积极却得不到理解；学习刻苦、成绩好却受到孤立。

第三，家庭生活方面的苦恼。来自家庭的压力，也使学生情绪受到干扰，如家庭经济困难，负担重；家庭不和睦，经常生气；父母不理解自己，一味强调学习；父母在自己学习就业问题上无能为力。

第四，同学朋友关系方面的苦恼。学生在交友过程中常生出不少苦恼，如没有人理解自己；朋友不忠实；学习不好，同学看不起自己；和同学相处不好；得不到同学朋友的帮助。

第五，师生关系方面的苦恼。例如，教师偏向、不公正；教师不关心学生，冷漠；教师粗暴，缺乏爱心和耐心；得不到教师的关心和尊重；不能和教师坦率地交谈；师生交往少。学生对于自己的苦恼是如何处理的呢？一般有四种情况。第一种情况：自己解决。例如，跟要好的同学讲，一吐为快；或告诉教师、家长，及时排遣。第二种情况：置之不理，听其自然。第三种情况：没有办法，干生气，或者忍着，窝在心里。第四种情况：以报复、顶撞的方式发泄。很明显，第三种和第四种处理方式带来的问题及负面效应较大。因为学生在学习过程中，未能将苦恼有效排遣，将之积聚在心中，他们或闷闷不乐，沉默寡言；或暴躁不安，借题发作，没有一种良好的心理状态，因此也就难以形成积极的学习态度。

第三节　高校学生英语学习倦怠情绪的内外调试

一、高校学生英语学习倦怠情绪的内在调试策略

（一）启动情感动力

"人的情感的力量非常庞大，在强烈情感的支配下，什么事情都可能发

生。只要方向正确,人的情感可能像核爆炸一般发挥巨大的潜在力量,创造出伟大的事业。"①因此,情感的动力作用非常巨大,这就是所谓的情感动力。那么如何启动情感动力呢,下面就对其展开分析。

1. 培养积极的先决情感

在学习层面,学生往往表现出很大的差异性。那么,这些差异是怎么形成的呢?如何将学生的差异缩小呢?教育心理学家与教育工作者对这些问题进行了深入研究。尤其是20世纪60年代开始,学者布鲁姆(B. S. Bloom)对这些问题着重进行了探究,提出了"三大教学变量"这一理论:先决知识行为,即学生要想完成学习自身所具备的条件的程度;先决情感特点,即学生能够被触动而完成学习的程度;教学质量,即教学与学生相适应的程度。②

在布鲁姆看来,上述三大变量对学生的学习成绩、学生的学习进度、学生的情感等起着决定作用。具体来说,三大变量与教学结果、学习结果之间的关系如图4-3所示。

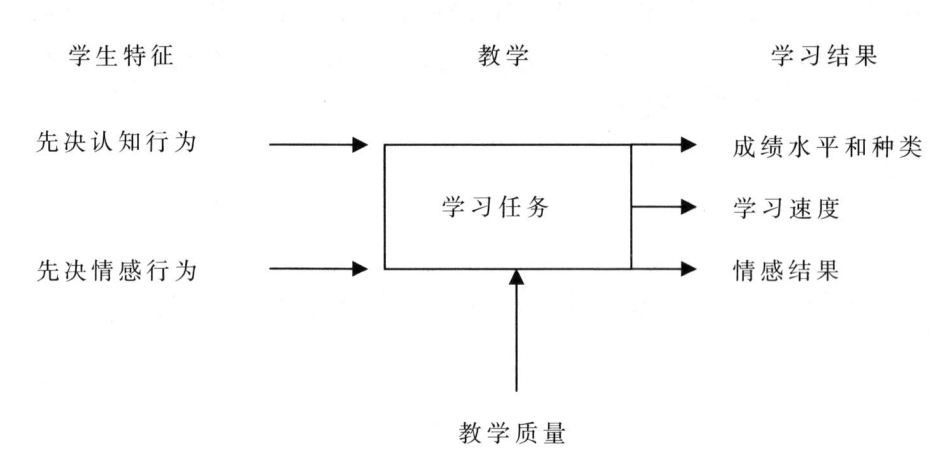

图4-3 布鲁姆的三大变量与教学结果、学习结果的关系
(资料来源:文卫平、朱玉明,1998)

---

① 杨仲明.困境与解说:人的潜力开发及心理疗法[M].北京:人民出版社,1989.
② 黄志成.布鲁姆对影响学习的变量的系统研究综述[J].外国教育资料,1990,(4).

在这里，布鲁姆强调的是，在学习中，任何一项学习任务都是与前面一个学习任务紧密相关的。先前的学习经验不仅有助于学生知识的掌握，也有助于学生情感的形成。也就是说，不能舍弃学生的先决认知行为，也不能放弃学生的先决情感特点。什么是先决情感特点？其指的是学生受到鼓励之后参与学习的程度。在学习中，学生的情感对学习非常重要，如果学生带着热情展开学习，那么他们学起来会非常轻松，并且能够取得好的成绩。如何培养学生积极的先决情感呢？关键在于让学生在学习中获得成就和满足，具体而言可以从如下几点着眼。

（1）获得成功的学习经验

在学习中，教师应该引导学生学懂、学会，鼓励学生创造积极的、定向的、与自身实际符合的自我概念与志向，让他们体会到获得成功的感觉。很多学者都认为成功的经验对于学习非常重要。如果学生刚开始学习就遇到了失败，那么他们有可能丧失学习的兴趣，也很难展开进一步的学习。因此，获取成功的学习体验是非常重要的。为了感受成功，学生需要设定切合实际的目标，具体而言教师需要做到如下几点。第一，设定学生可以达到的目标或者学生自主选择的目标。第二，得出结果后着重积极层面的介绍和强调。第三，鼓励学生对自己的学习进行指导。第四，教学中鼓励自我竞争，减少个别的对比，允许学生设定自己的目标。

（2）唤起学生的好奇心

教师可以通过创设情境，让学生发现学习，亲身体验到学习中，获取成功，这样有助于提升学科的吸引力。一般来说，一些身体力行的活动、调查研究活动、生活中的情境等都可以吸引学生的注意力。当然，教师在设置任务时，一定考虑那些积极的且能够融探索、调查、社交等内容的方法。同时，可以从学生的爱好出发成立兴趣小组，如语法组、翻译组等，这些可以将学生的潜力开发出来。

（3）让学生明确自身目标

让学生弄清楚自己要做什么，如何做才能实现目标。就动机而言，目标的设定应该是学生能够理解并且能短期完成的。但是，目标的设定要适当。如果目标设定得太高、太难，那么学生就会丧失学习动机，因此教师在设定远期目标的时候，应该在过程中设定一些小的近期目标。

2.培养学生肯定的自我

总体来说，自我可以划分为两种，一种是肯定的自我，一种是否定的自我。前者对自我有准确的认识，积极地看待情感体验；后者对自我的认识是扭曲的，消极地看待自己的情感体验。显然，肯定的自我对于自己的发展十分重要。学生如何培养肯定的自我呢？当然，在这之中，教师是一个重要的因素，教师可以创造条件让学生实现肯定的自我。

（1）培养学生的归属感

所谓归属感，即个体被他人接受和接纳的心理态度。从本质来讲，人是社会中的一分子，人从社会的尺度对自己进行考察与认知，当自我与他我出现分裂的时候，意识到自己脱离了社会、脱离了世界，就必然需要将自我放在他我之中。这就是自我认识的过程，当然自我认识的程度，取决于他人对自己的接纳程度。根据马斯洛的理论，人在生理与安全的需要得到满足之后，往往需要寻找归属感的群体，被这个群体接受，获得群体的关爱。归属感使人的心理得到安全，获得情感寄托，一个人的归属感越强，其更容易形成肯定的自我。具体来说，归属感的培养需要做到如下两点。

其一，教师应该鼓励学生明确自己的角色、扮演好自己的角色。也就是说，归属感使自己更明确自己在群体中的地位，并且这个地位是由其角色扮演的成功与否决定的。众所周知，学生的学习情况与其获得的成就有着紧密的关系，并且也成为判断他/她在班级里面的位置。如果一个人的学习态度良好，愿意努力付出，与集体的目标保持一致，那么他/她很容易得到班级的认可，获得自己的位置。对于教师而言，无论学生的学习状况是怎样的，都需要鼓励自己的学生定位自身的角色。

其二，教师应该为学生创造多种参与活动的机会。实际上，参与的过程就是与集体相融合的过程，如果个体积极参与集体的活动，他/她也很容易融入集体之中，获得集体的认可。在英语课堂上，教师可以进行角色扮演、分组任务等，让每一位学生都积极参与，彰显每一位学生的个性和才能，让他们的潜力得到发挥。

（2）培养学生的自尊自强意识

学生如果具备自尊自强的意识，也是对自我形象的肯定。要想培养自尊自强意识，可以从如下几点着手。

其一，以成功经验作为引导提升自我观念。如果学生在英语学习中经常失败，往往会丧失学习的信心，从而影响学习英语的动力。因此，在英语课堂教学中，教师应该为学生提供成功的机会，让他们感受到成功的喜悦，从而增强自己的自信心。

其二，尊重学生的情感，避免错误的褒贬。在课堂学习中，学生的个性、兴趣等存在明显差异，学生有时候会产生不同的想法，教师应该首先对这些想法进行接纳，然后通过实证分析，让学生认识到自己的想法是否正确或者错误。需要指出的是，教师应该避免随意褒贬，因为未经过论证的做法显然会对学生造成影响，甚至一些随意的贬低会让学生丧失自我意识。

其三，提出合理的要求。当然，教师不能一味满足学生的情感需要，这样会放纵学生，应该在关心的同时严格要求学生。

（二）激发学习动机

当前，很多教师十分关注如何调动学生的学习积极性，而动机激发策略对于学生的英语学习有着十分重要的作用，因此很多学者对其展开了研究。

1.激发内在动机

当前，普遍认为比较有效的动机策略不仅包括内在动机策略，也包括外在动机策略。但是，从一定条件来说，外在动机可以转化成内在动机，因此教师将内外动机结合起来，可以更好地激励学生。具体来说，教师可以从如下几个层面激发学生的内在动机。

（1）激发学生的兴趣

在教学中，学生具备浓厚的学习兴趣，有助于他们投入学习中，也决定了他们学习能否获得成就。海德等人提出了兴趣培养的四阶段模式。

阶段1：情境兴趣的激发。所谓情境兴趣的激发，即认知或者情感短期改变产生的一种心理状态。一般来说，一旦情境兴趣被成功激发，就可能持续一段时间，只不过持续的时间可能较长或者较短，并且这种情境兴趣也有助于学生建构自己的学习内容。要想激发情境兴趣，除了依靠外部因素，还可以通过小组活动、电子设备等。

阶段2：情境兴趣的维持。所谓情境兴趣的维持，即情境兴趣激发之后产生的一种心理状态，往往是较长时间内持续的一种心理倾向。往往需要借助教师或者其他同伴的支持，使情境兴趣得到加强和维持。当然，也不能仅仅依靠外部力量，学生自己也需要创造环境和条件，如参加一些小组活动。

阶段3：个人兴趣的产生。所谓个人兴趣的产生，实际上是一种心理状态，即对某一特定内容产生持久的兴趣。要想形成个人兴趣，学生需要对学习内容予以高度重视，无论是否外部给予支持，学生都需要投入学习之中，并对自身学到的知识进行巩固。同时，学生在学习过程中发现自身的问题，找到适合自己的学习行为，对更多信息进行积累。在这一阶段，学生更多是自发形成，虽然有很多外部条件的支持，但是更多的都是个人的调节与反思。

阶段4：个人兴趣的发展。所谓个人兴趣的发展，同阶段3一样，是一种心理状态，也是对某一特定内容的专注。在这一阶段，个人兴趣得到不断强化，并且除了提出问题、对学习进行自我调节外，还能够克服困难，发挥自身的主观能动性。当然，在这一阶段，外部环境、专家等的引导也有助于个人兴趣的发展。

其一，英语教学中情境兴趣的激发和维持。在英语教学中，教师可以通过选择教学材料、设计学习活动、利用信息技术等，将学生英语学习的兴趣激发出来。在选择教学材料的时候，教师应该坚持三个因素：连贯性、生动性与细节具有吸引力。所谓连贯性，即要求材料内容连贯、结构清晰，这不仅便于学生理解，而且容易吸引学生的兴趣。所谓生动性，即语言较为形象、内容更为新颖，如果材料能够提供新颖的知识，减少生僻的语言，很容易让学生觉得有趣。所谓细节具有吸引力，即尽量选择能够吸引学生注意力的内容，如爱情、友情等话题。在设计学习活动时，应该将听、说、读、写、译各项技能考虑进去，并且可以听说结合、读写结合、读译结合等两两结合，不仅有助于学生提升自身的语言综合能力，还避免了学习的枯燥性。另外，活动形式应该多样，如角色扮演、小组讨论等。

其二，英语教学中个人兴趣的培养和发展。这就要求在英语教学中，教师应该从学生的需求出发，激发学生的好奇心，为学生提供必要的指导。只有从学生的需求分析入手，教师才能将学生的学习兴趣调动起来。当然，关键是选择适合的学习活动的主题，这些主题能够激发学生的学习兴趣，当然不是说所有的全新主题就能激发学生的好奇心。很多时候，学生对某些熟悉主题的某些方面会产生好奇心，这些好奇心就促使学生探索新问题、获取新信息。在好奇心的驱使下，学生开始寻求解决问题的方法。

总结起来，主要是要求学生应该多进行独立的思考，教师在其中发挥指导的作用。当然，指导不是代替，而是给予帮助，让学生能够承担自身的学习任务，应该适度。也就是说，如果学生遇到困难，不是立即伸出援手帮助学生解决所有麻烦，而是应该让学生先尝试解决，然后在合适的时候给出提示和帮助。

（2）满足学生能力需求

如果学生相信自己能够胜任某项任务，那么他们就会愿意去做、去承担。学生的能力需求需要从多大程度得以满足，需要考虑多个因素，如学习任务的难易程度、学生自身先前的学习经历、学生自身具备的学习水平等。当然，学习任务的难易程度应该与学生自身的能力水平相符，能够让学生胜任这项活动，也需要具备挑战性。如果任务过于简单，那么会降低学生的成就感，很难提升学生的自我效能感。努南（Nunan，1989）对影响任务难度的因素进行了分析，具体如图4-4所示。

布林德利（Brindley，1987）认为，除了学习者要完成的任务活动本身以及学习者的自身特征外，任务难度与教师也有着密切的关系。在布林德利看来，任务难度的影响因素主要有如下几种，如图4-5所示。

通过分析这些影响因素，我们知道教师应该尽可能选择那些与学生知识、能力水平相当的材料，如果任务材料的难度较大，教师可以设计一些简单的任务，并且为学生提供一些帮助和指导，或者给予学生充足的时间准备。反之，如果任务难度较低，应该适当增加难度，或者让学生独立完成，或者缩短学生完成任务的时间。当然，学生如果对自己丧失信心，在面临困难的时候，他们很容易焦虑，这种焦虑必然会导致兴趣的下降、自信心的不足。因此，教师应该创设愉快的学习氛围，对学生的焦虑感加以缓解。另外，教师还要避免对学生进行优劣的对比，避免伤害学生的自尊，应该引导学生对学习内容多加关注，从而帮助他们掌握知识和内容。

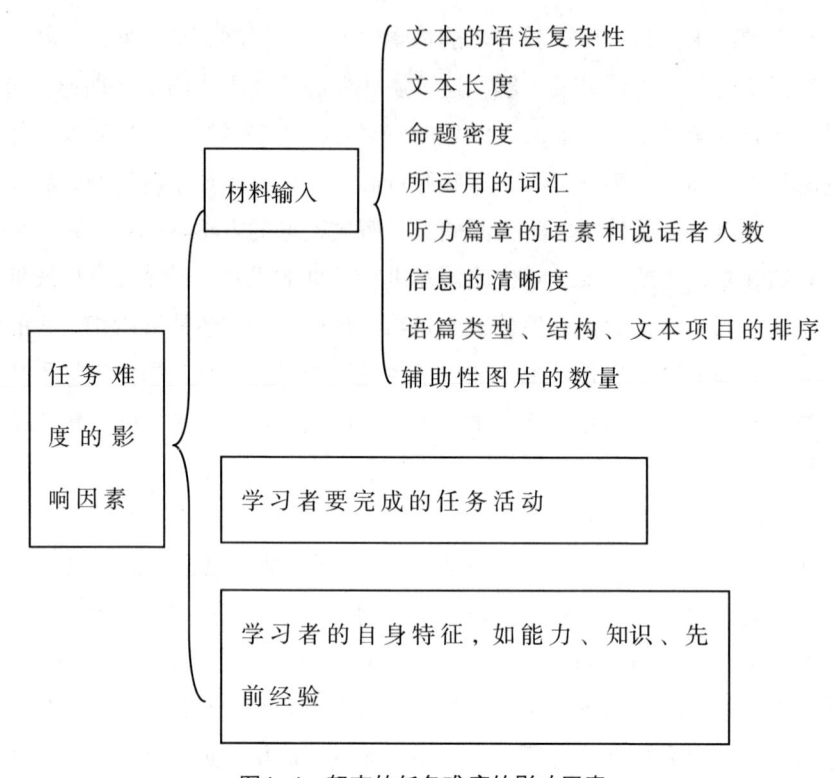

```
                         ┌─ 文本的语法复杂性
                         │  文本长度
                         │  命题密度
              ┌─────────┐│  所运用的词汇
              │ 材料输入 │┤  听力篇章的语素和说话者人数
              └─────────┘│  信息的清晰度
                         │  语篇类型、结构、文本项目的排序
                         └─ 辅助性图片的数量

任务难
度的影    ┌──────────────────────────┐
响因素    │   学习者要完成的任务活动   │
          └──────────────────────────┘

          ┌──────────────────────────────────┐
          │ 学习者的自身特征，如能力、知识、先 │
          │ 前经验                            │
          └──────────────────────────────────┘
```

图4-4　努南的任务难度的影响因素

（资料来源：王志敏，2014）

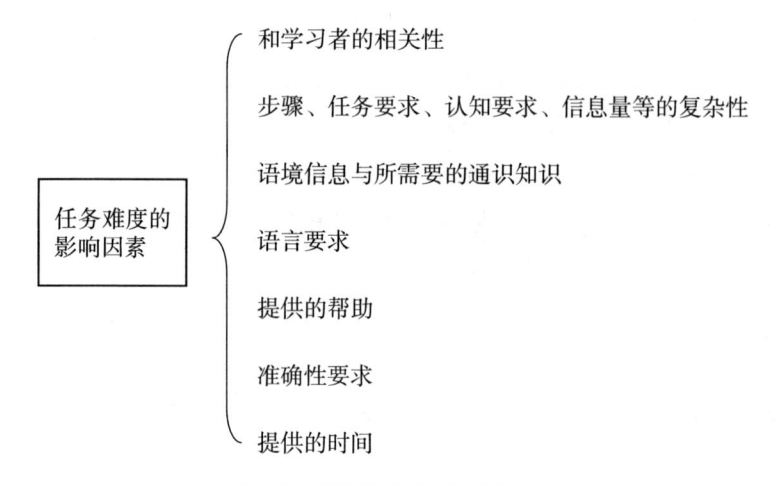

```
                    ┌─ 和学习者的相关性
                    │  步骤、任务要求、认知要求、信息量等的复杂性
                    │  语境信息与所需要的通识知识
任务难度的          │
  影响因素    ─────┤  语言要求
                    │  提供的帮助
                    │  准确性要求
                    └─ 提供的时间
```

图4-5　布林德利的任务难度的影响因素

（资料来源：王志敏，2014）

（3）满足学生归属需求

所谓归属需求，即学生需要与他人建立一种愉快的关系，从而使自己获得归属感。在英语教学中，对学生归属感的满足，要求教师与学生建构信任、和谐的关系，并通过小组凝聚力，促进学生之间的团结相处。教师的亲和力，能够将师生之间的距离拉近，促进师生之间更加和谐。常见的教师亲和力主要体现在语言行为与非语言行为两个层面。其中语言行为涉及风趣的言语、亲切的问候、真诚的赞美等；非语言行为涉及教师与学生的目光交流、教师的微笑、生动的手势语等。虽然在高校英语课堂中，学生人数较多，教师仍旧需要花费一定的时间，争取在短时间内记住学生，这样直接呼喊学生的名字也可以拉近与学生之间的距离，总比"那位靠窗户的同学"这样的言论更加尊重学生。同时，在课下，教师也要利用机会与学生进行交谈，增进对学生的了解，主动与学生分享感悟与经历，让学生对自己有所了解和熟悉。

通过实际行动，教师应该表达对学生的关心，具体的做法如下。第一，提供给学生一些具体的帮助。第二，给予一些个别的学生以辅导，为学生解答困惑。第三，学生需要帮助的时候，教师应该立即回应。第四，教师应该及时批阅学生的试卷。第五，教师应该定期给学生发送一些有趣的、与学习内容相关的文章。第六，组织学生开展课外学习。第七，当学生学习不顺利时，教师应该给予特别关注。

从分析中可知，教师只有付出真心，才能换回学生的爱戴。当然，除了师生之间的关系，生生之间的关系也非常重要，只有生生之间能够互助合作，才能形成一个具有凝聚力的小组或者班级。为了让学生之间互相了解，教师可以组织一些"破冰行动"，让学生彼此记住名字，交换个人信息，之后可以提供一些机会，通过一些任务，加深学生之间的了解。教师可以设计一些小组任务，并让小组内部展示成果，提升学生的集体意识；也可以创造机会，让学生共渡难关，接受挑战等。

2.激发外在动机

要想激发学生的外在动机，教师应该让奖励成为激励、让表扬更加有效、以批判温暖人心。

（1）让奖励成为激励

究竟奖励对学习动机是起到正面的作用还是负面的作用，目前学者仍旧展开研究。一方面来讲，奖励被认为能够激发学生的学习动机，也是最为直接、简单的手段，不仅能够吸引学生的注意力，让学生努力学习，还能够激发学生的兴趣。另一方面，很多学者认为，外部的奖励只不过是在控制学习者的行为，而不是激励学习者本身。学习者对奖励的关注多于对学习过程的关注，很容易导致自身的学习效能降低与学习动机下降。其实奖励没有对错之分，能否对学生的学习起到激励作用，关键在于教师采用何种方式实施奖励。只要教师的奖励得当，将奖励可能引发的负面影响尽量消除，就可能有效发挥奖励的作用。英语学习往往需要经过反复的操练，这就需要学生具有一定的耐心和恒心。教师可以给予学生一定的物质奖励，尤其是那些一直努力的学生，让他们得到鼓励，就能带动他们学习的积极性。当然，这种奖励也需要控制数量，不能太过于频繁。这种常规的奖励往往是对学生学习态度的奖励，对于那些复杂的学习任务，应该从完成的结果与情况考量。如果是小组活动，教师在进行奖励时应该考虑整个小组，而不是个人。当然，教师还可以对学生的课外学习进行奖励，这样可以鼓励学生多进行课外学习，如课外阅读、课外写作等。

教师奖励的标准应该透明，即让学生知道有奖励，并且学生也认可这种奖励。奖励的尺度不应该过大，以免对于教师、学生来说都有过大的压力，违背了奖励是为了促进学生的学习这一初衷。教师可以赠送一些小礼物作为奖励，很多人说这不是给中小学学生的吗？其实并不是，对于高校学生来说，一份小小的礼物也能打动他们的内心，让他们感受到教师的关爱，并且不断缩小与教师的隔阂，产生一种亲近感。

（2）让表扬更加有效

学生都希望得到教师的表扬，教师也希望通过表扬让学生的学习能够蒸蒸日上。但是，作为一种激励手段，表扬并不像我们想象的那么简单。恰当的表扬能够增加学生的自信心，培养他们的进取意识；如果表扬不恰当，反而会出现适得其反的结果，甚至失去学习的兴趣和积极性。当然，教师何时表扬学生、如何表扬学生，需要依据一定的标准。

首先，表扬应该有标准和条件，教师应该对那些真正付出努力的、取得学习进步的学生进行鼓励。那些随意的表扬，显然不会起到激励的作用。当然，这并不是说只有那些成绩突出的学生才能获得表扬，一些学生本身基础薄弱，取得了一定的进步也应该受到表扬。教师也不能仅仅因为学生参与了任务就大肆对他们进行表扬，而是应该关注他们在任务完成过程中的实际表现。

其次，表扬应该是具体的、真诚的。在表扬学生的时候，教师的语气应该自然，让学生感受到教师的赞扬是从内心发出的。表扬的内容要具有实质性，不能仅仅是"真棒！""很好！"这些简单的话语，应该告诉学生他们哪里棒、哪里好。只有具体的表扬，才能打动学生的内心，让学生感受到教师是时刻关注他们的，也希望他们能够不断进步。

（3）以批判温暖人心

批评和表扬看起来是对立的两个方面，实际上有着异曲同工的作用，都是教师激励学生的手段。与表扬一样，批评如果运用得当，也会对学生起到一定的激励和鞭策作用。如果批评不当，很可能导致学生的自尊心和自信心受挫，引发学生对教师的抵触。虽然批评不如表扬那般受到欢迎，甚至很多学生认为批评是丢脸的，是很不愉快的经历，但是教师恰当的批评也能够传达出"我很在意你""我不放弃你"的意思，这就能够发挥出批评的正面积极意义。当然，在批评时，教师需要注意如下几点。

首先，教师要告诉自己批评的目的在于促进学生的进步，而不是对学生进行惩罚。因此，批评应该是从教师内心出发的，是对学生的期待，而不是为了发泄自己的情绪。教师的批评可能是委婉的，也可能是直截了当的，但是切记不要挖苦学生，不能使用暴力的语言，否则只会起到负面的作用。

其次，教师在批评学生时，应该注意公正、客观，只是就事论事，而不是批评学生个人，不能因为学生的某一项错误而否定学生这个人。每一名学生都有自身的优点和长处，教师应该让学生知道自己并未忽略他们的优点，只不过是希望他们改正自己的缺点，让自己的优点更加凸显，让自己更好、更优秀。

（三）调控焦虑情绪

当前，在我国的高校英语教学中，英语学习焦虑已经成了一个重要的障碍，考虑当前高校学生的英语学习焦虑情况，因此需要找寻恰当策略对这些突出问题进行解决，努力克服学习焦虑。具体来说，可以从如下几点着眼。

1. 激发英语学习兴趣

兴趣是人们对某物进行认识或者对某项活动非常喜爱，产生的积极情绪色彩，是推动人们展开活动的积极因素与活跃动机。众所周知，兴趣是最好的教师，是学生能够获得知识并取得成功的前提和基础。一个人只有具备浓厚的兴趣，才能激发他们主动参与到学习之中。并且，一些学者认为，学生对英语这门课程是否喜欢，是影响学生焦虑的一个重要层面，因此在高校英语教学中，教师要努力培养学生的学习兴趣，这样可以避免他们产生焦虑的心态，从而不断提升学生的英语学习水平。

（1）建立和谐的师生关系

教师和学生应该努力建构和谐的关系，因为这种和谐融洽的关系有助于学生形成对教师的好感，从而愿意投入英语学习中。在高校英语教学中，如果教师表现出热心、尊重，这样会让学生产生一种情感依附，从而会不自觉地向着教师期盼的方向进步。在教学中，教师还需要掌握批评的艺术，即尽量将批评与表扬结合起来，这样才有助于维护学生的自尊心，适当采用委婉的语气，对学生的错误进行指点，从而帮助学生改正错误。需要指出的是，教师避免使用简单粗暴的批评手段。

（2）创设生动的教学情境

在高校英语教学中，教师不应该采用单一的教学手段，应该采用直观且与高校学生心理发展规律相符的教学手段，这样可以将学生英语学习的积极性激发出来。教师需要巧妙运用实物，尤其是将教学环境中的人、事物等都能充分利用起来，对课堂教学加以阻止，让教学内容更加形象生动，这样便于学生学习与记忆内容。另外，教师还需要对教学内容的脉络进行把握，将复杂的知识转化成简单的语言传授给学生，并采用不同的手段，尽量与现实贴近展开教学，保证教学内容的新颖性，通过吸引学生的注意力，让学生对英语学习产生兴趣。

（3）融入丰富的课外活动

对于高校英语教学来说，课外活动属于一种辅助，是课内活动的延伸。

课外教学与课堂教学紧密结合，并不是要求课外教学重复课内教学的内容。搞好课外教学，有助于提升教学水平和质量。基于英语这门学科的特点，从课外教学活动出发，教师应该为学生创设条件，让学生主动参与到课外实践之中，真正地调动起英语这门学科所附带的活跃性，让英语学习更加真实、具有动感。当然，英语课外活动的形式多种多样，如唱英文歌曲、参加英语角等，同时为了更加调动学生英语学习的积极性，教师也可以定期举办英语演讲比赛。当然，在举办活动时，教师应该加强监管，不能放任自流，要做好活动规划，并不断对其进行调整，以保证活动更加有效。

（4）借助多媒体教学手段

多媒体技术是一项极富潜力的教学模式，自出现以来，在高校英语教学中就发挥了应有的魅力。多媒体技术集合了文字、图像、视频等为一体，这就给活动增加了别样特色。在高校英语教学中，教师应该具有现代化意识，采用多媒体展开教学，充分将课件中的文字、图像等发挥出来，吸引学生的眼球，让学生愿意学、乐于学，摆脱英语学习焦虑的困境。

2. 开展英语合作学习

根据研究表明，课堂氛围是影响学生产生焦虑情绪的一项重要因素，对课堂氛围加以改善，有助于缓解学生的焦虑。合作学习起源于20世纪70年代，被人们认为是一项成功的教学改革，因此受到了人们的关注。合作学习主要是对课堂教学中的人际关系展开研究，将目标设计作为先导条件，在学生之间展开合作，往往采用分组的形式，最后展示结果，教师查看团队中学生的表现以及最后的团队成绩。显然，合作学习这项手段融合了理论与实践，其对于缓解焦虑非常有效。

（1）"组内异质，组间同质"

小组内部应该保持异质，即小组内成员的水平、性格等要保证差异性，同时各个小组之间的水平不能相差太大，应该在每一组中都包含优等、中等、较差学生，因此这就需要教师在开展合作学习之前，了解每一位学生的英语水平及性格特点等，这样才能便于分配，也保证了小组之间的公平竞争。

（2）以团体成绩为评价标准

因为合作学习是以团队形式完成任务的，所以在评价标准上也应该考虑团队成绩，要求每个人在完成任务的过程中都能获得进步，这样可以在一定程度上缓解学生因为比较而产生的自卑心理。

（3）强调和谐的师生关系

在合作学习中，教师不再是活动的控制者与传授者，而是充当了任务的制订者与组织者的角色，学生也不再是倾听者，而是转变成积极的参与者，这种互动的关系便于学生消除自卑感与胆怯心理。

（4）建构互助互爱的生生关系

除了师生关系的和谐，通过合作学习，学生与学生之间也保持了一种和谐的关系。因为每一名学生的知识结构、智慧水平、个性特征都存在差异，而合作学习恰好能够使这些不同的学生相互启发与交流，从而彼此补充、共同提高，这大大减少了学生与学生之间因为不和谐带来的紧张气氛，从而不断提升学生英语学习的水平。

（5）采取小组纠错、同伴纠错

对待语言错误，教师应该适当放手，让小组内的成员自行进行纠错，这不仅能增强学生的自信心，还能使他们降低焦虑情绪，同时还可以让学生更多地使用语言。

3.培养学生自尊自信

在英语学习焦虑的影响因素中，负评价恐惧是其中仅次于考试焦虑的一个层面，主要表现在课堂上怕教师提问自己，即便提问自己又担心自己回答不好而受到教师的批评。负评价恐惧主要源自学生对自己的不自信、对自己学习的不自信，这些都受自己的自尊心的影响。学生产生学习焦虑，往往与自身的自尊、自信有着紧密联系，这就需要教师采用恰当的手段，对学生的自尊心进行保护，同时努力培养学生产生自信心，这对于缓解他们的焦虑十分重要。

（1）合理纠正学生的错误

在英语学习中，教师需要明确：学生在回答问题时出错是难免的，如果学生答错，教师应该从保护学生自尊心的角度入手，不要刻意纠错，尽量减少对他们错误的纠正，同时寻找恰当的纠错手段。当学生的自尊心得到了保护，那么他们会将内心的欲望逐渐释放，慢慢跟紧教师的步伐，与教师达成一种默契。当然，要想保证纠错方式有效，需要考虑如下几个因素。

第一，考虑学生的个性特征，如果学生是敏感性格，那么尽量减少对学生本身的评价，而是针对问题展开评价，避免学生产生心理负担。如果学生比较内向，尽量避免在公共场合纠正学生的错误，而尽量单独与学生进行交流。

第二，考虑纠错的时间、地点以及教师纠错的语气。教师在纠正错误时尽量选择在轻松的氛围中纠正，对于个别学生突出的问题，教师避免在公共场合纠正，应该选择课后进行纠正。对于学生普遍存在的问题，教师可以在课堂上进行指出。当然，为了对学生的自尊心进行保护，教师除了要纠正学生的错误，还需要多进行表扬和鼓励，挖掘每一名学生的优点，并且有意识地放大学生的优点，这会让学生感受到自身在学习中的价值，从而将这种情绪扩展到英语学习中，促进自己获得良好的英语学习效果。

（2）培养学生的自信心

学生自信心的增强，可以帮助学生战胜学习焦虑。根据实践显示，如果学生的自信心较强，他们的学习焦虑感会比较低，他们不会受到外界因素的影响，便于将自身能力与水平充分发挥出来，同时让学生认识到自身具有某项能力，也有信心将英语这门语言学好。一般来说，要想提升学生的自信心，可以从如下几点着眼。

第一，对学生寄予厚望。因为期望较低，学生的自尊心也较低，更不用说自信心了。当然，如果期望过高，学生很难实现，也会挫伤他们的积极性，让他们变得更加忧心忡忡。因此，教师要设定合理的期望，从学生的智力水平、能力需求出发，让学生自己相信自己能行。

第二，让学生感受到成功的喜悦。在课堂上，教师应多多鼓励学生，并从问题的难度考量，提问学生，然后鼓励与表扬学生，这样可以进一步帮助他们建立自信。

4. 缓解学习与考试压力

一般来说，造成学生焦虑的最主要原因就是考试。所谓考试焦虑，即学生在考试之前感受到一种威胁或者在考试的刺激下引起某些不安，是与注意、认知评价等紧密关联的一种紧张、恐惧情绪。由于我国学生都是在汉语教育背景下长大的，很多学生的学习焦虑源自各种考试，当然英语学习也是如此。而且，进入大学之后，英语四级考试也使得学生更为焦虑。因为焦虑，导致他们的考试结果并不理想，并且严重影响了学生的身心健康。因此，教师应该对学生进行心理疏导，帮助学生进行学习，将学生的积极性发挥出来，提升学生的心理素质，促进学生的全面发展。

这里教师就充当了一名"心理咨询师"，具体来说，教师应该指导学生做到如下几点。

（1）形成正确的应试动机

教师应该引导学生形成正确的应试动机，明确考试的意义所在。心理学家说过：人的认识会对人的情绪产生直接的影响，如果信念不合理，会导致情绪不良或者产生不适应行为，进而产生心理问题。因此，教师应该帮助学生端正对考试的态度，树立正确的应试动机，勇于面对各种考试，放松自己的心情，使自己的思维达到最好的状态，这样才能取得理想的成绩。

（2）培养良好的人格

人格不良，往往导致心理紧张、考试焦虑。因此，教师应该组织学生参加各种有益身心的活动，锻炼学生的意志，培养他们形成良好的人格，提高学生的心理素质，尤其是那些具有竞争性的比赛，如演讲比赛等，通过这些活动锻炼学生的能力，提升学生的应变能力，这样可以有效减轻学生的焦虑。

（3）树立良好的考试信心

有些学生在考试之前往往容易紧张，总是担心自己准备不足，无法取得好的成绩，这就让自己的心理产生恐惧，反而更容易导致考试时一团糟，成绩也不尽如人意。因此，教师应该列举一些英语学习的成功案例，对学生进行引导，帮助学生树立考试的信心，让他们卸下心理的包袱、稳定自身的情绪，保持平常心。如果学生在考试时不自主地紧张，应该学会自我调控，自我暗示自己能行，自己给自己打气，相信自己一定可以取得优异的成绩。这些形式都是为了降低自己考试之前的焦虑。

二、高校学生英语学习倦怠情绪的外在调试策略

（一）创设良好的家庭环境

家长要想教育好自己的子女，并不是仅仅怀有一颗爱心，或者抱着一种望子成龙、望女成凤的心态，还应该讲究教育的手段和方式，只有形成良好的家庭环境，才能让孩子健康成长。

1.明确家庭教育的目标和内容

高校学生家庭教育是以往教育的延续，但是在教育内容上，家长应该有所转变，即在中学阶段，家庭教育的内容主要是培养学生的智力，但是到了大学阶段，家庭教育的内容主要是为了培养学生的非智力因素，将成人教育、成才教育视作教育的主要目标，因此这一阶段，家庭教育应该侧重于培养高校学生的综合素质。

（1）思想品德教育

当前的英语教学中，要求将思政教育融入其中，这就凸显了思想道德教育的意义。当然，在家庭教育中，思想品德教育也是其重要的内容，包括学生的世界观、人生观、价值观等。因此，每一个家庭需要努力提升自己孩子的思想道德水平，家长可以与自己的孩子进行交流，引导他们构建自己的道德意识，发挥他们的道德情感，提升他们的道德行为。

（2）社会适应能力教育

学生进入大学之后，就意味着已经迈向社会，因此要求他们能够在社会这个大环境下，能够与他人展开交流、与社会环境能够协调，从而提升自身的综合素养。这是一种综合能力，与高校学生的前途与命运休戚相关。因此，家长应该引导孩子多与他人接触、恰当处理与他人的关系，从而能够与社会环境相适应。

（3）身心健康教育

在高校学生家庭教育中，身心健康教育非常重要，也是现代人才的根本要求。当前，高校学生的身体素质并不乐观，因此家长应该努力培养他们的

健康意识，让高校学生明确身体是革命的本钱，只有身体健康了，才能更好地进行学习、走向社会。

（4）爱和生命教育

教育的终极目标在于让每一个生命都能健康发展。对学生展开爱和生命的教育，可以将学生的生命热情激发出来，引导他们对生命有正确的认识，能够珍爱生命、珍爱自己、珍爱他人。因此，家长应该创造平等、民主、和谐的家庭氛围，让学生感受到生命是多么的美好，从而更好地尊重生命。

（5）情感教育

一个人经受过情感教育，他往往善于与他人沟通交流，能够唤起他们对生活的热爱。如果一个人没有经过情感教育，往往比较自大、自卑。大学阶段是学生情感走向成熟的阶段，因此家长应该好好把握，引导孩子培养有责任、自豪、信任、安全的情感，让他们学会控制自己的情感、学会表达，从而形成健康的情感。[1]

2. 探索改善高校学生家庭教育的方法

作为学生家长，应该理性看待家庭教育，即主要是为了培养孩子的人格、发展孩子的品德，使他们能够成为负责任、有合作精神、积极向上的人才。

（1）创造良好的家庭教育氛围

家庭环境氛围对孩子的影响非常大。一个家庭的氛围良好，父母和孩子之间的情感交流比较协调，能够让孩子感受到幸福，这是孩子取得成功的基础。很多人说，孩子步入大学，其实是脱离了家长的掌控。其实不然，家庭作为一种婚姻血缘性的组织，对高校学生的影响仍然存在，并且以潜在的形式融入亲情之中。家长应该摒弃传统的"孩子进入大学就放心了"等类似这样错误的思想，应该将家庭教育的优势发挥出来，家长不能因时空距离的限制，觉得自己有心无力，应该多通过电话、网络等手段，与学校、导员等取得联系，了解孩子的状态和学习情况，及时给予孩子指导和建议，这样才能

---

[1] 龚芸.高职学生学习倦怠问题研究[M].北京：北京理工大学出版社，2015.

让孩子感受到家庭带给他们的温暖，是多渠道的，是延续的。只有这样，孩子才愿意与家长进行交流，愿意把自己的困惑分享给爸妈。

（2）重视学校在家庭教育中的桥梁作用

学校与家长的目标是一致的，都希望孩子们可以成长成才。但是很多时候，家长并不了解孩子的思想，即便想展开家庭教育，也很难实施到位。另外，高校学生的身心发展，光靠学校的宏观教育显然是不行的，还需要多个方面的配合。因此，学校应该与家长取得联系，定期与家长进行沟通，让学生家长了解学生在校的情况。

（3）强化学生参与家庭教育的主动意识

学校应该重视培养学生尊重与体谅父母等品德，利用征文、思政教育等手段，教化学生对自己的父母要尊重和孝敬，要求学生定期与家长联系，主动向自己的父母汇报自己的思想和学习情况，这样不仅可以加强学生与父母之间的关系，还能够得到家长的了解和帮助。同时，很多孩子的言行也可以增加家长的眼界和见识，让家长合理调整自己的家庭教育内容，从而体现出家庭教育是家庭成员不间断的教育过程。

（二）营造和谐的社会环境

当前，社会环境随着经济技术的发展不断变化，社会环境的质量对学生的学习、生活甚至工作，以及社会的进步产生了巨大的影响。社会环境是非常复杂的，学生不可能不与社会进行接触，他们迟早都要进入社会。作为学生的教育者，教师无法消除社会的消极因素的影响，但是他们可以构建一些积极的因素，减少消极因素的影响，将一些不良思潮遏制在萌芽阶段，提高高校学生的辨别能力，引导高校学生抵制一些不良风气。具体来说，可以从如下几点着眼。

1.营造良好的社会氛围

（1）对高等教育给予更多支持

在招生录取的时候，要改革一考定终身的情况，应该考虑学生的学习成绩、学生的个性特征、学生独特的才能、学生的兴趣等因素，注重学生素质的培养。学生也从自己的兴趣爱好出发，选择适合自己的院校，同样学校也要根据自己的标准，对学生进行挑选，这样才能引导学生将自己的个性发展出来，也能鼓励学校办出自身的特色。当然，政府、社会、家庭等在观念、资源等层面也需要给予学校更多的支持，学校努力吸引更多高水平的教师参与到教学之中，让学生不仅学会理论，还能付诸实践，这样才能提高自身的竞争力。

（2）营造良好的社会学习风气

当前，毕业生越来越多，社会的竞争力越来越大，加上很多学生甚至放弃高考，寻求其他出路谋生。很多父母甚至也有了现实的选择，他们认为孩子上大学一定上个好专业，从而找个好工作，收获名与利。实际上，教育不是一件功利的事情，人生的目的也并不在于赚钱。上大学确实是为了找到一份好工作，但是这不是唯一的出路，大学教育与其说是给学生提供更多的专业知识，不如说是教授给学生终身受益的技能。大学几年的积累，学到更多的是批判性的阅读能力、必要的写作能力以及独立思考的能力，这些能力会在以后的工作和生活中得以体现。

2. 改革社会用人制度

社会的用人制度对于高校的人才培养目标、方式、家长观念等有着重要的导向作用。当前，人才选拔的方法还是非常有限的，用人单位也很难通过短时间的笔试、面试等，对一个人的真实水平完全了解，而他们更多关注的是学历。同时，体制内的薪酬制度市场化程度较低，专业水平差异、受教育程度差异导致在薪酬上的差异巨大。用人单位也形成了只要高学历、不要低学历的倾向，这就加剧了社会追求名校、高学历的倾向，也使得社会对人才的评价限于学历上，忽略了人才的多元性。显然，这存在明显的不合理性。这就要求社会和用人单位打破传统的理念，选择出真正的人才，而不仅仅是学历高的人才。

（1）单位用人采取多元化选拔

由于政府、事业单位等用人部门对社会有着较强的示范作用，因此他们在人才选拔上应该起到表率作用，引导社会改变传统的就业观、人才观。也就是说，用人单位对不同岗位的能力需求做出详细的划分，薪酬应该与个人的能力相关，注重实际。他们也应向教育单位传达出一定的信号，让高校积极引导人才培养。

（2）推行职业资格认证制度

不同职业的资格认证，有助于将人才市场上的信息不对称进行消除，有助于减少单位对高学历人才的盲目性。在毕业时，高校会分发给学生毕业证、学位证双证，而职业资格证在用人单位的重要性要明显高于学历。以英语为例，如果你想担任一名编辑，你需要具备初级出版资格证书、中级出版资格证书等；如果你想担任一名翻译，你需要具备翻译证书等。

（3）同步推进相关领域进行改革

将人才流动层面的体制约束消除，引导人才进行合理的流动。加强对户籍的改革，消除人才在流动过程中的不必要麻烦，让人才能够发挥自己的才能，去想去的地方就业。另外，加强社会保障体系的建设，让在不同环境、不同体制下就业的人才都能享受到社会保障福利。

3. 提供公平的就业机会

用人单位应该从人尽其才的角度招纳人才，为毕业生提供公平的就业机会。

（1）放宽对刚毕业学生的工作经验的要求

只要专业与用人单位的需求对口，并且具备一定的理论与专业基础，有着积极上进的态度和自学能力，用人单位就应该为他们提供工作与实践的机会。这样可以给身处校园中的学生以更好的启示：在校期间，他们不必为了积累经验而进入社会进行实践，甚至不惜浪费自己学习的时间，而是让他们将更多的精力放在专业知识和技能的学习上，为以后找到满意的工作打下基础。

（2）用人单位在招聘上应该保证透明、公平

国家明确规定用人单位不得对求职者有民族、性别等条件的限制，招聘大学毕业生，不得设置年龄、毕业院校等的限制。但是，当前也时常出现一些不正常的竞争现象。因此，用人单位应该坚持招聘的透明性和公正性，建立健全的内部监督管理机制，防范公开招聘存在的风险，杜绝出现人情招聘、内部招聘、考试舞弊等违规的现象，让那些成绩好、愿意参与工作的学

生都能够获得满意的工作，这样对于那些来自普通家庭的学生能够获得希望，提高自己学习的积极性，避免出现学习倦怠情绪。

4. 帮助学生认清社会环境

（1）引导学生对社会予以关注

高校学生虽然很少接触社会活动，但是他们在大学期间已经逐渐形成了社会价值观，也逐渐形成了判断与认知能力。他们对社会关心，也常常会用自己在书本上学到的知识，对各种社会现象加以解释，教师应该引导学生对社会环境予以关注。社会环境非常复杂，只有对社会进行了解，才能对社会进行客观的看待，才能真正顺利地进入社会。如果遇到人生的岔路口，也能够明辨是非，找准方向，迈向正确的轨道。

（2）引导学生清楚求学与就业之间的关联

在就业上，高校学生往往具有一定的优势，教育部门、高校也将就业率视作衡量教育水平的标准。学习优异便于找到工作，很多人选择进入体制工作，这些理念在当前来说根深蒂固。当然，读完大学都是为了找工作，但是读大学不仅仅是为了找工作。大学的培养不仅仅是让学生学习知识，更是培养高校学生的精神世界，是锻炼一个人成长的过程。因此，教师要引导学生弄清楚求学与就业之间的联系，重新认识学习理论的重要意义，转变就业理念，树立学习的自信心，开发自身的主观能动性，为未来参与社会竞争付出努力、做好准备。

第四节　互联网技术下高校学生英语学习倦怠情绪的调试

一、互联网技术下英语学习者倦怠情绪的具体情况

（一）互联网资源获取的便利性带来的学习倦怠

互联网是一个大型的资源库，知识的获取是非常便利的。从好的方面来说，这对于高校英语教学与学习非常有利。但是，其也有负面影响。由于学生获取学习资源太过于容易，导致很多学生不愿意付出辛苦，他们只要在英语学习中遇到困难，就上网搜寻答案，久而久之，就形成了一种习惯，不愿意多动脑，这样的方式显然对于英语学习毫无用处。

（二）社交软件对学习的影响

随着手机的发展，人们的社交手段更为频繁，传统的写信、电子邮件等形式都被QQ、微信等占据了。高校学生在这股潮流的引导下，改变了自己的生活方式，他们不出门就能和朋友聊天聊个没完，可以刷朋友圈几个小时，这样导致他们在聊天上花费了太多的时间，哪里还有剩余的时间进行英语学习呢？

（三）网络游戏对学习的影响

网络游戏对于学生有着非常大的冲击。年轻人都喜欢沉浸于游戏之中，导致游戏产业也蒸蒸日上，出现了各种类型的游戏。对于玩游戏，除了付出金钱外，还需要花费大量的时间。对于一些本身自控能力较差的学生来说，网络游戏对他们的学习产生了不利的影响，将自己的大部分课余时间浪费在游戏上，不愿意看书，也不愿意做作业，有些人甚至熬夜通宵玩游戏，白天

要么打瞌睡，要么逃课在宿舍睡觉，还有一些人在英语课上玩游戏，这样导致学生因为游戏出现了英语学习倦怠。

（四）网络娱乐方式对学习的影响

除了游戏之外，其他一些娱乐形式对学生的英语学习也产生了不利的影响，造成他们在英语学习中的倦怠。例如，快手、抖音等一些短视频拍摄浪潮，在当今社会风靡，一些年轻人争相模仿。要想拍摄好，必然需要耗费大量的时间与精力，甚至有时候需要耗费很长时间。另外，微信朋友圈晒出的一些娱乐内容，也容易引起其他朋友的注意，导致争相模仿，如赛车、极限运动等，这些娱乐方式对于学生有很大的吸引力，一旦投入进去，必然耗费自己的英语学习时间。

（五）网络赚钱效应带来的冲击

网络的最明显特点在于传播速度快，各种观点、各种事件可以在一瞬间风靡社会。学生虽然处于校园之中，也随时可以通过网络接收到各种渠道的信息。在这些信息中，影响最大的就是各种赚钱方式。因为很多学生认为自己毕了业之后即需要赚钱，这也充分地吸引着学生的眼球，在这么多的诱惑下，一些自制力差的学生很容易迷失自我，一心想要赚钱，甚至产生了享乐主义、拜金主义，这样加剧了学习倦怠情绪的产生。

二、互联网技术下改善英语学习者倦怠情绪的策略

（一）转变课堂形态

1.从独白课堂转向对话课堂

独白课堂是在高校英语教学中，教师拥有绝对话语权，对高校英语课堂

教学的走向起着主导作用，学生则是失语者，高校英语课堂教学完全是教师的知识灌输过程。在这样的课堂上，教师与学生完全属于单边活动，学生并不是主动地学习知识的，而是被教师教会的。教师为了完成自身的教学任务，占据课堂的大部分时间，导致师生之间并没有过多的互动机会，学生也因此降低了学习兴趣和热情，产生了"虚假学习"现象。

互联网技术最主要的特征就是内容更为丰富，一方面教师不再是学生获取知识的唯一途径，也不是课堂的权威，学生如果在课堂上有些知识没有掌握，他们可以在课下通过互联网展开自主学习。另一方面，随着网络技术的发展，网上的交互平台增多，导致师生之间可以通过网络进行交流互动，打破了之前的单边活动的局面，师生之间可以实时对话，这就使课堂形态从独白走向对话。

对话课堂是高校英语课堂教学主要以学生为本，将学生视作英语课堂教学的主体，通过对话手段，在师生之间建构平等互助的关系，最终提升教师的英语教学质量和学生的英语学习水平。对话课堂可以划分为三种对话形式：师生对话、生生对话、生本对话。其中师生对话是主要的组成部分，教师和学生通过探讨某些问题，从而让学生掌握知识。生生对话是学生倾听其他同伴的意见，与其他同伴交流，对学生的个体差异加以弥补，共享他人的思维成果。生本对话是学生与文本展开对话，这是阐释性对话，是学生对文本的理解。

基于互联网的对话，英语课堂教学打破了现实课堂的束缚，使学生可以在任何时间、任何地方从自己的学习需求出发展开对话。当教师在学习平台发布下任务，学生可以直接在平台上留下问题，教师进行在线解答。除此之外，当学生在学习社区等地方进行阅读时，也可以与其他同学分享自己的想法，实现思维共享。

2. 从封闭课堂转向开放课堂

封闭的课堂不仅指的是英语课堂环境的封闭，更指的是英语课堂各个部分的封闭，主要表现在问题、经验、思维、教师交往等层面。在互联网技术支持下，每个人都在通过网络获取信息，教师与学生也不例外。对于学生而言，互联网让他们接触了各种信息，逐渐提升了他们的认知水平，产生了更多的新思维。对于教师而言，互联网也让他们不断革新自己的教学方法，增加自己的知识储备，加强与其他教师的合作等。

开放课堂就是运用互联网资源，打破传统课堂的时空限制，将教师、学生从教材中解放出来，实现师生、生生之间的互动与合作，培养学生树立独立思维意识。开放课堂相比于封闭课堂，经验、问题、思维等都变得更为开放。现如今，学生可以从不同的渠道获取信息，实现自身新旧经验的碰撞。

3. 从现实课堂转向混合课堂

随着信息技术的发展，优质的网络平台逐渐建立和开放，为学生的多样化学习提供了更多选择余地，也不断促进英语教学的进步和发展。传统的现实课堂是单向灌输过程，在有限的时空内，学生不可能将教师讲授的内容全部接受，导致传统的课堂过分注重理论而忽视实践。虽然各种虚拟网络课堂发展迅速，为学生的英语学习提供了更为广阔的空间，但是由于学生缺乏学习主动性，对自己的管理也不严格，导致虚拟课堂也出现了很多弊端。因此，将现实课堂与虚拟课堂相融合的混合课堂才是首选。

混合课堂融合了现实与虚拟、线上与线下的模式，能够拓展学生的英语学习时空，发挥教师的辅助与引导作用，让学生获取更为优质的资源，培养学生的英语实践能力。在当前的英语教学中，混合课堂的应用主要有如下几个步骤。第一，通过学习平台为学生布置任务，让学生通过观看短视频，对下堂课所要学习的内容进行搜集。第二，在课堂上，学生展示自己的学习结果，也可以提出学习中的问题，在课堂上展开探讨。

（二）构建智慧课堂

互联网技术支持下创造了多种教育手段，其中智慧课堂就是其中的一种重要模式。智慧课堂即依靠智能化技术，发挥教师与学生的智慧，对传统课堂教学模式加以优化。智慧课堂要求以智慧教学环境作为支撑，这些智慧教学环境包括智慧校园网、学习资源平台，核心在于通过网络或者移动终端，接入学习内容，展示学习活动，更新与共享学习内容等。智慧教学环境可以实现真实情景的创建，实现学习协作，还可以推动个性化的学习资源。具体来说，高校英语智慧课堂教学的设计框架如图4-6所示。

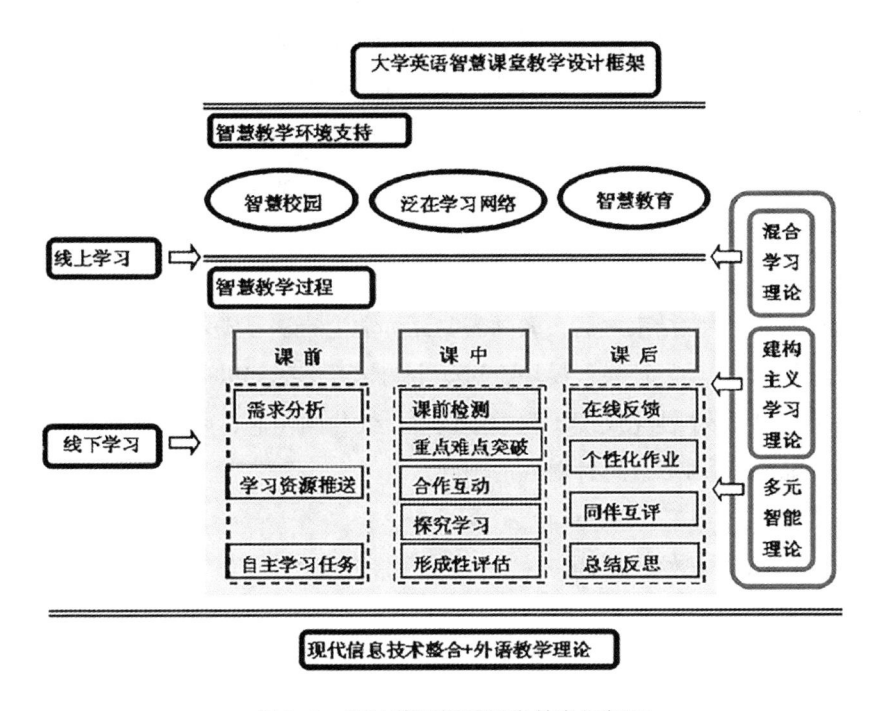

图4-6 高校英语智慧课堂教学框架图

（资料来源：厉建娟，2018）

1. 课前学习阶段

在课堂开始之前，教师可以通过网络问卷、测评等，对学生的学习需求加以了解，从学生的学习需求出发，教师为学生提供学习资源，制订学习任务。智慧的英语学习不仅包括习得知识、获得技能，还包括提升学生的英语思维与文化素养。例如，运用移动终端APP，如英语流利说等进行听说训练。利用喜马拉雅在线听等，可以展开英语文化学习。对于学生的雅思托福考试，推荐学生使用一些泛在网络学习平台，展开有计划的学习。

2. 课堂学习阶段

在课堂中，智慧课堂教学要求发挥教师的智慧，运用先进科技，让学生主动探究。在课前检测阶段，可以通过在线测评，对学生的学习情况进行评估，从而设置自己教学的重难点。教学的重难点需要教师给予一定的指导，同时可以组成小组进行协作学习。教师可以运用网络平台发布一些探究学习任务，如从影视人物的对话中分析中西思维差异等。在智慧课堂中，教师可以运用在线网络和移动终端，对学生展开形成性评估。这是通过对学生学习过程的观察与记录，对学生的学习效果进行监测，激发学生的英语学习。

3. 课后学习阶段

首先，在课堂结束之后，教师需要评价学生的学习成果。基于网络学习平台中设置的"学习记录"模块，对学生的学习情况加以记录。其次，在评价的基础上展开个性化反馈，为学生设置个性化的作业，如果学生在学习中遇到问题，教师可以进行针对性的辅导。

（三）应用数字资源

在高校英语教学实践中，如果能够合理利用新型资源，则有助于改善高校英语学习结果。现代社会中的数字资源即新型资源，无论是计算机、笔记本电脑甚至手机、光盘等，都可以运用数字资源，因为数字资源对于当代人来说是非常便利的，并且其资源非常广泛。但是，无论资源多么庞大，只有将其运用到恰当的领域中，才能彰显其价值。高校英语教学应该充分借助数字资源的优势，进行教学创新，具体来说，可以从如下几点展开。

1. 积极搭建数字化教学平台

随着互联网的普及，现阶段的高校学生对于电子设备、网络都非常依赖，因此可以借助信息技术来搭建数字化教学平台。数字化教学模式改变了传统的时空的问题，能够为学生提供更为便利的平台。数字化模式不仅限于课堂的学习，高校英语教师还应该为学生搭建数字化平台，在搭建平台时，教师应该从社会的需要出发，制订高端的英语教学目标，建立科学的教学体系，实现数字化模式的创新。另外，教师还可以创建微信公众号，定期发布一些学习内容，做好对公众号的维护，让学生在课堂之外能够感受到英语学习氛围。当然，教师也需要做好监督的工作，帮助学生提升自身的自主学习能力。

2. 创新教学手段

在数字化背景下，高校英语教师应该充分利用数字化设备，借鉴不同的教学模式，为学生解释英语文化知识与内容。在教学手段上，教师可以采取线上体验式教学。传统的体验式教学大多是线下的，而现在加入线上设备，使得体验式教学的选择更为丰富，更具有探究性，同时激发学生对知识的探究意识。例如，教师可以选择一个电影片段，让学生体会语言的魅力，进而让学生进行配音，这样不仅能够让学生体会到原汁原味的英语语言，还能够调动学生学习的积极性。

3. 创新教学内容

教师在开展教学之前，除了梳理本节课需要讲授的知识，还需要进行课外拓展。如果数字化设备仅仅是将书本知识搬到网络上，那就丧失了数字化教学的意义，因此教师应该对教学内容加以丰富，提升英语教学的趣味性与全面性。

第五章
新时期高校英语教学的内容创新

在互联网技术下,英语教学的终极目标是培养学生的综合语言运用能力。我国高校英语教学改革在不断推进,英语基础知识与基本技能教学的重要性已经逐步彰显。在英语基本知识与基本技能教学中,语音、词汇、语法、听、说、读、写、译的教学都不容忽视,同时文化教学也是英语教学的一项重要内容,需要在高校英语教学中优化学生的文化品格。为此,本章就来详细分析新时期高校英语教学的内容创新。

第一节 互联网技术下的英语基本知识教学创新

一、互联网技术下高校英语词汇知识教学的创新发展

(一)高校英语词汇教与学的问题

第一,教学方法单一,脱离英语语境。词汇的掌握对英语语言学习的重要性是不言而喻的,但词汇记忆和掌握的过程又是枯燥和困难的,这就需要

教师来缓解这种枯燥，需要教师创新教学方法来创设教学情境，营造教学氛围，激发学生学习的积极性和动力。但是就目前英语词汇教学的现状来看，教师并没有将心思花在教学方法的创新上，而是依然采用陈旧的教学方式，即教师领读单词，讲解词汇用法，学生记忆单词。基于这种课堂教学模式，学生的主体地位被忽视，学生只能被动地学习和记忆，积极性根本无法调动起来，甚至还会产生抵触情绪。此外，教师在教学中对词汇的整体性认识不足，没能将词汇放到具体的句子或情境中，最终导致学生对一词多义理解不深，限制了学生综合能力的提升。实际上，任何一种语言都产生于实际应用，要想掌握地道的语言，必须浸淫在相应的语境中。我国的英语教育应试倾向仍十分明显，很多学生学习英语只是为了通过考试，教师也将通过考试作为教学的目标，这样一来，就将英语语境的创设与英语教学割裂开来，只追求语言的外在表达方式，而不深入探究其内在的文化与逻辑，从而使学生用汉语思维去理解应用。例如，"玫瑰"（rose）这一词语在英汉文化中都象征着爱情和美好，除此之外，在中国常用"带刺的玫瑰"形容那些性格刚烈的女子，而英语中常用under the rose表示要保守秘密。英语中rose的这一文化含义源自英国旧俗，如果在教学中不对此进行说明，学生很难理解和掌握其含义。但实际上，很多教师只从词汇处着手，而未创设语境，这样很难让学生充分体会英语这门语言的魅力，也难以让学生更好地投入学习。对此，教师在教学中应创设符合英语文化背景的语境，从而为学生营造一个英语交流环境，培养学生的英语思维，锻炼学生的词汇运用能力。

第二，教师的教学效果不佳。词汇的学习和掌握要借助记忆来完成，但记忆是一个漫长的过程，如果学生不能在课后及时进行复习和巩固，记住的单词往往会在短时间内忘记。在海量的词汇面前，学生常常会表现出畏惧感，由于缺乏高效的学习方式，加之教学方法单一，使学生的学习热情不高。而且教师也未能为学生提供应用的机会，这样学生通过死记硬背方式记住的词汇很快就忘记，进而导致教学效果低下，学生的交际能力也受到限制。

第三，教师忽视学生的跨文化意识培养。很多英语词语意义深刻，蕴含着丰富的文化信息，这些词语被称为"文化负载词"。经调查显示，很多学生对这些文化负载词完全不了解。这种情况在很大程度上体现了教师在词汇教学中忽视了文化负载词部分，未有意识地运用跨文化意识来培养学生的词汇能力。具体而言，教师存在的问题体现在以下几个方面。

首先，对文化教学不够重视。这具体体现为以下几点：教师在备课环节的教学目标没有文化意识目标；教师消极地跟随应试教育的脚步；学校很少组织与英语文化相关的活动。其次，教师自身的文化素养不够。英语教师虽然具备了扎实的英语专业知识，但英语文化素养有所欠缺。作为学生的榜样，如果教师的文化素养不高，自然也就无法提高学生的文化素养。最后，文化教学方法不当。教师文化教学的方法比较单一，基本上是讲授法、多媒体展示法等，大部分教师只是在课堂教学中偶尔提到一些特殊词的文化背景，而很少有意识地渗透文化知识。这种教学方式造成学生只了解词汇的表面意义，而不理解词汇的深层文化内涵。事实上，跨文化意识和词汇教学是相辅相成的，教师在词汇教学中融入文化知识，能够提升学生的词汇能力和跨文化意识，而词汇量的增加又能进一步帮助学生更好的理解西方文化，培养自身的跨文化意识。

第四，学生在学习中重知识记忆，轻思维锻炼。在词汇学习过程中，很多学生仅仅依靠死记硬背来记忆单词，这种方法并未将思维的锻炼融入进去，学生也很快忘记。实际上，每一个单词都有应用的语境，只有在具体的语境中才能保证准确性，因此学生在对词汇加以理解时需要从具体的语境出发，这样才能实现学生词汇学习的效果。忽视英语思维的培养是在长久的汉语语境熏陶下产生的惯性思维，很多学生都习惯运用汉语的语言逻辑去理解、解释和使用英语，由于英语和汉语二者背后的文化与逻辑存在差异和冲突，因此必然会影响学生对英语的有效运用。实际上，无论是英语还是其他语言，只有深入了解语言的内在逻辑，才能做到自如运用。英语思维的培养不是仅仅记忆单词或背诵句子就能做到的，还需要学生充分理解英汉语言背后的文化历史，这样才能做到掌握英语这门语言。

第五，学生自身对语义内涵的理解程度差。我国学生是在汉语环境下学习英语的，所以在理解英语词汇的语义内涵时，会不同程度地受到汉语文化的影响，而英汉词汇之间的语义不对等现象会对学生的词汇理解带来困难。具体而言，一方面，学生在本民族文化传统的影响下会形成思维定式，在理解英语词汇时会出现文化语义的偏差；另一方面，中西文化观念冲突会让学生思维混乱，对英语感到束手无策。如果教师忽视词汇文化背景知识的输入，学生在理解英语词汇时就会出现偏差，甚至会在使用中产生误用问题。

第六，学生本身缺乏探究意识。一般来说，在大学阶段，学生应该主动地学习词汇，但是在实际的英语词汇学习中，很多学生仍旧从教师那里获取，不寻找其他的获取渠道，这样的学习就是被动的学习，如此一来词汇掌握的量也是不充分的。同时，学生不会去主动探究词汇，也无法得知词汇文化的背景知识，这样的词汇学习也会让学生逐渐缺乏兴趣和积极性。

（二）互联网技术下高校英语词汇知识教学的优势

互联网技术对高校英语词汇教学有着巨大的意义，其可以对词汇教学的过程进行全新的设计，也可以为学生设计个性化的词汇操练形式，从而彰显词汇教学的新意。下面就对其优势进行分析。

第一，有助于增强词汇掌握的时效性。在互联网教育背景下，高校英语词汇教学有助于为学生创设词汇学习的环境，从而不断提升学生的词汇能力。运用互联网技术这一集文字、图像为一体的形式，能够鲜活地呈现词汇教学的内容，也有助于扩大学生的眼界，提升学生的词汇素质与能力。这样词汇教学就突破了时空的限制，让学生更快地获取信息，因此在互联网教育背景下，词汇教学使学生对词汇掌握的时效性加强，同时也缩短了教学的时间。

第二，有助于提高词汇记忆的效率。就记忆的角度而言，人们记忆动画或者图片的能力要明显强于文字。因此，学生在学习新单词的时候，教师可以在不同的语境将新的词汇呈现出来，这样词汇在不同的语境下进行转换，让学生对词汇产生新的认知。在互联网教育背景下，学生可以接触各种语境，显然学生更容易记忆。这是与认知主义理论相符的，即将机械地记忆词汇转化成对词汇有意义的学习，也便于学生建构词汇意义。

第三，有助于扩展词汇认知的层面。在传统的词汇教学中，师生接触的词汇材料多是封闭的，仅仅局限在教材与大纲层面，对信息仅仅是被动接收。互联网技术的引入，可以改变传统的词汇教学认知，学生也可以通过网络获取更多信息，从而扩充自身的词汇量。

另外，从很大程度上来讲，互联网技术让大学生对英语文化背景知识有了更充分的了解，因此可以增加学生的知识存储量，使学生的词汇学习更为有趣。有些词汇在不同的语境中会产生不同的意义，因此学生不仅要对这些词汇的内涵意义有所把握，还需要对其外延意义有所了解。只有这样，才能对词汇有准确的了解和把握。在互联网技术背景下，学生接触到的词汇往往是比较鲜活的，这有助于他们对词汇意义的理解。

（三）互联网技术下高校英语词汇知识教学的创新方法

目前，英语词汇教学存在着诸多问题，教学现状并不佳。对此，为了切实提高英语词汇教学的效果，提升学生的词汇水平，培养学生的跨文化意识，就需要在遵循基本教学原则的基础上，对教学方法进行优化，即选用新颖、有效的方法开展教学。

1. 词源分析法

这一方法主要适用于英语词汇中的一些典故词汇。在英语词汇中，有很多词汇是从典故中来的，因此其文化内涵非常丰富，很难从字面上去理解与把握，必须借助词源展开分析。无论对于中国人还是西方人来讲，在口语或者书面语中都会运用一些典故、传说等，因此对于这类词汇的教学是非常重要的。例如，man Friday这一词就是源自《鲁滨逊漂流记》，其含义并不是"男人星期五"，而是"得力的助手"；an Uncle Tom这一词汇源自《汤姆叔叔》，其含义并不是"一名汤姆叔叔"，而是指逆来顺受，宁愿承受侮辱，也不反抗的人。

2. 文化知识融入法

在词汇教学中，教师可以采用教授法开展文化教学，即教师直接向学生展示文化承载词的分类及内涵等，同时通过图像声音结合的方式列举生动的例子加以说明，直观地培养学生对文化的兴趣。只有熟悉了英语文化，才能让学生透彻地了解英语词汇。学习语言时不能只单纯地学习语音、词汇和语法，还要接触和探索这种语言背后的文化，在语言和文化的双重作用下，才能真正掌握英语这门语言。采用直接讲授法讲授文化，既省事又有效率。而且这些文化不受时空的限制，方便学生查找和自学。

例如，"山羊"（goat），在汉语环境中，"山羊"一般扮演的是老实巴交的角色，由"替罪羊"这一词就可以了解到；在英语环境中，goat则表示"好色之徒""色鬼"。这类词语还有很多，如landlord（褒义）/"地主"（贬义）、capitalism（褒义）/"资本主义"（贬义）、poor peasant（贬义）/"贫农"（褒义）等，这些词语代表了人们不同的态度。在词汇学习过程中，要深入了解和尊重中西方文化，这样才能更好地将词汇运用于交际。

再如，根据当下流行的垃圾分类，教师可以让学生翻译这四类垃圾：干垃圾、湿垃圾、有害垃圾、可回收垃圾。大部分学生都会将"垃圾"一词翻译为garbage，实际上正确的翻译应是waste。由这两个词就可以看出中西方文化差异。在英语中，garbage主要指事物或者纸张，waste主要是指人不再需要的物质，可以看出waste的范围更广，其意思是"废物"。当翻译"干垃圾"和"湿垃圾"时，学生又会翻译得五花八门，实际上"干垃圾"是residual waste，"湿垃圾"是household food waste。所以，学生有必要深入了解中西方文化的异同，这样才能学好词汇，才会形成英语思维，进而形成跨文化交际能力。

3.创设语言情境法

语言只有在语境中才能焕发生机与活力，单独去看某个词很难在其中发现个中韵味，但是一经组合和运用，语言便有了生命力。因此，教师应创设信息丰富的环境，为学生提供真实的语言环境和大量的语言输入，使学生在逼真的语境中学习英语，给学生提供学习和运用词汇的机会。教师可以设计一些活动，如组织学生观看电影，然后指导学生进行角色扮演，让学生经历真实的跨文化交际情景，培养学生的跨文化交际能力。

除组织跨文化交际活动外，教师还可以组合一些课外活动，让学生切实感受英语文化，扩大学生的词汇文化资源，培养学生的跨文化交际能力。例如，《疯狂动物城》这部动画片深受学生的喜爱，但大部分学生并没有注意这部影片的名字Zootopia，也没有对其进行探究，觉得这是电影中虚构的一个地方。如果学生知道乌托邦的英文是Utopia，可能会理解这个复合词

Zootopia是由 zoo（动物）和 Utopia（乌托邦）结合而来。实际上，很多学生连汉语文化中的"乌托邦"都不了解，更不用说英语文化了。其实，"乌托邦"就是理想国，Zootopia 就是动物理想国，动物之间没有相互杀戮的地方。如果学生在观看电影前能对其中的文化进行探索，或者教师稍微引导，那么观影的效果就会更好，而且在欣赏影片的同时也能掌握文化知识。

4.网络辅助法

词汇学习不能仅依靠教师的课堂讲授，还要依靠学生的课外自主学习，对此教师应有效引导学生充分利用课外时间来丰扩充词汇量，丰富词汇文化知识。

（1）推荐阅读书目。教师可以向学生推荐一些课外读本，如《英语学习文化背景》《英美概况》等，让学生利用课余时间进行阅读。通过阅读英语名著，学生不仅能充分了解西方文化背景知识，扩大文化视野，还能积累丰富的词汇，了解词汇的运用背景以及词汇的文化含义，更能培养学生良好的自主学习习惯，促使学生终身学习。可见，阅读英语书籍对学生的词汇学习而言是非常有意义的。这不仅能培养学生的自主学习能力，还能丰富学生的文化知识，扩充学生的词汇量。

（2）英语电影赏析

现在的大学生对于英语电影有着浓厚的兴趣，对此教师可以借助英语电影来提高学生的词汇能力。具体而言，教师可以选取一些蕴含浓厚英美文化，并且语言地道、通俗的电影让学生观看。这样学生可以在欣赏影片的过程中，切实感受英美文化，提高文化素质和词汇能力，同时提升学习词汇的兴趣。

（3）学习资源圈共享，引导学生深度学习

通过共享学习资源圈的建构，对学生展开分层教学，教师可以为学生介绍一些与课本配套的线上课程，通过这些线上的课程，可以对课堂的内容加以补充，从而不断丰富学生的学习资源。由于学生固有的知识水平是不同的，并且他们的学习情况也存在差异，因此在进行教学的时候，教师应该实施分层教学，考虑学生的不同层级，设置的任务要与他们的能力相符，这样才能满足不同学生的学习需求。

在互联网技术的辅助下,学生的词汇知识学习不应该仅仅局限于阅读、写作、背诵层面,而应该将那些零散的知识整合起来,实施再现学习。通过互联网技术的辅助,不断设计自己的学习,将学生的学习兴趣和积极性激发出来。建构主义注重将学生作为中心,强调学生对知识的获取能力与探索能力,让他们主动发现与建构知识。通过对知识的发现与建构,解决自己学习中遇到的一系列问题。

(4)建立评价机制

通过互联网技术,学生可以自己展开测试,这可以让教师对数据加以整合,找出学生容易出现问题的地方,然后在课堂上将这些重难点讲解一下,并及时收集学生的学习情况。显然,通过这种线上测试,可以激发学生的学习兴趣,也是对学生自主学习的一种鼓励。

二、互联网技术下高校英语语法知识教学的创新发展

(一)高校英语语法教与学的问题

第一,语法教学弃而不教或边缘化。英语教学一直都在不断变革,教学内容随之不断改变,而随着2004年教育《高校英语课程教学要求》的颁布,英语语法教学内容退出了英语教材,英语语法教学也从英语教学中退出,最终导致英语语法弃而不教或边缘化。这具体体现在两个方面:首先教材中没有了语法内容,教师便失去了教授语法的依据和大纲,学生也将无法系统地获取语法知识;其次课时安排不合理,英语教学中多是精读课与泛读课,没有相应的语法课,即使教师讲解语法知识,也是零星的和碎片化的。实际上,语法对于英语语言的学习是至关重要的,语法贯穿于英语学习的始终,对英语综合能力的提升起着重要作用,所以教师不应忽视语法教学,而应积极开展语法教学,丰富学生的语法知识,提高学生的语法能力,为学生的英语综合应用能力打好基础。

第二,教师的教学方式单一,很难激发学生的语法学习兴趣。英语语法

知识繁多，学习起来十分枯燥，因此很多学生都对语法学习缺乏兴趣。想要改善这种现状，就需要教师创新教学方法，增添语法教学的乐趣，激发学生学习的积极性。但是，当前的英语语法教学并不乐观，教师依旧采用陈旧的方式展开，占据课堂的主体，这样学生处于被动的学习地位，不仅与教育理念不符，也不利于学生的学习，很难发挥学生的主观能动性。

第三，学生缺乏有效的学习方法，导致语法学习"费时低效"。大多数学生语法学习的效率非常低，其中一部分学生是因为掌握的学习方法不正确，从而使语法知识的掌握较为松散，不能成为一个系统。在语法学习中，学生往往比较被动，通常是遇到新的问题之后才会回去学习语法知识，而当他们学习完一篇文章之后，又把语法学习抛之脑后，这样的学习是很难提升学生的语法能力的。学生自身未对语法学习引起重视，语法学习意识较为薄弱。大学生在中学阶段已经进行了很长时间的语法学习，普遍感到枯燥乏味，因此他们认为到了大学阶段就没有必要重点学习语法了。实际上，尽管到大学阶段，语法依然是英语学习的重要内容，因为不掌握丰富和准确的语法，是不可能准确、流利地进行交际的。

（二）互联网技术下高校英语语法知识教学的优势

语法教学与英语技能教学有着紧密的联系，但是传统的语法教学存在明显的问题，如语法教材比较落后、语法教学方法比较传统等。在教学中，教师往往是根据教材进行讲解的，然后通过教材中的练习让学生进行巩固。但是，在实际的口笔头交际中，难免会出现各种语法问题。并且，在日常考试中，存在较多的单选题，这也不利于学生掌握语法的运用。

与传统的高校英语语法教学相比，互联网教育背景下的高校语法教学有着明显的优势。

第一，具有形象性。互联网技术在高校英语语法教学中的应用，对传统依赖教材的局面造成了冲击，使枯燥的语法教学变得更为有趣、直观。

第二，具有多样性。互联网技术在高校英语教学中的应用，使教学形式更为多元化，不仅有课堂内容的组织，还有课外内容的组织。同时，高校语法教学活动的设计也更为多元化，有助于将学生的听、说、读、写等功能调动起来。

第三，具有逼真性。互联网技术为高校英语语法教学提供了更为真实的语境，通过图片、视频等，可以不断提升学生的学习效果。

第四，互动性。互联网技术让高校英语语法教学从课堂转向课堂+课外，实现了远程的学习与交流。

（三）互联网技术下高校英语语法知识教学的创新方法

1. 文化对比法

文化对于语法教学影响深远，因此教师可以采用文化对比的方法展开教学，让学生不断对英汉语法的差异有所熟悉，培养他们的跨文化交际意识与能力。

众所周知，我国学生是在母语环境下来学习英语的，因此不知不觉地会形成母语思维方式，这对于英语学习而言是非常不利的，甚至在组织语言时也掺加了汉语的成分。基于这样的情境，英语教师就需要从学生的学习规律出发展开对比教学，使学生不断认识到英汉语法的差异，这样便能在发挥汉语学习正迁移的前提下，使学生掌握具体的英语语法知识。

2. 创设语境法

在高校英语语法教学中，教师可采用情境教学法开展教学，情境教学法有着包含语法规则和知识的真实环境，可以充分调动学生不同的感觉器官，激发学生学习的兴趣，可以让学生在接近真实的情境中切实参与到学习中，使学生系统地掌握语法知识。语法教学通过情境化实现了认知与情感的联合，颠覆了过去只讲述语法规则的陈旧方法，学生有了使用语言的空间。通过情境化教学，课堂氛围更加活跃，师生关系更加和谐，学生的语法能力和交际能力会得到显著提升。具体而言，情境教学的教学途径包含以下几个。

（1）融入音乐，创设情境

青少年通常对音乐有着强烈的兴趣，因此在语法教学中，教师可将音乐与语法教学相融合，营造轻松愉悦的气氛，在聆听中学，在欢唱中学。例如，在讲授现在进行时这一语法时，教师可以让学生先欣赏歌曲，并让学生持有该曲的歌词，然后找出歌词中含有现在进行时的句子。这样既能激发学生的学习兴趣，分散学习的难点，又能使学生在不知不觉中学到知识。

（2）角色扮演，感受情境

在高校英语语法课堂教学中，教师还可以组织学生进行角色扮演，让学生身临其境地学习语法知识。学生可以通过自己扮演的角色，体验相应情境下人物的言行举止、思想情感，深化所学知识，提高学生的人文素养。

（3）运用媒体，展示情境

在语法课堂教学中，有些教学情境因条件的限制无法创设，但随着多媒体技术的发展及其在教学中的运用，这一缺陷被弥补了。多媒体教学素材丰富多样，包含图像、图形、文本、动画以及声音等，将对话的时空体现得生动和形象，图像和文字都得到了充分得体现，课堂范围不再沉闷死板，学生的感官得到了调动，加深了学生的印象，提高了学生参与课堂教学的积极性，教学和学习效率也得到了显著的提升。

（4）设计游戏，领悟情境

设置符合学生心理和生理特征的语法教学游戏，可以激发学生的学习积极性，让学生积极参与其中。生动活泼的游戏可以调动学生的多种感官，使学生原本觉得困难的语法结构也变得简单许多，从而使学生在潜移默化中掌握语法知识。

3.翻转课堂教学法

翻转课堂是随着互联网技术的发展而产生的一种新型教学模式，将该教学模式运用于高校英语语法教学，可有效调动学生学习语法的兴趣，促进学生自主学习能力的提高，提高学生的独立思考能力，进而培养学生的语法能力。翻转课堂这种教学模式不再以教师为中心，而是以学生为中心，教师只是起到辅助作用，学生是教学环节的重点，师生之间处于互动的状态。翻转课堂语法教学模式流程如下。[1]

---

[1] 马慧丽.高校英语语法教学回归的必要性及可行模式研究[J].英语教师，2019（24）．

（1）提升微课制作水平，借鉴网络教育资源

相较于传统的语法教学模式，翻转课堂最大的特点在于以视频微课代替了"黑板+粉笔"的教学方式。但对于已经习惯了传统教学模式的英语教师来说，很难在短时间内适应视频微课这种新式，因此教师首先要熟练掌握微课的制作技术，灵活运用各种制作软件；其次要重视视频微课内容的整合与加工，在内容选择上要微课课本语法知识，并借鉴网络上优质的教育资源制作短小精致、内容丰富的数字化课程资源。

（2）拓宽师生互动渠道，确保语法教学效果

制作视频微课是翻转课堂语法教学的前提，后期的检查、实施和监督是更加重要的部分，因此师生之间应保持多维互动。首先，教师要指导学生观看视频微课，并对学生的学习内容和时间进行计划，把握学生学习的进度；其次，教师要利用社交软件建立QQ群和微信群等，加强与学生线上线下的互动，对学生在自主学习中遇到的问题进行解答，促进师生和生生之间的讨论，实现英语语法知识的消化和吸收。

（3）关注语法难点，提升教师答疑解惑的能力

基于翻转课堂，教师将制作好的视频微课上传到网络平台，学生自行下载，并在固定时间内完成自主学习，对于遇到的语法知识难点，除了课堂学习小组讨论外，更多由教师在课堂上统一解答或个别辅导。对此，英语教师应不断充实自身的语法知识储备，提升自己的语法能力，从而更好地解答学生的疑难问题。

（4）开展差异化教学辅导，促进学生自主学习

在翻转课堂教学模式下，教师要更新教学理念，改变传统的教学模式，主动融入和参与学生学习的各个环节，成为学生学习的指导者和监督者。由于不同学生之间存在巨大的差异，有着不同的基础水平和认知结构，因此教师需要采用不同的辅导方式来对不同层次的学生加以辅导，特别是对那些自律性不强的学生，更要采取有效方式来加以辅导，促进他们进行自主学习。

（5）重视教学评价，建立激励机制

翻转课堂语法教学重在学生的自主学习，为了掌握学生自主学习的频率以及参与程度，确保翻转课堂教学的效果，对学生进行考核评价就显得十分必要，而且这种考核要贯穿于课堂教学的全过程，并且评价形式要多样化，

包括学生自我评价、小组评价、教师评价等多种考核评价形式。这种全方位的考核评价机制有利于教师掌握学生对语法教学的参与度和配合度，便于教师了解学生对语法知识的掌握程度，而且对学生有着正向的激励作用。

第二节 互联网技术下的英语基本技能教学创新

一、互联网技术下高校英语听力技能教学创新发展

（一）高校英语听力教与学的问题

尽管英语教学深受重视，而且随着教学改革的深入有所发展，但是在教学中学生"听不懂，说不出"的问题依然存在。因此，有必要对英语听力教学中存在的问题进行分析，以便有针对性地解决这些问题，促进英语听力教学的发展。

第一，英语听力课程设置不合理，目标定位不合理。教师未对英语听力课程引起足够的重视。在整个高校英语课程设置中，听力技能教学处于弱势地位，受关注的程度并不高。在多数院校中，高校英语的周学时为4小节，但教师常常将教学中心放在精读课上，部分院校甚至将听力课与口语课相融合，变成听说课，从而稀释了听力课的学时，这使得听力技能教学课时难以保障，学生听力能力的培养也难以保障。高校英语教学中设置了高校英语四、六级考试，这本是为了激发学生的学习兴趣，培养学生的英语能力而设置的，但有些教师将通过考试作为教学的指向标，从而忽略了学生听力能力和跨文化交际能力的培养。基于这样的目标，在时间有限的课堂中，教师常会将听力技能教学变为题海战术，这样不仅使学生感到枯燥乏味，而且很难真正提高学生的听力能力。

第二，受课程设置不合理、教学目标偏离、受重视程度不高等影响，现在的高校英语听力技能教学存在教学模式僵化的问题。很多教师将主要精力放在教学任务的完成上，忽视对教材的整体把握，缺乏对学生的有效指导，甚至目标不明确，只是机械地、一遍遍地播放录音，学生只能被动、盲目地听，这使得听力技能教学拘泥于"听听录音、对对答案，教师解释"的单一模式中。在这种教学模式下，不仅课堂氛围沉闷，而且学生的学习积极性也不高，学生的听力能力更是难以得到锻炼。尽管听力技能教学受到了学生的重视，但是很多学生的听力水平不高，这很大程度上源于学生基础知识积累不足。一方面，学生缺乏必要的语音知识，对音节、连读等掌握不牢固，加之词汇量积累有限，欠缺语法知识等，这些都会对学生的听力理解造成影响。另一方面，学生缺乏良好的英语学习环境，对此学生很难对英语音调、韵律等具有敏感性。由于基础知识积累不足，学生的听力能力将很难得到提高。

第三，由于教学方式的单一性和听力本身的复杂性，很多学生对听力学习缺乏兴趣，甚至从心理上对听力产生抵触兴趣。这种抵触兴趣会进一步降低学生参与听力活动的积极性，甚至是应付听力学习，使听力学习收效甚微。同时，受传统教学模式的影响，学生在学习英语听力时，十分依赖教师的教学，依赖于学校规划和课程安排，进而导致自主学习听力的能力较低，在英语听力上得不到成就感，学习兴趣降低，最终整体学习效果不佳。此外，学生跟随教师的课堂讲解，不利于学生建立个性化的英语知识框架和体系，不利于学生自主学习能力的提升。我国学生是在汉语环境下学习英语听力的，而且主要通过教材和课堂来学习英语听力，学生在课本上学到的英语都是规范英语，教师在教学中为了便于学生理解，常会放慢语速，而使语流失去了正常的节奏。但在英美国家，人们在实际交际过程中使用的语言具有很强的口语化特征，常使用口语化表达。在课堂教学中，这种口语化的语言很少出现，学生接触不到地道的英语表达，也就很难切实提高英语听力能力。

第四，英语听力教学资源难以保证，听力教材更新相对落后。当前，很多高校不断扩招，因此导致国内一些高校学生的录取量急剧增加，尤其是一些中西部地区的高校。正是因为扩招，导致学校的师资力量严重不足。一些学校的英语教师课业非常繁重，他们需要授课、指导学生论文、参加学术会议等，因此教师的时间被占据了大半，导致有很少的时间进行教学研究，更谈不上培训与进修了，教师的教学能力得不到应有的提升。另外，由于师资力量严重匮乏，加上一些院校未得到重视，认为听力课堂是非常容易的，放松了对听力课堂的管理，因此大大削弱了听力课的教学效果。另外，在高校英语听力技能教学中，教材是重要的载体，在听力技能教学中发挥着重要作用。听力教材的好坏关系着学生能否获得最佳的语言材料，并付诸具体的实践活动，好的教材能够开拓学生的眼界，促进学生不断提升自身的语言综合运用能力。但就我国的高校英语听力技能教学的现状而言，有些教材并不适合当前的听力技能教学，甚至有些内容陈旧、编排并不合理，缺乏层次性，这就严重阻碍了当前高校英语听力技能教学的开展。另外，在选用教材上，一些教师并未注意到听力材料的真实性、时效性，也并未考虑一些具体的体裁与题材，导致一些篇章具有浓重的书面语色彩，很少涉及口语，因此不利于学生英语听力能力的提升。

（二）互联网技术下高校英语听力教学的优势

与传统的高校英语听力教学相比，互联网教育背景下的高校英语听力教学有着如下几点优势。

第一，体现"以人为本"的教学理念。根据素质教育的要求，教学应该面向全体学生，目的是为了提升学生的综合素养。在高校英语听力教学中，教育技术的运用可以将"以人为本"理念体现得淋漓尽致。例如，在多媒体语音教室中，教学内容不再仅仅依靠单一的教材，而是采用多种技术，从自己的需求出发对教学内容进行选择，选择那些学生容易理解但是又稍高于自身水平的语言输入，通过不断学习与内化，转化成自身的语言能力，进而不断提升自身的听力水平。

第二，突破时空限制，改变传统听力教学模式。互联网技术的丰富性与共享性，对于传统的教学资源而言是一种冲击，课程资源不仅仅体现在书籍上，还会包含一些网络资源，甚至一些音像制品。这就是说，在互联网教育背景下，教学内容不应该仅限于课本内容，学生的学习也不仅限于被动的学习，而是转变成主动的学习。互联网技术体现的是一种随时随地的技术，学生可以从自身需要出发，随时随地进行学习，对自己的学习进度、学习内容加以掌控。课件呈现的是图表形式或文本形式，这从视觉层面来说，可以让学生更为舒服，也营造出一种真实的语言氛围，对传统的教师与学生的单向传导加以改变，转化为教师与学生、媒体之间的交互传导。基于互联网教育的背景，教师再也不是知识灌输者，而变成了教学的辅助者、启发者。

（三）互联网技术下高校英语听力技能教学的创新方法

1. 听力技能掌握法

听力的有效进行是需要一定技巧的，因此在英语听力技能教学中，教师应运用互联网技术向学生介绍几种常用的听力技巧。

（1）听前预测：在进行听力之前，进行一定的预测是很有必要的。在教学中，教师可以指导学生在正式听听力材料之前，先浏览一下听力问题，据此预测听力测试的范围，如地点、时间、人名等，这样可使听力更具针对性。（2）抓听要点：在听的过程中，要学会抓听要点。也就是抓听交际双方言语活动中的主要内容、主要问题、主题句和关键字等，对于一些无关紧要的内容则可以不用重点去听。（3）猜测词义：听力过程中不可能听明白每一个词，而且有时难免会遇到陌生的单词，此时如果停下来思考这个词的意思，就会影响对整个听力材料的理解。这时可以继续听，通过上下文来猜测词义，这样既不会中断思路，也能流畅地理解听力材料内容。（4）边听边记：听力具有速度快和不可逆转性的特点，听者在有限的时间内不可能听懂和记住所有的内容，此时就需要借助笔记来辅助听力活动，也就是边听边记录。听力笔记不需要十分工整，听者自己能看明白即可。

2. 混合式听力技能教学法

（1）充分利用TED资源

TED（technology, entertainment, design）是美国的一家机构，宗旨在于用思想对世界加以改变。TED演讲的领域从最开始的娱乐领域、技术领域等逐渐向各行各业拓展。每年的3月份，TED大会在美国召开，其中参加的人物涉及商业、科学、文学、教育等多个层面，将他/她们对这些领域的意见和建议进行分享和探讨。TED官网的思想性、可及性等为混合教学提供了具体的借鉴。第一，为英语听力技能混合式教学提供了大量真实的预料，这与传统的音频存在较大差异。传统教学中学生上课接触的语料大多为本族语为母语的优秀英语人才录制而成的，虽然也保证了语音的纯正性，但是改变了交际的真实性。第二，演讲的主题涉及各个领域，这与语言学习是一部百科全书的观点有着相似性，因此就有助于用于英语听力技能教学。

演讲者都是各个领域的一些杰出人物，传达的思想具有前沿性，这有助于提升英语学生的思辨能力。TED官网上发布的视频多控制在15分钟之内，是较短的视频，最长的也不超过20分钟，这与当前的慕课、微课教学模式相符，也符合英语听力技能的混合式教学。演讲者是从各地来的，各种真实的情境可以让学生感受到手势、眼神、语速、重音等的运用。TED官网的视频虽然没有字幕提示，但是在下面会设置独立的互动文稿，并将演讲者的话语显示出来。这便于学生对听的方式进行选择，可以是纯视频的形式，也可以是视频＋字幕的形式，或者是先观看视频，之后看字幕。TED官网的可及性可以让学生选择听的时间、听的内容等，学生制订符合自己学习的目标，对内容加以选择、对进度加以控制，实行自控式学习。TED视频最大的特点在于提供给学生真实的情境，通过这种真实的听，保证了语言形式、思维以及科技的融合。

（2）加入多样化教学工具

①英语歌曲欣赏。在学习的闲暇时间，学生可以欣赏一些英语歌曲，这样可以使自己身心放松，营造自身英语学习的氛围，另外，英语歌曲还可以帮助学生学习其中的一些表达方式，尤其是一些发音的技巧等，有效激发他们学习的积极性。平时，教师可以引导学生多听一些具有当地文化特色的英语歌曲，也可以选择一些有意义的歌曲，然后教师让学生了解歌词的内容，再通过听写、填空等方式为学生出题，让学生真正地能够听懂。

②英语竞赛视频。在平台上，还会有一些竞赛演讲的视频，学生可以通过这些视频感受其中的语音语调，感受优秀演讲者他们是如何进行演讲和应变的，这样学生不仅可以提高自身的听力，还会掌握一些演讲的技巧。多听一些竞赛的视频，从不同的角度来看待问题，这样可以不断提升学生的听力

理解能力。

③访谈视频。一些名人的视频对于学生的听力学习也是非常有利的，学生本身会被一些名人、一些明星吸引，然后通过观看他们的视频，会带着好奇心去听、去看，这样对于提升他们的听力水平是非常有利的。当然，一般访谈的内容包含多个层面，或者是为了沟通情感，或者是为了讲授生活中的一些有意义的事情，或者是介绍自己的一些经历等，这些都容易引起学生的共鸣，同时还能够从他们的表情、语速中，学到一些听力技巧以及如何处理一些紧急的事情等。

（3）建立多元化考核机制

在评价体系上，英语听力技能教学要求以学生的专业能力、综合素养等作为教学目标，提倡学生展开自主学习与写作学习，这就要求在评价中必须打破传统的评价方式，即仅采用终结性评价，以教师考核为主。英语听力技能教学要求采用多元评价考核机制，即教师考评、学生自评、同学互评等相结合，实行终结性评价与形成评价相融合，使学生从被评对象变成主人，而教师从单一的评价者变成评价的组织者。

（4）合理设计听力翻转课堂

在课程开始之前，教师需要布置好音频与视频材料，学生自行听这些材料。在课堂开始后，教师主要负责引导，他们不再是对材料进行详细的讲解，然后给学生对答案，而是将更多的时间用在为学生讲解听力技能上，然后为学生介绍相关的背景知识。课堂形式的展开方式也可以有很多种，可以使表演形式，也可以是讨论形式等。

教师除了应用教材外，还可以自己录制或者应用他人录制好的音频或者视频，在录制时，设置相应的生词、短语以及句型，并添加一些背景知识，这些对于教师来说不仅可以节省时间，还可以提升学生的学习质量和效率。

教学总是围绕书本内容展开的，学生接触的英语材料是非常有限的，如果他们的语言输入不足，那么必然会对他们的语言输出产生影响，这样长期下去，学生对英语学习就失去了兴趣和积极性。另外，随着网络的发展，网络上有着丰富的教学资源，这些资源对于学生的英语学习也是非常有利的。听力与英语其他科目不同，其学习需要学生进行大量的练习，因此教师可以通过网络平台，为学生搜集相关的音频或者视频资料，让他们展开练习。

教师可以对这些网络资源进行整合，为翻转课堂所用。例如，课堂教师可以从TED网站上选择一些音频或者视频，将视频与任务为学生布置下去，让学生有充足的时间进行观看。还可以从学生的不同程度出发，将学习任务分开，如果学生的水平是初级的水平，那么要求他们听懂大意即可，如果学生的水平是较高水平，可以让学生自己去查找一些相关背景，让他们弄懂整篇文章，这样在课堂上他们可以相互讨论，使学生成为学习的主体。

二、互联网技术下高校英语口语技能教学创新发展

（一）高校英语口语教与学的问题

口语作为一项重要的英语技能，具有显著的实践性特征。对于现代的大学生来说，口语是他们交际能力培养的重要途径。但是目前来看，我国英语口语教学的现状并不佳，口语障碍和口语教学中的问题普遍存在。对这些问题进行分析，能有针对性地解决这些问题，进而改善英语口语教学的现状，消除学生的口语障碍，提高学生的口语表达能力。具体而言，英语口语教学中的问题体现在以下几个方面。

第一，在当前的高校英语技能教学中，很多学校从课程的设置、体系的构建上，都未将高校英语口语技能教学作为重点来凸显。当前的教学中，很多教师将词汇、语法、阅读等的教学视作教学重点，很少涉及听说的部分。即便有的教师也教授听说，但是更强调的是听力，口语训练的机会少之又少。很多时候，高校英语口语技能教学往往是走过场。当前的高校英语口语教学采用机械的学练方式，教学模式落后。相较于其他英语技能教学，口语技能教学的实践性更强，需要通过交流和沟通来实现教学目的。这就需要教师根据教学目的创新教学模式，培养学生的口语实践能力。但是就目前的高校英语口语技能教学来看，教师依然采用传统的教学模式，即先讲解、后练习、再运用。这种教学模式虽然符合教学规律，却制约了学生的学习积极性。在这种教学模式下，学生只能被动地接受知识，机械地进行练习，根本

没有独立思考和自主学习的空间。现在的学生都习惯接受新鲜事物，根本无法适应单调且缺乏创新的教学模式，这种枯燥的教学模式只会影响学生构建语言的创造力，也会将学生的学习热情消磨殆尽。在高校英语口语技能教学中，教材是主要的教学依据。但是，教师对教材的选择是否合理，对教学效果起着决定性的作用。目前，我国很多学校对于学生的英语综合能力非常重视，因此出现了很多的书籍，但是关于英语口语的教材更新非常缓慢，即便更新了，也没有什么新鲜感。显然，这些教材已经与市场脱轨。

第二，高校英语口语教学中教师与学生缺乏有效的互动。在高校英语口语技能教学中，师生和生生之间的交流和互动是教学的重要内容，也是口语技能教学的核心，对培养学生口语表达能力、实现教学计划起着关键作用。但是在现在的高校英语口语技能教学中，教师依然在课堂教学中处于中心地位，教师占据着绝对的主导权，课堂教学缺乏互动与合作，学生没有开口的机会，更没有开口说的积极性，自主能力得不到培养，最终口语技能教学陷入僵局。尽管当前英语口语技能教学受到了教师的重视，教师也尝试探索相应的口语训练措施来提升学生的口语能力。但是教师对学生的口语训练仅局限于课堂教学，而忽视了学生课后口语强化训练，也很少向学生推荐相关的口语训练平台，最终导致学生的口语训练效果不佳。

第三，受地域影响，很多学生本身的口语发音并不标准，在学习中心理负担过重，思路并不清晰。当前，由于学生来自全国各地，学生的学习基础、语言接受能力不同，导致很多学生的口语水平不同。同时，方言的存在导致很多学生发音不标准，并且在中学阶段的学习中也未进行纠正，因此到了大学阶段更难以纠正了。同时，具有心理障碍，是当前学生在高校英语口语技能教学中存在的重要问题。这种心理障碍具体表现为自信心不足，存在焦虑情绪。这种焦虑现象的存在必然会对学生的口语学习造成影响。另外，思路不明确是学生口语学习过程中常遇到的一个问题。在英语口语练习过程中，学生会存储一定量的信息，并组织信息进行表达。但在实际表达过程中，学生的思维常会受到限制，尤其是遇到一些生词的时候，就无法判断要说的词汇和内容，在有效时间内不能找到合适的句式来表达自己的思想。所以，思路不明确也会影响学生的口语技能。

第四，当前的高校英语口语教学缺乏完善的评估机制。在高校英语口语技能教学中，评估是其中的重要部分之一。通过对学生英语口语进行评估，学校、教师能够清楚教学的效果，学生自身也能够明确自身的学习情况。当前，我国常用的评估形式主要是测试，但是测试对其他技能来说可能比较适用，但是对于口语技能并不适用，可见当前还未形成一套健全的英语口语技能评估制度。

（二）互联网技术下高校英语口语教学的优势

将互联网技术引入高校英语口语教学，不仅为高校英语口语教学带来了挑战，还为其提供了新的模式。因此，在互联网教育背景下，高校英语口语教学具有如下两点优势。

第一，有助于学生展开实时或者非实时的口语交流，扩大口语交际环境。从语言交际理论来说，口语属于一种交际活动，口语教学的目的是为了不断提升学生的口语运用能力，但是单独靠口语者自身能力是不行的。在互联网教育背景下，学生进行实时或者非实时的口语交流，这样学生口语交际的环境就不断扩大，他们也拥有了宽松地训练口语的机会，通过沟通，学生会不断地发现问题，并展开积极讨论，从而对自己的口语能力进行改善。

第二，有助于学生接触更丰富的口语资料，展开独立学习，互联网技术的资源非常丰富，通过互联网技术，学生可以接触更多、更丰富，甚至与学生联系更为密切的资料，这些资料为教师的教授、学生的学习提供了更大的便利。从建构主义学习理论出发，学生是基于一定的社会文化背景，在外界因素的辅助下，对知识加以建构。现代口语理论也指出，口语属于一种认知活动，而互联网技术的融入有助于学生开拓思路，展开探究性学习，从而培养学生自身的独立学习与创作能力。

（三）互联网技术下高校英语口语技能教学的创新方法

1.文化对比法

英汉文化差异对口语交际有着很大的影响，因此在英语口语技能教学中，教师应加入中国文化元素与西方文化元素的对比，呈现中西方文化之间的差异。以饮食文化为例，西方人宴请客人时多考虑客人的口味、爱好，菜肴通常经济实惠。中国人为了表示热情好客，在请客时通常准备多道菜肴，而且讲究菜色搭配。引导学生进行文化对比，不仅能提高学生的文化适应性，也能减少汉语思维的负面影响，进而提高学生的跨文化交际能力。

2.翻转课堂教学法

将翻转课堂教学运用于高校英语口语技能教学中，主要可以从如下几点入手。

（1）课前任务

对于教师来说，教师要进行备课，为学生制作导学案，对本次课的教学目标、内容等有明确的认识，然后让教师专门录制视频。对于学生来说，学生要提前登陆平台，对导学案、视频等进行浏览与观看，对自己的学习进度进行调控，当然遇到问题的时候可以随时暂停，进行分析或者记录，最后点击课前练习，可录制音频。另外，学生与教师或者其他学生可以在线交流，并将自主练习的音频传到平台上，供其他同学品鉴。

（2）探究解决办法

教师组织学生以小组的形式展开探究，学生可以根据自己课前的自学情况，各自交流心得与看法。在这一过程中，教师要时刻注意各组的学生学习情况，保证每一名学生都能够参与其中，并且可以适当进行指导，或者个别组有问题可以为他们答疑解惑。教师组织学生根据课前练习的话题展开多种形式的课堂活动，可以是演讲，可以是问答，或者可以是复述、看图说话、分组讨论等。这些形式可以让学生积极参与其中，保持参与的欲望。在课堂上，教师应该设置有差别的巩固性练习，学生可以对题目进行自主的选择，如果学生的基础差，他们可以选择基础型的练习题，如果学生的水平比较高，那么他们可以选择拓展型的练习。

（3）评价与反馈

当一个小组完成展示，学生需要进行自评，然后由教师给出评价。教师应该从学生各个方面的表现出发，对学生的学习情况进行客观的分析，提出专业的意见。当然，评价并不是仅仅发生在某一个环节之后，而是应该贯穿始终。

三、互联网技术下高校英语阅读技能教学创新发展

（一）高校英语阅读教与学的问题

阅读教学一直都是英语教学的重要部分，备受重视，而且随着英语教学的改革有了长足的发展。但是目前的英语阅读教学依然存在一些问题，而了解并解决问题对英语阅读教学的未来发展具有重要意义。具体而言，英语阅读教学中的问题体现在以下几个方面。

第一，高校英语阅读教学教学方式单一，学生往往是被动学习，缺乏主动性。随着高校英语教学改革，其中出现了很多的教学理念，并且一些学者也主张将这些理论应用到高校英语教学中。但是，要想运用进去，还存在一些困难，因为当前的高校英语阅读技能教学仍旧采用传统的教学模式。在高校英语阅读技能教学中，有这样的情境：教师在课堂上认真地进行讲解，学生在下面认真地聆听，并且不断地进行记录；教师将文章中出现的一些词句进行重点讲解，并且分析整篇文章中的问题，这些都显示出当前的高校英语阅读技能教学如同一堂语法课。基于这样的教学模式，学生的阅读学习是被动的学习，缺乏主动性，也丧失了他们主动思考的能力。在这样的教学模式下，学生的阅读能力很难提升。课堂教学时间毕竟有限，在课堂上教师不可能教授所有的阅读知识，学生也不可能在课堂上完成阅读任务，因此学生的阅读任务需要在课外完成。教师也会为学生布置一些课外的任务，但是由于学生对于教师过于依赖，如果教师不抽查学生的课外学习情况，很多学生并不会认真完成。这就造成了学生本身缺乏阅读量，再加上学生并不认真进行课外阅读，导致学生的学习效果并不好，也很难提升自身的阅读水平。

第二，高校英语阅读技能教学中的文化教学很难开展，因为教师本身文化意识比较薄弱，对文化渗透的概念理解不够深刻，而且对文化渗透的方法缺乏一定的认识，这就导致高校英语教学中文化渗透的缺失。同时，教师对教材中的文化素材挖掘不深，缺乏文化素养方面的培训，这也导致教师文化意识不强、文化素养不高，从而影响阅读技能教学中文化知识的导入。

第三，学生本身的词汇量少，缺乏阅读的动力。要想对语篇进行顺利的

阅读，具备一定的词汇量是必需的，如果学生的词汇量不足，就很难展开有效的阅读。显然，要想提升自身的阅读能力，首先就需要提升自身的词汇量。如果自身的词汇量薄弱，即便具有较高的阅读技巧，也显然毫无用处。英语阅读需要很大的词汇量，并且因为具有很多的同义词、近义词，有些词汇的词义之间很难辨析清楚，这就使得学生的阅读难度更大，对学生的目标要求也必然有所不同。要想提升英语阅读综合能力，学生需要基于自身的词汇量基础来展开大量阅读。当然，二者是相辅相成的关系，词汇量需要依靠阅读进行积累，而词汇量多也是展开阅读的基础。当前，很多学生的词汇量缺乏，阅读量不高，导致他们很难提升自身的阅读能力。另外，学生从中学步入大学，由于脱离了教师与家长的严格管控，因此很多学习需要自主完成。如果学生并未形成自主学习意识，那么就会浪费大把的时间。另外，很多学生进入大学之后也变得非常松懈，错误地认为英语学习的目的在于应付考试，很明显缺乏阅读动力，如果遇到一些篇幅长或者难度比较大的文章，他们甚至放弃阅读。

第四，阅读教材上未重视学生的能力、知识结构等。在阅读技能教学中，阅读教材显得尤为重要，并且在阅读技能教学中有着巨大的作用。但从整体来说，我国的高校英语阅读教材虽不乏优点，但是也存在明显的缺点。优点在于，当前的高校英语阅读教材将知识作为中心，对于知识的系统性非常重视，尤其是语言知识的传递与技能的训练等。不足在于，当前的高校英语阅读教材对学生的能力、知识结构等未予重视。在教材内容上，当前的高校英语阅读教材要么过于简单，要么过于晦涩，显然过于简单的教材缺乏挑战性，过于晦涩的教材学生很难理解，很难激发学生的学习兴趣和积极性。在教材体裁上，很多高校英语阅读教材的体裁很狭小，导致很多时候这些教材的内容与实际脱节。并且，在这些教材中很少涉及人文科学、文化等层面的内容，这样使得学生的知识面也很狭小。

（二）互联网技术下高校英语阅读教学的优势

互联网技术为高校英语阅读教学提供了一个新的模式，开辟了一个新的领域。在互联网技术背景下，语言更具有趣味性，教师考虑自己的教学对象，选择适合他们的教学手段与方法，从而实现情境性教学。因此，互联网教育背景下的高校英语阅读教学具有明显的优势，具体包含如下几点。

第一，互联网技术为阅读教学提供了丰富的材料。在阅读教学中，教师可以从网上获取更多的阅读材料，通过自己的筛选，从而指导阅读教学。同时，学生自己也可以进行搜索与浏览，提升自己的阅读能力，加深自己对阅读知识的理解。另外，传统的英语阅读将字典视作工具书，不仅携带非常不方便，而且学生查询也是非常不方便的，甚至很多时候查询到的结果也是自己不想要的。相比之下，网络为学生提供了一个虚拟的图书馆，容量非常丰富，也方便学生查询。

第二，学生可以调控自己的阅读进度，变被动学习为主动学习。传统的阅读中，学生对辅助的工具很难进行随心所欲地控制，往往自己的阅读学习是被动的学习。在互联网教育背景下，学生可以随意展开调节，对自己的学习速度加以控制。

（三）互联网技术下高校英语阅读技能教学的创新方法

1. 文化图式法

图式理论充分彰显了阅读的本质，即强调阅读的本质是读者及其大脑中所理解的相关主题知识与阅读材料输入的文字信息之间相互作用与交互的过程。图式理论是一种关于阅读研究的科学理论，其不仅强调文化背景知识与文化主题知识的重要性，还并未忽视词汇、语法在阅读中的重要作用。下面通过读前、读中、读后三个阶段进行详细的分析。

读前阶段是信息导入阶段。在这一阶段，要发挥出图式在阅读之前的预测功能。教师可以组织学生参加一些讨论、预测或者头脑风暴等活动，从而将学生头脑中的图式激发出来。在这一阶段，通过自上而下的阅读，学生头脑中的先验知识与文本相结合，从而将学生的图式激活与构建，为学生进一步的阅读埋下伏笔。

读中阶段是文化渗透阶段。在这一阶段，要发挥出图式的信息处理功能。学生根据自上而下的模式来探究文章的整体思路。一些新的文化知识可以通过自上而下的阅读模式获得，从而构建内容图式与阅读技巧。在读中阶段，略读、细读等都是比较好的策略。

读后阶段是文化拓展阶段。在这一阶段，要发挥出图式的记忆组织功能。教师可以通过各种活动对学生的新图式加以巩固，如辩论、角色扮演、讨论等。图式理论指出学生存储在大脑中的图式越丰富，学生的预测能力就越强。因此，课外阅读是非常重要的。

（1）阅读前阶段

头脑风暴法。在英语阅读中，头脑风暴法常被用于导入环节中。学生通过这一方法可以展开丰富的联想，从而刺激头脑中形成新的图式。因此，教师在文化导入过程中要考虑话题的需要，为学生创设合理的头脑风暴，让学生更好地融入课堂之中。

预测与讨论。在阅读之前运用图式理论时，教师应该发挥学生推理的能力。学生通过对文本材料进行解读与推理，从而刺激自身的图式。

运用多媒体资料。在文化导入阶段，教师应该善于运用多媒体资料，从而让学生更好地体验文化教学的特色。通过多媒体，学生可以更直观地感受语言知识，了解中西方语言文化的差异，刺激学生的图式，让学生在激活自身图式的基础上进行下一步内容图式的拓展。

（2）阅读中阶段

在读中阶段，教师可以在这一阶段进行文化知识的渗透，进一步对学生的内容图式加以丰富，从而让学生更好地展开阅读。在阅读技能教学中，教师采用扫描、略读等策略帮助学生构建灵活的图式，促进学生激发头脑中与之相关的图式，从而便于学生更好地理解文章。在细读阶段，教师要帮助学生挖掘与语篇相关的文化内涵，扫除他们在正式阅读中的障碍。首先，可以通过略读和扫读法，让学生大致了解文章的大意，从而获得对文章的总体信息与思路，这是帮助学生建构相关内容图式的有效路径。扫读法是学生根据教师的指令，能够在文章中找到特定的信息。其次，可以通过细读，根据上下文，让学生明确每一个单词的含义，尤其是那些具有文化内涵的词汇，从而丰富学生的内容图式。

（3）阅读后阶段

在读后阶段，主要是充分发挥学生头脑中的记忆功能。一般来说，读后的文化拓展的方法主要有如下几种。第一种是辩论。教师可以针对文本材料中的相关内容,选取一些视角展开辩论,学生在辩论中对与文本相关的内容图式加以巩固。同时,通过辩论,学生也可以更好地理解文本的文化内涵与文化背景知识。第二种是角色扮演。学生通过学习与文本相关的文化知识,从而丰富自身的文化内容。然后,学生带着角色有目的地重新阅读文本,教师引导学生对文本进行改变或者情景模拟,从而激发学生学习的兴趣和积极性,提高他们在真实语境下对文本综合运用的能力。第三种是总结性写作。这一方式有助于学生加深对文本的理解,让学生将文化知识从短时记忆转向长时记忆。第四种是课外阅读。除了课后巩固之外,教师还应该鼓励学生展开课外阅读。通过大量的课外阅读,学生可以提高学习的自主性,而且还能在阅读中不断丰富自身的内容图式。

2. 网络辅助法

将互联网技术与高校英语阅读技能教学相融合,大学生可以利用互联网技术搜索与学习自己喜欢的英语知识。但是,这并不意味着学生的网络搜索是漫无目的的,其中离不开教师的指导与引导。如果教师对学生的阅读学习不管不问,那么即便互联网技术再发达,学生自身的阅读兴趣以及阅读能力也是很难有效提升的。因此,高校英语阅读技能教学中融入互联网技术离不开教师的充分参与。具体而言,教师可以采用如下几种方式。

(1) 运用网络激发学生兴趣

教师可以利用互联网技术为学生的英语阅读创建一个平台,让学生充分参与其中,利用这一平台来扩展自己的阅读能力。利用互联网技术,教师可以为学生准备阅读的丰富资料,实现阅读资源共享。在教学过程中,教师可以依据教材中的内容为学生建立一个网络阅读资料库,将教材中阅读的重点、难点都上传到网络上,同时为学生补充适当的课外知识,以拓展学生的阅读视野。此外,为了避免学生在阅读学习中出现乏味情绪,教师还可以在学生阅读的资料中添加一些图片、视频、漫画、音乐等,在材料的格式、设计上也可以体现自己的特点,让学生爱上英语阅读。

(2) 科学合理地选择阅读材料

显然,学生阅读能力的提高离不开大量的练习,换言之,英语阅读属于一门技巧训练的课程,需要花费大量的时间进行阅读训练。因此,这就要求教师为学生准备科学的阅读材料。在互联网技术的帮助下，教师可以为学生找到一些贴近课堂教学内容的阅读材料。在开始上课之前，教师为学生布置一些阅读要点，让学生自己上网搜索浏览，这可以在一定程度上培养大学生的查询以及获取信息的能力。随后，教师将自己所准备的阅读材料发给学生，让学生通过小组的形式阅读与交流，并分享心得。等到课堂结束的时候，教师可以安排学生对这次阅读活动进行总结，每一位学生都要写出总结报告，然后教师对学生的报告给予口头评价。

（3）科学地进行评估与分类指导

教师除了利用互联网技术在课堂上授课之外，还可以利用互联网技术对学生的学习成果进行评估。在设计一套合理教学评估方案之前，教师可以利用网络技术搜索与阅读相关的评价理论或内容，进而结合自身所教授的阅读材料中的生词、语法、词汇量、句法等知识来设计评估内容，如此获取的评估结果将可以充分了解学生的阅读水平。同时，教师还可以对学生的评估结果进行线上统计，对学生阅读的时间、阅读的效率也有充分的了解。

四、互联网技术下高校英语写作技能教学创新发展

（一）高校英语写作教与学的问题

第一，教师的写作教学方法陈旧，学生对写作缺乏兴趣。受学时以及应试教育的影响，在英语写作教学中，教师仍旧采用传统的教学方式展开教学，即在课堂上为学生提供各种类型的范本，为学生讲解范本，要求学生进行模仿并完成课后写作任务，教师进行评价。这种教学方法只重视写作结果，忽视了师生之间的交流，也忽视了学生兴趣的培养。这样下去的结果就是学生丧失了学习兴趣和学习动机。教师在写作教学中重形式，轻过程。很多人指出，英语写作中应该注重形式，并认为这是必然的，因此导致英语写作教学中对于句子规范性和文章结构的教学非常侧重。甚至有时候，教师为了让学生快速写出一篇文章，往往会让学生对类似的文章进行模仿。这样下

去导致教师和学生都将形式视作写作教与学的重点，忽视了写作的过程与内容。这样的写作仅仅是一种模仿，而不是创造，是流于形式的写作，很少能够触及写作的核心。

第二，学生存在严重的"中式英语"现象，自身的语言质量不过关。中国学生长期生活在汉语的环境下，受中国传统文化的影响比较深刻，也形成了相对固定的汉语思维习惯。然而，英语思维与汉语思维存在较大差异，汉语思维自然会影响到大学生的英语学习进程，并且往往会带来各种消极影响，"中式英语"就是其中的一个突出表现。很多学生使用汉语的表达方式来写英语句子，所写出的句子往往词不达意，呈现出中式思维习惯，这一现象所带来的后果是比较严重的。另外，很多学生在使用英语写作文的时候往往不会使用地道的英语表达方式，所写出的英语句子存在大量语法错误，甚至还有很多单词也都拼写错了。英语与汉语存在很大差异，英语词汇在词性、用法、词义、搭配等方面都有自己的鲜明特点，如果学生按照汉语的逻辑思维来组织英语作文，那么显然就会出现各种语言知识点层面的错误。

（二）互联网背景下高校英语写作教学的优势

由于互联网技术自身的特点，在其运用到高校英语写作教学中有着明显的优势，具体而言体现为如下几点。其一，能够激发学生写作的积极性，消除学生的写作焦虑，让他们愿意写作。其二，有助于让学生积极参与其中，发挥学生的主体性，让学生主动参与评价，评价自身的写作。其三，能够让文章修改更为轻松，学生也不必忍受抄写的痛苦。其四，能够让写作教学与写作训练更为直观与形象。

（三）互联网技术下高校英语写作技能教学的创新方法

1. 文化教学法

当前，英语写作技能教学应该重视让学生积累丰富的文化知识，摆脱汉语负迁移作用对学生英语写作的影响。在日常的写作中，如果学生遇到困难的句子，他们往往会选择用汉语思维对句子进行组织，导致出现了明显的语法错误，这就是受汉语负迁移作用的影响导致的。因此，在英语写作技能教学中，教师除了对学生的词汇、语法等语言知识进行训练外，还需要帮助他们积累文化知识，避免学生出现负迁移的现象。同时，教师应该鼓励学生多进行阅读，让他们在阅读中挖掘文化知识，从而对自己的语言进行充实，写出一篇得体的文章。

2.结果教学法

早期的英语写作技能教学主要源自修辞学研究，到了20世纪60年代，英语写作技能教学才转移自身的注意力，集中于文学作品的分析与理解层面，目的在于通过分析这些文学作品，掌握这些作品的写作手法，从而进行模仿，写出自己想写的东西。因此，人们将这种写作技能教学方法称为结果教学法。

结果教学法是一种从句子层面考虑的教学方法，其对学生遣词造句的能力非常看重，并且要求进行句子组合与语法训练，要求学生的能力从句子入手进而发展到语篇层面。教师关注的重点是学生写作的结果。结果教学法一般过程是，教师首先解释某一种修辞手段，然后要求学生对一个作品进行阅读，并在课堂上分析这一作品，接着教师会根据之前的修辞和阅读作品，为学生设置一些写作作业。在这样的过程中，教师可以为学生提供一些范文，最后由教师进行讲评。之所以将结果教学法用于写作教学之中，是因为其侧重于语言的准确与作文质量。结果教学法在写作技能教学中的应用非常广泛，国内的英语写作教材都是根据结果教学法设计出来的。在具体的实践中，结果教学法存在明显的差异。总体说来，这种教学法对于语言知识的运用非常侧重，侧重于要求文章中要恰当使用词汇、句法、衔接手段。从段落上说，对于段落的组织形式非常看重，即要求写作中运用何种模式组成段落。

结果教学法一般把写作分为四个环节。

（1）熟悉范文：教师选择一篇范文展开简介，对其中的修辞模式、结构模式展开分析与介绍，并对其中的语言特点展开分析。

（2）控制性练习：教师指出范文中的某些例句，然后让学生进行替换，学生根据教师的指导组句成篇。

（3）指导性练习：学生根据范文进行模仿，运用之前脑海中存储的句式进行写作，尝试写出类似的文章。

（4）自由写作：在这一阶段，学生可以自由进行发挥，这样使写作技能逐渐成为自身的一种能力。

但需要指出的是，结果教学法并未考虑写作本身的复杂性，从而导致学生也并未重视在写作中遇到的困难，学生的整个过程都是基于教师的控制完成的，并未自由地展现出学生的创作能力，因此写出来的文章往往比较空洞。

3.语块教学法

受负迁移作用的影响，学生习惯用汉语思维来对文章进行组织，这样很容易出现各种错误，如句式单一、语言不通顺等。因此，在跨文化转型背景下，教师可以采用语块教学法展开写作技能教学。

根据语块教学法，本族语者之所以能够表达顺畅，是因为他们在脑海中会存储一些各种情境下的语块，而不是某一个词。在发话或者写作中，他们可以调用这些语块，无须进行排列加工，这样的语言输出才更有速度与质量。同样，将这一理论运用到写作技能教学中就要求教师应该对学生加强语块训练，让学生脑海中形成整体的语言知识，以语块来组织写作练习，这样写出来的文章才具有整体性与格局性。

五、互联网技术下高校英语翻译技能教学创新发展

（一）高校英语翻译教与学的问题

英语翻译教学存在的问题主要体现在以下几个方面。

第一，高校英语翻译教学中教学理论与实践脱节。翻译是具有实践性特征的一项语言技能，需要理论与实践的有机结合。对此，在英语翻译教学中，教师除了传授学生基本的翻译知识与技巧外，还需要不断带领学生参与

到翻译实践中，在实践中验证学生对课堂的掌握情况。但是就目前来看，我国很多学校在翻译教学中都是理论与实践的脱节，仅传授理论，导致学生学习了大量理论知识，但无法有效进行翻译。

第二，部分教师翻译水平与翻译教学要求不够匹配。教师要教书育人，首先自身素质要高，这样才能起到榜样的作用。但目前，翻译教师的整体水平较差，很多教师翻译功底不足。在翻译教学中，很多教师也没有足够的经验，并未形成科学、规范的教学习惯，因此对于翻译人才的培养是十分不利的。另外，很多教师也并非翻译专业出身，对翻译的基础知识掌握得并不透彻，因此很难有效地开展翻译教学，更不能有效培养学生的翻译能力。

第三，学生自身的双语能力薄弱。翻译涉及两种语言的转换，所以要想有效进行翻译，就要具备双语能力。所谓双语能力，就是两种语言沟通所需要的程序知识，包括两种语言的语用、社会语言学、语篇、语法和词汇知识。在翻译文本中，双语能力主要体现在一定语境下的翻译能力，如连贯与衔接、语法差异等方面。但由于学生普遍缺乏语境知识，双语能力薄弱，译文常会出现连贯性不强、语法错误较多等问题。

第四，翻译教材内容不合理，练习缺乏针对性。对于中国学生来说，英语属于第二语言，而英语学习的最佳环境当然是将自己置于真实环境中，因此体现在教材上就必须保证教材内容的真实。所谓真实，即能够让学生丰富自身的语境知识，提升自身的翻译能力。但是，当前的英语翻译教材受教学目的的影响，往往对材料进行了改变与修正，因此导致缺乏真实性。当然，教材内容还要保证难易程度适中，这是翻译教材需要注意的层面。当前，很多翻译教材在难易程度上存在很多问题，如错误地认为翻译难度就是文章的长度，因此从第一册到第四册的翻译只是在文章长度上做了改变。当然，还有一些翻译教材并未体现出难度梯度。另外，与教材相匹配的练习显得非常重要，当前很多的翻译教材缺乏科学性、针对性。从结构上说，在设计翻译教材练习时，形式都比较单一，如列出几个句子、几个段落让学生展开翻译，然后在书的后面直接给出翻译答案，并未给学生提供一些具体的翻译技巧，因此学生很难真正地领会翻译技巧。从材料的选用上说，在编写教材的时候，并未给予足够的重视，往往都是从一些书籍、杂志中进行摘录，直接安排在课后作为练习题，这样具有较强的随意性，选择的形式也多是英汉对照训练，甚至很多练习也都没有具体的来源，给人一种凑字的嫌疑。从教材的形式和内容上说，很多练习都是词语互译、句子互译、段落互译，让学生感受不到趣味，因此学生感觉学起来非常枯燥。

（二）互联网技术下高校英语翻译教学的优势

在传统的高校英语翻译教学中，教师主要是讲解，因此占据主体地位，但是这样的讲解忽视了实践的作用。在互联网教育背景下，高校英语翻译教学克服了这一点缺陷，使学生占据主体地位，学生的学习也转向主动学习。在互联网教育背景下，教师只需要坐在计算机前面，就可以将自己所需要的信息检索出来，这样保证了教学的效率，并且能够将课堂与社会热点相结合。教师可以从不同学生的兴趣与水平出发，将网络上的素材摆在学生的面前。同时，网络监控功能也可以让教师对学生进行监控，从而便于一对一进行指导。另外，互联网技术还可以为教师提供多种评价手段，学生可以自查自己的翻译文本，教师也可以查看学生的翻译情况。这样教师与学生都能够做到心中有数。当学生遇到翻译的问题时，可以与教师或者其他专家进行交流，从而找到问题的解决办法。

（三）互联网技术下高校英语翻译技能教学的创新方法

1. 翻译图式法

图式（schema）源于认知心理学。1781年，图式概念由德国哲学家康德（Kant）在其著作《纯推理批评》（*Critique of Pure Reason*）中首先提出，他认为图式就是纯粹先验想象力的产物或者说是学习者以往习得的知识结构，并指出"新的概念只有同人们已知的知识建立关系，才会变得有意义"。

（1）语言图式与翻译

语言图式是指人们对语言的掌握，包括词汇、句法、习惯用语、语法等方面的语言知识。当源语图式与目的语或译语图式相当一致时，图式的空位很容易激活、恢复、填补和关联。具体在英语中，体现为对术语、句式特点、表达规范的互相关联。例如：

This bill of exchange shall be accepted first and then can be honored by the acceptor.

该汇票应先承兑，然后由承兑方进行支付。

accept 和 honor 通常表示"接受"和"荣誉、尊敬"，但是在例句中，分别表示"兑现、承付"和"支付"的意思。源语与译语的图式相互作用，形成正确的概念，为翻译的顺利进行奠定了基础。

（2）内容图式与翻译

内容图式是以文本内容以外的语言知识、背景知识推理及互动为主要内容建立起来的各种内容的知识记忆。译者通过对源语文本内容的了解和熟悉，调动现存的知识，填补图式空缺，顺利理解全文并给出合适的译文。例如：

Stocks, held by the buyers, may be in two forms. One is called Common Stock, that is suitable for all corporations because its holders will have the ownership of the corporations profit and the interest produced by its assets, the right to vote for its board of directors and the right of asset distribution in case of its bankruptcy.[1]

译文：持股人手中的股票一般有两种形式，其中一种是普通股，适用于所有公司。普通股股东对企业的利润和资产所产生的利息拥有占有权，并拥有对股份公司董事会的选举权和公司破产后资产的分配权。

例句中的专业性强，译者需要调动原本存在的关于股票方面的相关知识，或者补充原本不存在的缺省信息，正确理解之后，给出正确的翻译。这就需要译者充实自身的内容图式，掌握专业词语和社会意义以及语用规则。

（3）形式图式与翻译

形式图式又称结构图式，是语篇的宏观结构，即语篇知识，对文章脉络的宏观把握。如企业文化的介绍，汉语语篇较为夸张、笼统和抽象，用词华

---

[1] 吴竞.图式理论在商务英语翻译过程中的运用[J].科技信息，2012（7）.

丽，引经据典，修辞使用痕迹浓重；英语语篇则以信息和呼唤功能为主，提供客观依据引起目的语读者的积极回应。译者在英译或汉译时就要根据两类篇章特色，给予适当的处理。

（4）语境图式与翻译

语境图式顾名思义，指的是语言的使用环境，即对话语含义产生影响的各种语言成分的前后逻辑联系和各种主客观环境因素。语境决定词义、语言色彩和用法。英语除了涉及语码转换，译者还要依据动态的语境进行动态的推理。因此，译者除了要解决文本中的语言问题，还要高度重视文本中的语境问题。例如：

例1：Once the jewels were safely locked up in the bank he had no more anxieties about their security.

例2：Treasury securities are revalued daily.

例1和例2中同时出现了security一词，根据上下文提供的词语语境，例1中security的含义为"安全"，而在例2中的含义为"债券、证券"，属于专业术语。

（5）文体图式与翻译

文体图式是指文本的文体风格。所谓翻译的第一条原则"忠实"，就是要在内容、感情色彩、文体风格上做到忠实于原文。文体具有多样性，如信函简洁、礼貌、正式；合同措辞严密、句式精练紧凑、文体正式庄重，体现其严肃性和约束力。译者在翻译时要把握各个文本的文体特点，进行恰当的处理。例如：

That I hold the said shares and all dividends and interest accrued or to accrue upon the same UPON TRUST for the Beneficial Owner and I agree to transfer, pay and deal with the said shares.

本人因持有上述之股份，而所获得的股息及权益等，本人同意转让、支付及处理上述之股份。[1]

此句为合同文体，因此在处理the said shares和"I"时，要符合合同文

---

[1] 夏兴宜.运用图式理论提高商务英语翻译的水平[J].科教文汇（中旬刊），2011（1）.

体特点,不能简单地处理为"上面提及的股份"和"我",而应该处理成"上述之股份"和"本人",这样才符合中文的表达习惯和文体风格。

(6)文化图式与翻译

文化图式是指关于文化的知识结构,是人类通过已存的经验对文化的知识组织模式。文化的不同带来思维的差异,译者需要激活异质文化和本土文化的图式,确保对源语文本的正确解码。在广告中的商标名称的翻译中,如果不能很好地处理两种异质文化图式,很容易引起误解甚至是经济损失。如某童鞋的商标名称为"小白象","小"凸显商品为儿童用品,可爱小巧;"白象"除了用动物化方式贴近儿童消费者以外,凸显的是商品的耐久力以及使用商品后的运动力。在西方文化中,白象的含义为"大而无用的东西",不管是从体积上还是心理上都没有凸显童鞋的特色,因此在处理成英文时,与其译成Little White Elephant,不如调动和激活译文读者已存的文化图式,或建立、修正、改变现存图式,正确理解、传达信息,译成Pet F Elephant,这样既避免了译语中的消极文化图式,又传递出了社会语用含义。

2. 网络辅助法

(1)制作个性化的翻译技能教学视频

在实施教学时,教师可以提前为学生制作视频,将教学内容进行模块化处理,每一个视频是围绕某一知识点展开的,如翻译理论、翻译技巧等。同时,在制作视频的时候,应该突出重难点,明确教学目标,为线上、线下教学做准备。此外,教师还需要考虑翻译技能教学的连贯性,为了实现整体的教学目标努力。在课堂开始之前,教师制作视频,设置教学任务,并将其发布到网络平台上供学生阅读,教师通过让学生观看,对学生提出的问题加以汇总与解决。在课堂上,教师对视频中的技巧与理论加以梳理。组织学生进行协作学习,实现知识的真正内化。在课后,教师还可以组织学生撰写翻译笔记,从中了解学生是针对哪些问题存在疑惑的,进而对自己的教学方案加以调整。

(2)利用多媒体展开翻译课堂教学,增加英语习得

在翻译技能教学中,教师可以辅以多媒体光盘展开教学。但是,由于各

个学校的多媒体设备配置存在差异,并且很多配套光盘的内容系统性不强,因此教师需要斟酌才能使用。因此,最好的方式就是教师根据教学内容自己进行制作课件,然后展示给学生。这样的课件对于学生翻译能力的提升也是大有裨益的,可以促进不同层次的学生其自身的翻译能力都能得到不同程度的提升。

第三节　互联网技术下的英语文化品格教学创新

英语课程属于一个系统工程,其不仅包含教学内容、教学目标、教学要求,还包含对英语课程性质的理解与把握。传统的英语课程仅仅从英语学科出发来教授知识与技能,显然这样的教学目标是不够全面的,忽视了对学生综合素质的培养。而对英语课程的文化品格进行研究可以将英语课程追溯到语言与文化这一本质问题上进行剖析,从而将英语课程放在一个更为广阔的领域进行研究,也是对以往英语课程局限性的突破,可以直接深入英语课程的根本问题。同时,随着英语课程与教学改革的深化,很多教师迫切要求一种新的理论来指导教学实践。而对英语课程进行文化语言学层面的研究,是更新教学观念、变更教学方法、建构教学新秩序的重要手段,有助于帮助教师走出应试教育的困境,具有实用性价值。也就是说,在英语课程与教学改革中把握英语教育文化的本质,才能在实践中调动学生的主观能动性,真正地实现教育目的。这就是对英语课程的文化品格进行分析的魅力所在。本节就对其展开详细的论述和探讨。

一、什么是文化品格

关于"品格"这一词汇,《辞海》中有如下四层含义[1]。

第一,指代物品的质量规格。

第二,指代文学艺术作品的格调、质量。

第三,指代一个人的性格、品格。

第四,指代一个人为官的品格。

对于这四点,最后一点可以忽略不谈,前三种可以将其泛指为品行、性格、质量。

在英语中,与"品格"对应的单词是character,其中《牛津高阶词典》对这一词的解释为:品格、品质以及特点、特征等。

显然,"品格"一词用于人们对特定对象展开评价,多用于指代人的品性以及对事物特点的分析,是一种评价的标准。"品格"包含了品性、品质、品位等含义,由于研究目的差异,不同领域对其的研究侧重点也不同。但是,我们这里认为品格包含了风格,对于"风格",其含义是相对明确的,即特定的类型,风格是作品在整体上呈现的独特风貌,是人的内在特征在作品上的一种反映。可以这样说,风格是通过艺术品展现出来的相对稳定、较为内在的能够将时代、民族、艺术家等的精神气质、审美理想反映出来的外在印记。风格的形成是民族、时代、艺术家的艺术走向成熟的标志。

对于上述对品格的分析我们可以这样认为,文化品格即指的是人或者事物在思维方式、价值观念等层面表现出来的气质、精神、特点与风格,其不仅是对人或者事物文化属性的规定,也是其价值取向的一个重要表现。从中国知网关于"文化品格"进行搜索,其主要涉及两大研究范畴:一是对某个人或者群体所具备的个性特征展开分析,二是对某类事物或者活动本身在文化层面表现出的属性与特征进行研究。但是综合分析来看,文化品格重在描述事物或者活动主体所展现出来的文化特征与气质,并且这些文化特征与气

---

[1] 夏征农.辞海[Z].上海:上海辞书出版社,2002.

质是事物以及活动主体的重要体现。因此，本书采用"文化品格"来对英语课程展开描述。

二、互联网技术下高校英语文化品格教学的方法

（一）中西文化对比法

1.英语重抽象思维，汉语重形象思维

人类的抽象思维和形象思维是密切联系、互相渗透的。抽象思维讲究秩序，其思维具有系统化、组织化、形式化的特点，其严密的逻辑推理表现在语言上重形合、讲形式，求结构上的严谨；而形象思维重悟性，即不凭借严谨的形式来做分析，表现在语言上重意合。由于文化传统的不同，不同的民族形成了侧重点不同的思维习惯。思维方式是沟通文化与语言的桥梁。思维方式与文化密切相关，是文化心理诸特征的集中表现，又对文化心理诸要素产生制约作用。同时，思维方式又与语言密切相关，是语言生成和发展的深层机制，语言又促使思维方式得以固化和发展。[1]

汉字起源于象形文字，直接从原始图画发展而来，从最初就具有直观性，其意义以字形与物象的相似为理据。

汉语中有丰富的量词，量词也是汉语形象化的体现。世间万物，千姿百态，形状各异，汉语中形形色色的量词形象生动，准确鲜明，对事物的姿态一一进行描述。如一朵花、一面镜子、一匹马、一盏灯、一堵墙等。英语只突出被描述的客体和数量，因而与以上汉语相对应的英文是：a flower, a mirror, a horse, a lamp, a wall。汉语里量词的大量存在是与中国人擅长形象思维分不开的，一把雨伞、一面旗、两尾金鱼、三艘船，这些量词与该名词的形象有关。英语虽然也有量词，但是数量上远没有汉语多，也没有汉语

---

[1] 刘明阁.跨文化交际中汉英语言文化比较研究[M].开封：河南大学出版社，2009.

量词形象生动，并且同一个量词往往可以配上许多不同的名词，如英语中a piece of news，two pieces of paper，a piece of land，a piece of furniture，a piece of information，同一个量词piece翻译成汉语却是：一则新闻，两张纸，一块土地，一件家具，一条信息，对应五个不同的量词。

汉英这种思维差异不仅体现在字形上，还在两种语言的语法中有所反映。逻辑严密的英语语法反映出英美民族偏重抽象理性的思维特点。例如，英语"The child himself bought a book."可转换为"The child bought a book himself."（这孩子自己买了一本书）;"He arrived after 4 weeks."可转换为"He arrived 4 weeks after."（四个星期后他才到）;"I don't know whether he is well or not."可转换为"I don't know whether or not he is well."（我不知道他的身体究竟如何）;"After dining at the Jones's, I met him at my tailor's."可改变词序"I met him at my tailor's after dining at the Jones's."（在琼斯家吃了饭，我在裁缝店遇见了他）等。而汉语的词序则是不可改变的，先吃饭，后到裁缝店，然后才遇见他，词序表达必须按生活实际的时间顺序来安排时间顺序。

汉语偏重经验感性的思维特点产生于汉民族的传统文化。汉民族文化重视实际生活经验，所以人们常说"嘴上无毛，办事不牢"，"老将出马，一个顶俩"。这种文化观念的思维定式反映在语言上，就是重经验直觉，带有较浓厚的感性色彩，词句的表达与理解，不太注重语法上的严密思考，而倾向于凭经验进行意合获取，这种特点在古汉语里表现突出。古汉语文章往往是竖行，从左至右书写，无标点符号，不分段落，一气呵成。难怪有西方人说："汉人读书不断点头称是，而西方人读书不断摇头示意。"此话尽管带有几分讽刺，但说明了英汉语言的不同特点。

汉语的词序具有临摹现实的经验感性的思维特点。汉语词语前置或后置反映出生活经验的时间顺序。在叙述动作、事件时，往往按事情发生的自然顺序排列句子，先发生的事件或事物在先，后发生的就在后。例如：

他从上海（1）坐火车（2）经南京（3）来到济南（4）。

He came to Ji'nan（4）from Shanghai（1）through Nanjing（3）by train.（2）

Usher直挺地躺在沙发（1）上，我一进去（2），他就站起来（3），热情地向我打招呼（4）。

Upon my entrance（2），Usher rose（3）from a sofa on which he had been lying（1）at full length, and greeted（4）me with a vivacious warmth.

从以上例句不难发现，在叙述动作、事件时，汉语往往按时间顺序的先后和事理推移的方法，一件一件事交代清楚，呈现一种时间顺序的流水图式。英语则是靠语法的逻辑性来体现事件发生的顺序。

2. 英语重个体思维，汉语重整体思维

英语单词在意义上具有一定的特指性，意义相关的词在词形上毫无相关之处。而汉字的意义通常极为广泛，例如，在汉语中只需一个"车"字即可代表英语中的bus（公共汽车），car（小汽车），taxi（出租车），minibus（面包车）及lorry（卡车）所指的任何一种交通工具。又如，汉语中"笔"可意指各种可以用来书写的用具，而英语中则对每种书写用具都有特定的称谓，如pen（钢笔），ballpen（圆珠笔），pencil（铅笔）等。

英汉构词的这种思维差异在表示星期的这组词上体现得尤为明显：汉语中表示一周内第几天的词是用星期加上数字表示（周末"星期日"除外），如"星期一、星期二、星期五"等；在英语里这些只是一个个词形上毫无联系的词，如Monday，Tuesday，Friday，从英语单词的词形看不出单词间的任何顺序关系和具体联系。

汉英思维上的这种差异也体现在时间和地点词语的排序及语篇的篇章结构上。在表达时间概念时，汉语顺序按年、月、日、时、分、秒这样一个从大到小的顺序排列。例如，2008年3月10日12时30分20秒。英语的顺序正好相反，按秒、分、时、日、月、年这样一个从小到大的顺序排列。例如下面这个句子："At eleven minutes past 1 a. m. on the 16th of October 1946, Ribbon Trop mounted the gallows in the execution chamber of the Nuremberg Prison. 对应的汉语翻译是"1946年10月16日凌晨1点11分，里宾·特洛普走上纽伦堡监狱死刑室的绞架"。

3. 中西方时间观念的差异

不同文化群体的时间观念存在差异。中国的文化传统比较强调大局观，主张凡事从大处着眼，其叙事的顺序、时间与地点的表述、姓与名的排列等，往往由大到小，由整体到局部。而英美文化则比较强调个体因素，看问题的角度往往由小到大，由个体到整体。

多向时间制的中国人支配时间比较随意，灵活性强，且重点是关注过去，因此中国人往往具有由远而近、由大而小、由先而后的聚拢型归纳式思维方式。在西方世界中人们的时间观念很强，其时间的概念是直线式的，即将过去、现在和将来分得很清楚，且重点关注的是将来，因此西方人往往具有由近而远、由小而大、由后而先的发散型演绎式思维方式。例如，中国人记录时间的顺序是"年、月、日"，而西方人记录时间的顺序是"日、月、年"或者是"月、日、年"。

霍尔根据人们利用时间的不同方式，提出一元时间制（mono-chronic time system，亦译为"单向时间制"）和多元时间制（poly-chronic time system，亦译为"多向时间制"）两大系统。

一元时间制的特征：长计划，短安排，一次只做一件事，已定日程不轻易改变。一元时间制是工业化的必然产物，一般分布在工业化程度较高的地区。富有效率，但有时显得过于呆板，缺少灵活性。

多元时间制的特征：没有严格的计划性，一次可做多件事，讲究水到渠成。多元时间制是传统农业社会的产物，一般分布在工业化程度较低的地区，虽有人情味，容易对人、对事进行变通（比如走后门），但也给人们带来不少烦恼。

中国人对待时间具有相当的随意性。对由此产生的诸如不打招呼就登门拜访、约会时迟到、交通工具晚点、报纸不按时投递、公共场所的钟表不准等持宽容态度。德语中有一句话，"准时就是帝王的礼貌。"所以德国人对于约会是非常守时的。德国人的守时也是出了名的。在德国，人人都携带一个小记事本。在本子上记着一个月之内的工作安排。提前计划是德国人生活的一个显著特点，就连家庭主妇出门买菜的内容都要事先计划好写在小本子上，在超市采购也按照事先设想好的线路进行。德国人对约会有不少规定。首先，一般都得在一周前将邀请、约会的时间、地点、内容告诉对方，以便对方早作安排。其次，对于与别人约好了的时间，一般是不会变更的，除非实在有特殊原因。最后，赴会的人一般都必须准时赴约，由于交通堵塞等特殊原因迟到的，通常需要及时通知对方。德国人都会科学而合理地安排时间，以提高效率。比如，德国人开会，事先都会安排好具体时间及开会议程，一般主持人在会议开始时就告知大家会议所需要的时间，并且在计划和规定的时间内完成相关事项，绝不拖延。例如，在电视剧《大染坊》中有一个情节：宏钳染厂的老板雇了几个德国技工，这几个技工每天早晨八点准时来上班，到下午五点准时下班。有一次，在一个夏天的下午，老板看见这几个技工五点下班，但天上的太阳还很高，于是就问他们："怎么这么早就下班了？太阳还没下山呢！"老板得到的回答："下班的时间到了，已经五点了。"老板告诉他们，在中国，人们的工作习惯是要等到天黑才能下班。后来有一天暴雨将至，天色暗沉下来，于是几个技工便收拾工具要下班。老板看见就问他们原因，得到的回答："你上次说，天黑了下班，现在天黑了，所以我们下班了。"老板无奈地笑了笑。

（二）跨文化交际教学法

跨文化交际这一现象并不是近期才出现的，而是自古就有。随着人类不断进步，跨文化交际的内容、形式等也在不断改变。在当今时代，跨文化交际的手段和内容变得更为丰富。通过跨文化交际，国与国之间可以相互交流，这种交往的过程是十分复杂的过程。虽然交流的时空距离在不断缩小，但是人们的心理距离、文化距离并没有随之缩小。由于受文化取向、价值观念等的影响，文化差异导致了一些冲突和矛盾的出现，不同文化背景下的人们的交流面临着严峻的障碍。为了解决这些障碍，对跨文化交际进行研究是十分必要的。"跨文化交际"一词是由著名学者霍尔（Hall）提出的[1]，常用cross-cultural communication或者Intercultural communication这两个意思相近的词来表达，即指代的是一些长期旅居国外的美国人与当地人之间展开的交际。但是，随着跨文化交际的深入，其定义变得更为广泛，指的是不同文化背景下的人们之间展开的交际活动。现如今，很多人将跨文化交际定义为来自不同背景的人们之间，通过语言来实现信息的交流与共享的过程。

跨文化交际的过程是一个信息编码与解码的过程。这一过程是非常复杂

---

[1] Hall Edward T. *The Silent Language*[M]. New York：Anchor Books，1959.

的，同时会受到多种因素的影响和制约。其主要包含两大因素，一是言语交际因素，另外一个是非言语交际因素。下面就来分析和探讨这两大因素。

1. 言语交际

语言是人们进行交际的重要因素之一。语言跨越了人们的心理、社会等层面，与之相关的领域也很多。对语言进行研究不仅是语言学的任务，也是心理学、社会学等学科的任务和内容。因此，语言与交际关系的研究具有明显的跨学科性。人具有很多特征，如可以制作工具、可以直立行走、具有灵巧的双手等，但是最能够将人的本质特征反映出来的是人的语言。人之外的动物也可以通过各种符号来进行信息的传递，如海豚、蜜蜂等都可以传递信息，但是它们所传递的信息只能表达简单的意义，它们的"语言"是不具备语法规则的，也不具有语用的规则。人们往往通过语言对外部世界进行认识与理解。语言具有分类的功能，通过分类，人们可以对事物有清晰的了解与把握。人们的词汇量越丰富，他们对外部世界的认识就越清晰、越精细。

人们在进行言语交际的过程中，往往会存在一个信息取舍的过程。下面通过图5-1来表达言语交际的具体过程。

在图5-1中，A代表的是人们生活的无限世界，B代表的是人类的听觉、视觉、嗅觉、味觉、触觉这五种感官所能触碰到的部分，如眼睛可以触碰到光线的刺激，耳朵可以触碰到20～2万周波声。另外，当这些感官不能处理多个信息的时候，在抓住一方时必然会对另一方进行舍弃。不过，还存在一些不是凭借五感来处理的，而是通过思维和感觉的部分。例如，平行的感觉，时间经过的感觉就属于五感之外的感觉。人们在头脑中进行抽象化的思维，有时候与五感的联系不大。

C代表的是五感可以碰触的范围中个人想说、需要注意的部分。D代表的是个人注意的部分中用语言能够传达出来的部分，这里也具有一定的抽象性。例如，人的知觉是非常强大的，据说可以将700万种颜色识别出来。但是，与颜色相关的词汇并不多。就这一点来说，语言这一交际手段是相对贫弱的。同时，语言具有两级性，简单来说就是中间词较少。尤其是语言中有很多的反义词，如善—恶，是很难找到中间词的。

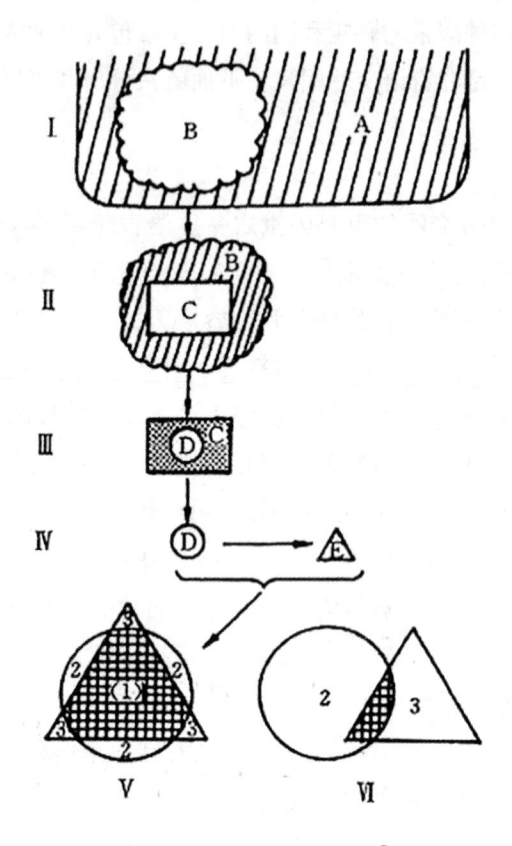

图5-1　言语交际的过程①

（资料来源：陈俊森、樊葳葳、钟华，2006）

E代表的是对方获取的信息，到了下面的第Ⅴ阶段，是D和E的重叠，在重叠的部分，1是指代能够传递过去的部分，2与3是某些问题的部分，其中2是指代不能传递过去的部分，3是指代发话人虽然并未说出，但是听话人自己增加了意义。在跨文化交际过程中，由于不同人的世界观、价值观不同，因此完全有可能形成Ⅵ的状况。

总之，从图5-1中我们不难看出，从A到E下降的同时，形状的大小也在缩小，这就预示着信息量也在逐渐变小。这里面就融入了抽象的意义。在阶

---

① 严明.跨文化交际理论研究[M].哈尔滨：黑龙江大学出版社，2009.

段Ⅰ中，人的身体如同一个过滤器；在阶段Ⅱ中，人的思维、精神等如同一个过滤器；到了阶段Ⅲ，语言就充当了过滤器。这样我们不难发现，言语交际不仅有它的长处，也具有了它的短处。为了更好地展开交际，就需要对言语交际的这一长处与短处有清楚的认识。

在对跨文化交际影响的多个因素中，语言作为文化的重要表现，是跨文化交际的一大障碍。从萨丕尔—沃尔夫（Sapir-Whorf）假设中我们不难发现，语言是人们对社会现实进行理解的向导，对人们的感知和思维有着重要的影响。无论是何种语言，都尤其独特的语音、词汇、语法、语言风格等。对一门外语进行学习，对其语言习惯与交际行为的了解有着十分重要的意义。

（1）言语调节

语言并不是一个简单的交流工具，语言不仅是文化的载体，它还是个人和群体特征的表现与象征。一般来说，能否说该群体的语言是判断这个人是否属于该群体的标志。同样，某些人都说同一语言或者同一方言，那么就可以很自然地认为他们都源自同样一种文化，他们在交流时也会使用该群体文化下的行为规范、价值观念、交际风格，因此也会让彼此感到非常的轻松。正因为所说的语言体现出发话人的省份，而且人们习惯于与说自己语言的人进行交流，因此学外语的热潮无论在国内还是国外都热潮很高，人们都想得到更多群体的认同。不仅如此，语言还标志着一个民族的文化独立与主权，其对于一个国建民族而言是非常重要的。统一的语言是民族、群体间的黏合剂，其有助于促进民族的团结。更为有趣的一点是，人们对其他民族语言如此的崇尚，往往会产生爱屋及乌的想法，对说这种语言的外国人会不自觉地流露出亲近与欣喜之情。

语言具有的这种个人身份与凝聚力预示着言语调节的必然性。所谓言语调节，又可以称为"交际调节"，即人们出于某种动机，对自己的语言与非语言行为进行调整，以求与交际对象建构所期望的社会距离。一般而言，发话人为了适应交际对象的接受能力，往往会迎合交际对象的需要与特点，对自己的停顿、语速、语音等进行稍微地调整。

常见的言语调节有妈妈言语、教师言语等，就是妈妈、教师等为了适应孩子或者学生的认知与知识水平而形成的一种简化语言。这属于一种趋同调节的现象，有助于更好地进行交流，达到更好的交流效果。当然，与趋同调节相对，还存在趋异调节，其主要目的是维持自己文化的鲜明特征与自尊，对自己的言语与非语言行为不做任何的调整，甚至夸大与交际对象的行为，这种现象的产生正是由于语言作为文化独立象征以及个人身份而造成的。或者说，趋异调节的产生可能是因为发话人不喜欢交际对象，或者为了让对方感受未经雕饰或者原汁原味的语言。总之，无论是趋同调节还是趋异调节，都彰显了发话人希望得到交际对象的认同，通过趋同调节，我们希望更好地接近对方；通过趋异调节，我们希望能够保持一定的距离。因此，理想的做法应该做到二者的结合，不仅要体现出自己向往与对方进行交际的愿望，还要保证一种健康的群体认同感。

需要指出的是，在影响言语调节的多个因素中，民族语言活力有着非常重要的影响作用。所谓民族语言活力，即某一语言的社会经济地位，以及说这种语言的分布情况与人数等。如果一种语言的活力大，那么对社会的影响力也较大，具有较广的普及率，政府与教育机构也会大力支持，人们也会更加青睐。这是因为，人们会将说这种语言的人与语言本身的活力相关联，认为这些人会具有较高的声望，所以愿意被这样的群体接受与认同。在跨文化交际中，言语调节理论证明了跨文化交际与其他交际一样，不仅是为了交流信息与意义，更是一个个人身份协商与社会交往的过程。来自不同文化的交际双方在使用中介语进行交流时，还需要注意彼此的文化身份与语言水平，进行恰当的调节。

（2）交际风格

在言语交际中，交际风格是非常重要的层面。著名学者威廉·古迪孔斯特和斯特拉·廷图米（William Gudykunst & Stella Ting-Toomey）论述了四种不同的交际风格，即直接与间接的交际风格、详尽与简洁的交际风格、以个人为中心与以语境为中心的交际风格、情感型与工具型的交际风格。

第一，在表达意图、意思、欲望等的时候，有人会开门见山，有人却拐弯抹角；有人直截了当，有人却委婉含蓄。美国文化更注重精确，美国英语的运用在很大程度上与这一点相符。从词汇程度上来说，美国人常使用 certainly，absolutely 等这样意义明确的词汇。从语法、句法上来说，英语句子一般要求主谓宾齐全，结构要求完整，并且使用很多现实语法规则与虚拟语法规则。从篇章结构上来说，美国英语往往包含三部分：导言、主体与结论，每一段具有明确的中心思想，第一句往往是全段的主题句，使用连词进行连接，保证语义的连贯。与之相对的是中国、日本的语言，常用"可能""或许""大概"这些词，篇章结构较为松散，但是汉语中往往形散神不散，给人回味无穷的韵味。

英汉语言的差异，加上受个人主义与集体主义的影响，导致了英美人与中国人交际风格的差异。中国文化强调和谐性与一致性，因此在传达情感与态度以及对他人进行评论与批评时，往往比较委婉，喜欢通过暗示的手法来传达，这样为了避免难堪。如果交际双方都是中国人，双方就会理解，但是如果交际对象为英美人，就会让对方感到误解。因此从英美人的价值观标准上来说，坦率表达思想是诚实的表现，他们习惯明确地告知对方自己的想法，因此直接与间接的交际风格会出现碰撞。

第二，不同的交际风格有量的区别，即在交流时应该是言简意赅，还是详细具体，或者是介于二者间的交际风格。威廉·古迪孔斯特和斯特拉·廷图米在对其他学者的研究结果进行研究的基础上指出，中东的很多国家都属于详尽的交际风格，北欧和美国基本上属于不多不少的交际风格，中国、日本等亚洲国家属于简洁的交际风格。这是因为，阿拉伯语言本身具有夸张的特点，这使得阿拉伯人在交际中往往会使用夸张的语言来表达思想和决心。例如，客人在表达吃饱的时候，往往会多次重复"不能再吃了"，并夹杂着"向上帝发誓"的话语，而主人对"no"的理解也不是停留在表面，而是认为是同意。中国、日本作为简洁交际风格的代表，主要体现在对沉默、委婉的理解上。中国人认为"沉默是金"，并认为说话的多少同地位有着密切的关系。一般来说，中国的父母、教师属于说教者，子女、学生属于听话者。美国文化中反对交际中的等级制，主张平等，因此子女与父母、学生与教师都享有平等的表达思想的机会。

第三，威廉·古迪孔斯特和斯特拉·廷图米提出了以个人为中心—以环境为中心的交际风格。以个人为中心的交际风格是采用一些语言手段，对个体身份加以强化；以环境为中心的交际风格是运用语言手段，对角色身份进行强化。这两种交际风格的差别在于，以环境为中心的交际风格是运用语言将社会等级顺序进行反映，将这种不对等的角色地位加以彰显；以个人为中心的交际风格是运用语言将平等的社会秩序加以反映，对对等的角色关系加以彰显。同样，在日语中，存在着很多的敬语和礼节，针对不同的交际对象、交际场合、角色关系等，会使用不同的词汇、举行，并且人际交往也非常的正式。如果是在一个非正式的场合，日本人往往会觉得不自在，在他们看来，语言运用必然与交际双方的角色有着密切的关系。与中国、日本的文化存在鲜明对照的是英语，英美文化推崇直率、平等与非正式，因此他们在使用语言进行交际时往往使用那些非正式的称呼或者敬语，这种交际风格表达是美国文化对民主自由的推崇。

第四，中西方交际风格的差异还体现在情感型—工具型的区别上。情感型的交际风格是以信息接收者作为导向，要求接收者具备一定的本能，对信息发出者的意图要善于猜测与领会，要能够明白发话人的弦外之音。另外，发话人在信息发送的过程中，要观察交际对方的反应，及时地改变自己的发话方式与内容。因此，这样的言语交际基本上是发话人与听话人之间信息与交际关系的协商过程。相比之下，工具型的交际风格是以信息发出者作为导向，根据明确的言语交际来实现交际的目标，发话人明确地阐释自己的意图，听话人就很容易理解发话人的言外之意，因此与情感型的交际风格相比，听话人的负担要轻很多。可见，工具型的交际风格是一种较为实用的交际风格。

显然，上述几种交际风格是相互关联与渗透的，它们是基于不同的文化价值观建立起来的，其中影响力最大的是集体主义与个人主义的差异，其在社会的各个领域都得以贯穿，并从很大程度上决定中西方文化的不同。

2. 非言语交际

言语交际是通过语言来展开交际的，而非言语交际是通过非言语交际行为展开交际的。非言语交际是言语交际的一种辅助手法，是往往被人们忽视的手法。但是，非言语交际在英汉交际中起着十分重要的作用，甚至有助于实现言语交际无法实现的效果。非言语交际包含多个层面，如体态语、副语言、客体语言等。

对于非言语交际，一般来说主要包含如下几类。

（1）体态语

体态语又可以称为"身体语言"，其由美国著名的心理学家伯得惠斯特尔（Birdwhistell）提出。在伯得惠斯特尔看来，他认为身体各部分的器官运动、自身的动作都可以将感情态度传达出去，这些身体机能所传达的意义往往是语言不能传达的。体态语包含身势、姿势等基本姿态，微笑、握手等基本礼节动作，眼神、面部动作等人体部分动作等。

所谓体态语，即传递交际信息的动作与表情。也可以理解为，除了正式的身体语言之外，人体任何一个部位都能传达情感的一种表现。由于人体可以做出很多复杂的动作与姿势，因此体态语的分类是非常复杂的。体态语包括眼睛动作、面部笑容、手势、腿部姿势、身体姿势等。

眼睛是人类重要的器官，其是表情达意的重要组成部分，如愤怒时往往"横眉立目"，恋爱时往往"含情脉脉"等。在不同的情况下，眼睛也反映出一个人不同的心态。当一个人眼神闪烁时，他往往是犹豫不决的；当一个人白别人一眼时，他往往是非常反感的；当一个人瞪着他人时，他往往是非常愤怒的等。之所以眼睛会有这么多的功能，主要是因为瞳孔的存在。一些学者认为，瞳孔放大与收缩，不仅与光感有关，还与个体的心理活动有着密切的关系。当人们看到喜欢的东西或者感兴趣的事物时，他们的瞳孔一般会放大；当人们看到讨厌的东西或者不感兴趣的事物时，他们的瞳孔一般会缩小。瞳孔的改变会无意识地将人的心理变化反映出来，因此眼睛是人类思维的投影仪。既然眼睛有这么大的功能，学会读懂眼语是非常重要的，同时要注意不要读错。例如，到他人家做客，最好不要左顾右盼，这样会让人觉得心不在焉，甚至心术不正。需要指出的是，受民族与文化的影响，人们用眼睛来表达意思的习惯并不完全一样。

笑在人的一生中非常重要。当人不小心撞到他人时，笑一笑会表达一种歉意；当向他人表达祝贺时，笑一笑更显得真挚；当与他人第一次见面，笑一笑会缩短彼此的距离。可见，笑是人类表情达意不可或缺的语言之一。笑可以划分为多重，有大笑、狂笑、微笑、冷笑，也有自嘲的笑、高兴的笑、阴险的笑等。当然，笑也分真假，真笑的表现一般有两点：一种是嘴唇迅速咧开，一种是在笑的间隔中会闭一下眼睛。当然，如果笑的时间过长，嘴巴开得缓慢，或者眼睛闭的时间较长，会让人觉得这样的笑容缺乏诚意，显得非常虚假和做作。当然，笑也有一些"信号"。其一，突然中止的笑。如果笑容突然中止，往往有着警告和拒绝的意思。这种笑会让人觉得不安，会希望对方尽快结束话题你。但是，如果一个人刚开始有笑意，之后突然板着脸，这说明他比较有心机，是那种难缠的人。其二，爽朗的笑。这是一种真诚的笑，给人一种好心情的笑，一般会露出牙齿、发出声音，这种笑会让对方觉得你是一个很好相处的人，很容易信任与亲近你。其三，见面开口笑。这种笑是人们日常常见的，指脸上挂着微笑，具有微笑的色彩，这种微笑具有礼节性，可以使人感到和蔼可亲。无论是见到长辈、小辈，还是上级、下属，这种笑都是最为恰当的笑。但需要指出的一点是，在笑的过程中要更为谨慎，其不是一见面就哈哈大笑，这会让人感觉莫名其妙，它是一种谨慎的、收敛的笑。其四，掩嘴而笑。这种笑是指用手帕、手等遮住嘴的笑。这种笑常见于女性，显得较为优雅，能够将女性的魅力彰显出来。由于文化背景的差异，不同国家的人对笑的礼仪也存在差异。在大多数国家，笑代表一种友好，但是在沙特阿拉伯的某一少数民族，笑是一种不友好的表现，甚至是侮辱的表现，往往会受到惩罚。

手是人体的重要部分，在表达情意的层面作用非凡。手是人们传递情感的行之有效的工具之一。一般情况下，手势可以传达的意思有很多，高兴的时候可以手舞足蹈，紧张的时候可能手忙脚乱等。当一个人挥动手臂时，往往是表达告别之意，当一个人挥动拳头时，往往是表达威胁之意。而握手这样一个日常生活中普遍的动作，也能够将一个人的个性表达出来。第一种类型是大力士型，其在与他人握手时是非常用力的，这类人往往愿意用体力来标榜自己，性格比较鲁莽。第二种类型是保守型，这类人在与他人握手时往往手臂伸的不长，这类人性格较为保守，遇到事情时往往容易犹豫。第三种类型是懒散型，这类人与他人握手时，一般指头软弱无力，这类人的性格比较悲观懒散。第四种类型是敷衍型，这类人与他人握手是为了例行公事，仅仅将手指头伸给对方，给人一种不可信赖的感觉，这类人做事往往比较草率。还有一种是标准的握手方式，即与他人握手时应该把握好力度，自然坦诚，不流露出任何矫揉造作之嫌。

在舞会、晚会、客厅灯场合，人们往往会有抖腿、别腿等腿部动作，这些动作虽然没有意义，但是他们在传达某种信息。因此，腿在人们的表情达意过程中有着非常重要的作用。对腿的动作的了解是人们了解内心的一种有效途径。当你坐着等待他人到来时，往往腿部会不自觉地抖动，以表达紧张和焦虑之情。当心中想拒绝别人或心中存在不安情绪时，往往会交叉双腿。

（2）副语言

一般来说，副语言又可以称为"伴随语言""类语言"，其最初是由语言学家特拉格（Trager）提出的。他在对文化与交际的过程进行研究的过程中，他搜集整理了一大批心理学与语言学的素材，并进行了归纳与综合，提出了一些适用于不同情境的语音修饰成分。在特拉格看来，这些修饰成分可以自成系统，是伴随着正常交际的语言，因此被称为副语言。具体来说，其包含如下几点要素。

音型（voice set），指的是发话人的语音物理特征与生理特征，这些特征使人们可以识别发话人的年龄、语气等。

音质（voice quality），指的是发话人声音的背景特点，包含音域、音速、节奏等。例如，如果一个人说话吞吞吐吐，没有任何的音调改变，他说他喜欢某件东西其实意味着他并不喜欢。

发声（vocalization），其包含哭声、笑声、伴随音、叹息声等。

上述三类是副语言的最初内涵，之后又产生了停顿、沉默与话轮转换等内容。

（3）客体语

所谓客体语，是指与人体相关的服装、相貌、气味等，这些东西在人际交往中也有着非常重要的作用。从交际角度而言，这些层面都可以产达非言语信息，都可以将一个人的特征或者文化特征彰显出来，因此非言语交际时一种非常重要的媒介手段。无论是西方文化还是中国文化，人们对于自己的相貌都非常看重。但是在各国文化中，相貌评判的标准也存在差异，有共性，也有个性。例如，汤加认为肥胖的人更美，缅甸人认为妇女脖子长更美，美国人认为苗条的女子更美，日本人认为娇小的人更美等。[1]人们身上佩戴的饰品本身并没有什么意义，但是出现在不同的场合，就是一种媒介和

---

[1] 李莉莉.跨文化交际中的非语言行为[D].黑龙江：黑龙江大学，2004.

象征。例如，戒指戴在食指上代表求婚，戴在中指上代表恋爱中，戴在无名指上代表已婚。这些作为一种约定俗成的代码，人们不可以弄错。一般来说，佩戴耳环是妇女在交际场合的一种习惯。当然，少数的青年人也会佩戴耳环，以彰显时尚。

第六章

新时期高校英语教学评价的创新

课堂教学是非常重要的,这不可否认,但是教学评价在教学过程中的作用也不容忽视。随着英语教学的不断进步与发展,单纯的教学活动已经很难适应社会对人才的要求,教师需要通过相关信息对学生的学习情况进行掌握,学生也需要根据一些数据来对自己的学习方案加以调节,而这些情况或者数据的来源就离不开教学评价。本章就对新时期高校英语教学评价的相关内容展开分析。

第一节　英语教学评价理论阐释

一、区分评价、评估与测试

对于评价,很多人会联想到测试、评估,认为三者是同一概念。但是仔细分析,三者是存在一定的区别的。简单来说,测试为评价、评估提供依据,评估为评价提供依据,评价是对教学效果的综合评估。三者的关系如6-1所示。

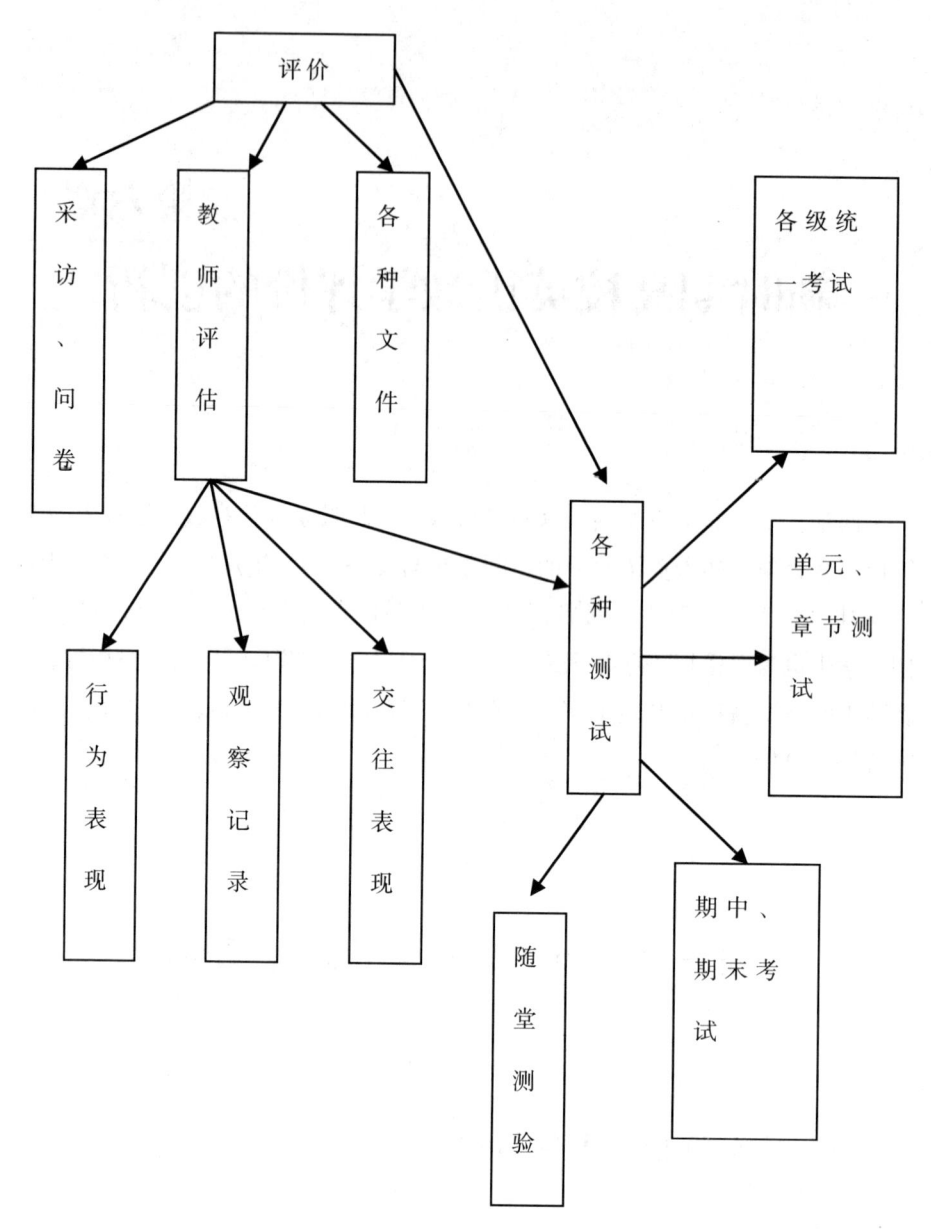

图6-1 评价、评估与测试的关系

（资料来源：黎茂昌、潘景丽，2011）

从图6-1中可知，评价与测试、评估关系非常密切，但是也不乏区别的存在。具体来说，可以从如下几点理解。

就目标而言，测试主要是为了满足教师、家长的需要，便于他们弄清楚自己学生/孩子的成绩。当今社会仍旧以测试为主，并且测试也为家长、教师、学生提供了很多信息。评估主要是为了教师与学生提供依据，如学生在学习中遇到什么问题、学生学习的效果如何等，便于教师提升自身的教学质量，也便于学生提升自身的学习效果。评价有助于行政部门对教学进行合理配置。显然，三者有着不同的作用。

就数据信息而言，测试主要收集的是学生试卷的信息，也是学生语言水平的反应，但是试卷无法评估学生的语言运用能力。评估可以划分为终结性评估与形成性评估两类，终结性评估简单来说就是测试，而形成性评估主要是学生学习的过程。评价往往是从测试、问卷、访谈等多个层面来的，属于一种综合性评估。

二、高校英语教学评价的理念

当前，高校英语教学的主流精神在于以学生为本，即以学生为主体，通过将学生的学习积极性调动起来，促进学生的主动学习，进而推进学生的和谐全面发展。具体而言，高校英语教学评价需要注意如下几个层面。

（一）主体性

高校英语教学长期存在"费时低效"的情况，其根本原因在于高校英语教学过分重视教授，而忽视了学习，对于标准化与一体化教学过分看重，未重视学生的个体化差异。

在新时代，高校英语教学需要考虑学生的情感与认知因素，允许学生对自己的学习内容进行自行选择，可能全部承担或者部分承担自身学习的前期准备、实际学习以及学习效果监控与评价等责任，让学生在学习与评价过程中形成一种监控意识。

（二）交互性

每一名学生都是一个完整的整体，教师与学生的工作目标是不同的，但是彼此之间也不是孤立的状态。教师和学生都是社会互动中的一部分，并且只有融入整个社会体系之中，才能将各自的效能发挥出来。高校英语学习本身属于一种社会性活动，对高校英语教学模式的探索必然与教师与学生相关，并且师生之间的互动也是高校英语课程的核心。师生互动对教学活动的质量起着决定性的作用，并且师生之间的交互模式也对他们各自的角色起着决定性的作用。在这期间，学生从被动的听课角色变成学习活动的计划者、对自己学习过程的调控者、对自己学习结果的评价者的身份。教师的角色也发生了改变，从之前的知识的播种者转变成课堂活动的组织者、教学活动的研究者、学生学习的指导着的身份。

（三）情感性

外语学习不仅是一个语言认知的过程，还是一个情感交流的过程。当师生围绕着教材展开教学活动的时候，教师、教材与学生之间不仅是在传递信息，还是在交流情感。高校英语教学在高等院校中被视作传承异域文化的价值观念、实践成果等的中介。在高校英语课程发展中，培养积极的情感是非常重要的。在新时代的高校英语教学改革中，情感、态度、价值观需要引起教师与其他学者的关注。学生对英语学习的情感不仅能够激发学生学习的兴趣，还能够感受到英语学习的快乐，是一种丰富的内心体验过程。

第二节 互联网技术下英语教学评价创新的必要性

作为一种教育评价手段，互联网评价是运用互联网对学生的知识能力以及教师的教学质量与目标展开评价，这样的评价具有导向性，其属于评价体系中的一种方式，也是一种创新的评价手段。随着互联网技术的进步与发展，利用互联网展开教学评价已经成为评价体系的重要一部分，其不仅是互联网教育体系中的一项重要内容，也是现代教育评价体系中的一个重要方面。基于互联网的环境，教师、学生以及其他管理人员可以在不同地点出现，并呈现出一种松散型的组织结构。如果采用常见的方式，显然难度大、成本也较高，也无法收集到有效的信息，这就要求采用一种全新的收集方式，对学生的信息进行手机，以弥补传统评价方法的不足，与当前的教学发展相适应，这就是所谓的互联网评价。互联网评价通过其自身广泛的传播性、交互性，以及数据收集的方便性，参与到了当前的高校英语教学中。互联网评价体系具有整体性的特点，其对教学内容、教学目标的整体性展开评价，而并不是将教学目标进行划分。在进行互联网评价中，评价主体可以通过网络获取自己的学习效果。

同时，互联网评价也具有主体性，其强调一种自我价值的判断，这显然在传统的评价手段中是不存在的。考试强调的是客观评价，但是互联网评价更多体现的是一种自律手段，是从被动评价转向主动评价的过程。互联网评价可以将人的兴趣与潜能激发出来，从而不断提高人的素质。

此外，互联网评价也具有能动性，互联网评价创造出的不是一种单一的评价手段，其评价的主体、客体以及网络环境构成了评价框架，共同将主体的能动性激发出发，使网络评价成为一种能够创造、激发的手段与工具。互联网评价体系不仅评价的是网络课程的各个环节，其优势还在于从各种实际情况出发，对各种阶段、各方面的信息加以收集，展开形成性评价、终结性评价，对同类系统中信息收集的不充分加以弥补，随着系统不断完善，应用性能不断提高，其应用范围也在不断扩大。

第三节 互联网技术下英语教学评价的原则与方法

一、互联网技术下高校英语教学评价的原则

（一）发展性原则

1. 用发展的观点看待学生

树立符合学生认知规律的"发展观"。从受教育者的认知发展规律出发，用发展的观点看待学生，用发展的观点衡量和要求学生，所有的教育教学活动都是为了学生的健康发展。

用发展的观点对待每一个孩子，就必须关注学生的进步，就必须研究学生心理。我们一定要承认学习外语的个体差异，在外语学习上连性别都有差别，作为外语教师绝不能把这些正常的现象当作智商问题，应该认识到这主要是情商的问题。那么，我们应该态度好一点，多一点笑容，多一分宽容，特别是对待学习暂时有困难的学生，不埋怨，不让其在骂声中成长，要让他们在学习活动中有安全感和成就感。放松心理是刺激语言发展的关键，了解这些，教师找到对策是不难的。

2. 关注学生心理的发展

教学是心理活动和心理发展统一的过程，教学群体的社会活动是个体心理活动，又是心理活动和心理发展统一的过程。苏联心理学家鲁宾斯坦认为在人的活动中形成的精神发展，人的能力在完成自己的活动中被发展着。活动使主体与客体、主观与客观、内部与外部相互作用、相互转化，学生的知识、能力、情感、思维方式等不是由教师赠送的，而是学生靠自己的活动、自己的劳动获得的。

3. 强调学生课堂表达行为

围绕每个单元的教学内容确定学生的课堂行为，以学生学习行为的充分表达作为教师教学行为转变的逻辑起点，"行为结构"旨在为学生学习提供从知识到技能形成的"过程"。我们开展的一系列教学质效评价活动重在评价学生的课堂作为，促进其转变学习方式。倡导对以技能训练为目的的"教学行为结构"恰好为学生提供了语言表达的平台。

（二）人本性原则

树立以学生为主体，以"学"为中心的"主体观"。学生是教育教学的主体，而且是具有能动性的主体，学生在学习过程中是信息加工的主体，只有抓住"学"这个中心，才能完成"教是为了学""学会是为了会学"的转化过程。

树立符合社会发展需要的"人才观"。培养符合社会发展需求的合格人才是教育的根本目的。应树立以符合社会发展需要，符合学生个性发展，并使二者形成最佳结合的人才观。个性（personality）一词，是指个人独特的性格和行为品质的总和。从研究个性的角度来探寻学生英语学习方式的变革是推进英语教育质量适应多元化社会发展的根本出路。从促进学生学习方式的变革中闯出英语教学的新路子是面对未来，主动、系统的回应。发展和完善人的个性已成为全球性的教育追求，倡导"以人为本"的英语教育更突出了新时代教育个性化的特点。素质教育的内容之一是非均衡地发展，一味追求每个人素质均衡发展不仅违背教育规律，而且也不可能有效地促进学生健康成长，更不可能培养出有个性、有创造力、多样化的人才。我们的教育必须尊重个性的存在，英语教育的特殊性决定了促进英语学习方式的变革必须顺应个性发展的特点。

1. 创设"需要"的环境

突出工具性就要创设需要用语言做事情的环境，让学生在使用语言的环境中感到需要掌握哪些词汇和语言结构才能完成任务。需要产生动机，有需要就会主动。教师在语言教学中应有意设置一定程度的障碍，如要完成某个功能，我还需要什么？如何获得？让学生把学习每一个语言内容都看成是为了某种表达和展示的需要，一旦突破障碍，获得成功，便其乐无穷。

语言学习的需要与个性品质、人格品质都有很大关系。应根据不同学习者的潜质给予不同需要的感悟，设置不同的障碍，提供不同的舞台，特别在学生语言活动中给予个性化的指导和关怀。把需要与学生主体性发展结合起来是教师教学水平发展的一个较高境界。

2. 捕捉良好的学习状态

学生学习英语时，对语言材料的理解反映了个体的综合素质。不同的学生有不同的理解，不可能只有唯一的标准，个性化的语言表达特点尤为明显。为此，在课堂上要捕捉和保持学生良好的学习状态必须从关注个体开始，教师一定要利用各种反馈来确定学生个体的状况，并调整好自己的教学。但反馈值必须由反馈面和反馈质来确定，不能只以几个优生的回答来确定，也不能以低质量的检测来确定。

3. 统一之中的个别指导

学生群体中的智力差异并不大，这给统一要求奠定了基础，但智能类型却能直接影响个体的发展。在大班教学的现实中，教师面临的问题就是统一要求和个别指导的矛盾。分层教学力图解决这一问题，但仅以学业成绩来分层次是否科学却是一个问题，如能研究学生属于哪种智能类型；在语言学习中，某种类型适合从什么方面找到最佳切入点；或可以从哪些方面让该种类型的人最易获得成功感，这样可能会找到治本的出路。在统一之中给予不同个性的个别关注和指导，在语言实践中让每个人有事做，都有获得成功的机会，特别是对自信心不足的人，教师应给予独特的关怀，把成功的体验让给这些孩子。可能教师会辛苦一些，但消除厌学心理，使每个孩子都得到发展是教师的成功。

4. 公平对待每一名学生

英语课上常常可以发现，许多课堂活动设计精良，但遗憾的是活动面仅局限于小部分人。在英语课堂上还有相当多的教师习惯于以个别提问为主的方式，举手的优秀学生可能获得多次机会，不举手的恰恰是有困难的，而他们可能就没有机会。即便是小组活动，个性不同的学生获得的机会时间也不同。这时教师的组织非常重要，教师的工作方式、公平态度、组织策略等都影响到学生学习状态。

公平就要求教师既要懂得活动设计，又要善于组织活动，如采用两两对话、两两检查、小组讨论、小组编故事或对话、全班辩论、角色扮演、信息沟（文字和图片），效果特别明显，在有限时间内全班几十个学生同时受益。这种形式互动面大，再加上高频率就能为每一个孩子提供学习语言的环境，教师在学生活动中如再针对不同个性的潜质，充分发挥其作用，效果就更好。

（三）科学性原则

1.语言测试

测试评价是中学英语课堂教学的重要手段，也是学校英语教学质量监控的有效的必不可少的教学环节。现在英语测试的水平比以前有很大的提高，主要表现在由知识立意向能力立意转变的本质内涵得到了充分的表达。试题以"信息或意义"的表达为测试目的，测试以语篇层次为侧重，试题的情境对语言的制约来自交际情境，答题的过程是学生在不同情境中与自然、环境、人物等不同角色互动的对话过程，考核的焦点在于是否达到交际目的。外语测试对学生获取信息、选择信息、加工信息、创造信息、表达信息、传递信息的能力的展示提供了有效载体。

第一，外语考试考什么。一般人似乎认为课本里讲什么就应该教什么，也就应该考什么。测试对语言知识是重视的，但它看中的是会不会在具体的语境下灵活运用语言知识，重视在真实的情境中考查英语语用能力，通过语篇考查听、说、读、写的技能，通过语言运用考核语言交际能力和最普通的交际行为所必需的对外国文化的了解程度。考查语篇能力贯穿在整个测试中，考听力是在对话和短文中进行的；阅读与完形填空的考核是以短文的形式出现的，写作考查学生的分析、综合、评价的高级技能，考查学生的阅读理解能力，考查分析语篇的结构的能力，整体把握篇章的思想脉搏、主旨大意,单项填空也是两句或三句构成的一个语境或情境。高考如此,中考也是如此。

第二,情境提供语言运用的载体。情境决定要表达的意思,要表达的意思决定要说的话的形式,从"交际情境"确定"要表达的意思"再到选择"要用的语言形式",这就是实际运用语言的正常心理过程。听、说、读、写的每一个行为,都以接收、加工、传递信息为目的,这是情境带来的自然制约,是真正的语言"运用"。而课堂上"造句"的心理过程就完全不同。学生先想着study这个词,然后再想一个可以出现这个词的句子。学生从"要用的语言形式"确定"要表达的意思",由于是人为地"外加制约",在脱离"交际情境"的情况下,写出来的句子即使语法不错,但心理过程完全违反了实际运用语言的心理过程,这种缺乏交际情境的练习还不能说是"运用"。传统的从语言形式出发的试题,根据要考的词汇和语法去设计试题。很多试题是命题人先决定要用的形式,然后由形式决定要表达的意思,至于交际情境有没有无所谓。这种造句式考试的心理过程完全违反了实际运用语言的心理过程。

2. 教案设计

第一,备课重点。评价的科学性原则要求教案设计必须以设计学生语言操练的活动为主。落实"三维目标"的第一环节就是备课。在日常的外语教学过程中,许多英语课未达到课程标准和教材设计的要求,主要问题是学生语言行为表达不充分,语言运用能力不强。造成这种现象的主要原因是:教师重自己的"教"轻学生的"学",重"内容目标"轻"行为目标",重"知识目标"轻"技能目标",在时间比例分配、学生训练面与频率、操练到交际的练习层次上都无法达到课程标准的要求。按照"英语教学行为结构"指引,可以使备课从教师过分注重自己的"教"转变为自觉关注学生如何"学",这就是备课的重点。

第二,设计活动。英国心理学家Caleb Gattegno曾说过:"Tell me and I forget. Teach me and I rermember. Involve me and I learn."一堂成功的外语课就是要看教师是否让学生置身于运用语言环境中去。"教学行为结构"要求教师准备一池水,并把每个学生"拉下水"。让学生在语言表达活动中学习,

"用语言做事情"是语言交际的真谛所在。

第三，教学反思的参照。按照以上的备课规划和活动设计，课堂教学反思有了明确的科学参照。教学反思是教师与互联网教学共同成长的有效途径，实现理性的自我评价是质量监控体系的重要内容。反思主要是看是否促进了学生积极主动地发展。在互联网背景下，课堂教学反思主要从以下几方面的转变来衡量教学：关注内容目标→关注行为目标、看教师如何说→看学生如何作为、教教材→用教材、关注优秀生→关注全体、个别提问→交际互动、小组讨论、两两对话、互动频率→互动面。

（四）多元化原则

评价的多样性包括评价主体的多元化、评价方式的多元化和评价内容的多元化。

1. 评价主体的多元化

采用内部评价与外部评价相结合的方式，评价主体主要是学校、教师、学生、家长，同时也包括教育行政部门及其相关机构。按照评价主体构成，教育行政部门对学校英语课程实施进行评价，学校对授课教师教学情况进行评价，教师对学生学习情况进行评价。对学生的评价重点放在学生的自我的纵向比较上，把学生的学习态度和进步作为评价的主要标准，真正体现"以生为本"的评价理念。

2. 评价方式的多样化

终结性评价和过程性评价是现在普遍采用的方式，需要指出的是这两种方法应结合起来使用。终结性评价不能只看考试分数，必须由过去单一的考试成绩评价改为多元评价，即参考学生学习表现、作业情况、课堂行为表达、课外活动参与情况、个性发展等多种因素进行综合评价。评价方式的多样化还可以更加开放，除了纸笔、等级的评价方式，学生可以采取各种自己喜欢的形式反映自己的学习成果。

3. 评价内容的多元化

对学生外语听、说、读、写技能的评价，是仅仅在课堂还是可以更宽泛？这的确是新时期英语教育工作者不能回避的新问题。中国英语教育多年追求的一种社会氛围已经形成。过去高校英语专业的学生才能看到的原版电影，现在可任意欣赏，广播、报纸、戏剧、各类英语活动渗透到社会生活的方方面面。而我们今天的教学单一化已经适应不了社会的发展，也脱离了学生生活实际，形成了极不相称的反差。如果说英语教学不能只停留在教知识、记结构、背单词的低级阶段，那么，教学评价是否也要改革，以适应社会发展的要求？社会越进步，越迫使我们改进方法，追求新的变革可能是中学外语教学评价必须思考的新问题。

4. 学生的多元化与学习出口的统一化

学生的多元化是指学习能力、学习风格、思维品质、发展水平、经验积累等方面的差异，就学习外语而言，学生的多元化还表现在家庭背景和文化背景的差异、社会经济差异、方言差异等方面。这些差异对学习英语的影响在学生身上一定会产生不同的反映，而我们英语教学的唯一表现形式就是考试，鲜活的语言在考试中变异，富有个性的语言在考试中变成了统一的试题。为了追求更为有效的教学效果，英语教师必须了解学生存在差异的表现形式，并将这些因素纳入教学评价的考虑范畴。

二、互联网技术下高校英语教学评价创新方法

（一）学生自主展开评价

1. 结合具体任务

自我评价要结合具体的任务进行，如针对听力、口语、阅读、写作方面的某一具体任务的完成情况来进行自我评价。比如，在写作课教学中，为了让学生进行循序渐进的训练，教师可以让学生进行controlled writing。具体实

施步骤为让学生用某章的重点词组来造句，慢慢发展成一段文章（充分发挥自己的想象力），互批造句（利用批改符号），把错句加以改正，给自己一个评价。这样做的目的是提高学生用英语思维、活用单词、短语、句型的能力，为进一步写作打下良好的基础。此项活动每周可以进行一次。教师指导学生对第一稿进行自评、他评、修改，即可以得到一篇比较好的短文，虽然仍有点小错。这么一个自我评价的过程下来，使学生短文写作能力得到一定的提升。当然，作文中存在着些许错误，可让学生讨论并改正，这也是自我评价的一种形式。当找出错误后，教师应有针对性地进行评解，纠正错误。几乎每单元都可以采用这种方法。活动结束后，学生可以根据互批和教师批改进行自我反思和评价，把自身存在的知识缺陷及时弥补，达到成句、成篇的写作目的。[①]

2. 制订反思内容

反思内容最好以表格形式呈现，并且要结合具体的任务来设计。可采用自我反思表的形式，如表6-1所示。

表6-1　关于听力的自我反思表[②]

学生姓名＿＿＿＿ 填表日期＿＿＿＿
本人认真回顾了从＿＿月＿＿日到＿＿月＿＿日早自习时间我的听力情况，我共听听力＿＿次，我收获很多。 1.在听力习惯和能力上，我的进步体现在：＿＿＿＿＿＿＿。 2.我觉得取得听力进步的原因在于：＿＿＿＿＿＿＿。 3.在听力过程中，我还需要改进一些问题（听力习惯、语音、语调、句型、非智力因素等）：＿＿＿＿＿＿＿＿＿＿＿＿。 4.教师、同学、家长的意见：＿＿＿＿＿＿＿＿＿＿。 5.我想说：＿＿＿＿＿＿＿＿＿＿＿＿＿＿＿＿。

[①] 陈勇.新课程有效教学疑难问题操作性解读高中英语[M].北京：教育出版社，2008.
[②] 王哲.互联网环境时代背景下的初中英语教育形态[M].哈尔滨：黑龙江教育出版社，2013.

3. 自我评价

学生对自己应该有个评价，可以用优、良、中差进行等级评价。当然，也可以考虑按照一定比例进入终结性评价，只是这不是教师个人所能决定的，需要全校教师、学生、家长的综合参与和民主讨论后做出决定。在教与学的过程中，学生不仅是被评价的对象，而且是评价的参与者。自我客观评价可以提高学生学习的主动性和积极性，促进学生对自己学习进行反思，并帮助学生掌握评估技术，增加教师的评估信息。这一点是确信无疑的。难的是教师在教学实践中如何实施学生的自我评价。有效地让学生进行自我评价，实际上完善了教师的评价工作。而完善的内容比起让教师来做，能更加有效地促进学生的学业发展。

（二）用成长记录袋记录

要实行学生学业成绩与成长记录相结合的综合评价方式，一些教师感到困惑的是在操作中所出现的问题。例如，在英语教学中该如何建立和使用成长记录？使用的效果怎样？成长记录，是根据教育教学目标，有意识地将学生的相关作品及其他有关证据收集起来，通过合理的分析与解释，反映学生在学习与发展过程中的优势与不足，反映学生在达到目标过程中付出的努力与进步，并通过学生的自我反思激励学生取得更高成就的一种记录方式。成长记录的基本成分是学生作品，学生作品的收集是有目的的，教师要重视学生在成长记录创建和使用过程中的参与，尤其是学生的自主评价和反思。

1. 成长记录的建立

成长记录作为一种典型的质性评价方式，主要用于教师的课堂评价实践。英语学科的成长记录可以按照听、说、读、写分门别类，根据教学需要来设计。阅读和写作是英语学习过程中最需要量的积累和结构训练的。例如：

听：

能否听懂教师的教学指令；

能否听懂同伴的交流语；

听音练习时间：　　　分/天

听音材料所涉及的话题：

完成听音指令的比率：

说：

上课的发言次数：

教师的评语：

同学们的反映：

完成课堂活动情况：

在与同学完成任务中承担的角色、所起的作用：

你学习的话题：

你能用这些话题完成的任务：

读：

阅读量：　　　字/天

阅读速度：　　　字/分

阅读的准确率：

能否概括出段意：

生词积累数：

写：

自拟题写作情况（题目、词数、关键词）：

阶段反思：

②指导学生选择放入档案袋中的作品。

听：

你最喜欢的听音材料：

你最骄傲的听音结果：

说：你最骄傲的课堂表现记录：

你得到的嘉奖证明：

读：

你最喜欢的作品：

你最感兴趣的作品：

你最骄傲的作品：

写：

修改前的作品：

修改后的作品：

最骄傲的作品：

最不满意的作品：

其他：

2. 成长记录的运用

（1）每名学生都要有记录

每名学生都需要有成长记录。不过不同学生应建立符合自己特点的成长记录，关注其英语薄弱面的学习过程，随时发现问题解决问题。建立成长记录可以按照知识模块，也可以按照内容专题，由教师和学生根据学习内容的特点来确定。

（2）成长记录电子化

成长记录需要搜集大量的文本资料和非文本资料。利用先进的设备（扫描仪等）把本来属于非文本的材料电子化、图像化，使查询、展示和反馈更方便，还可以节约大量的空间。一名学生一个电子文件夹，方便快捷。

（3）成长记录与学业成绩相结合

成长记录合理使用，能提高学业成绩。学生在学习过程中，如态度积极，对于教师的指导认真对待，能自主查漏补缺，有切实可行的学习计划和措施，并且对于学业中所出现的问题及时纠正，会有明显的进步。成长记录与学业成绩的结合主要体现在学分认定过程中。也就是说，学分认定要包括"纸笔测验+平时作业+课堂表现+成长记录"。教师要关注学生的过程性学习，关注他们的每一次作业、每一篇作文、每一次测验，关注他们的每一点进步，给他们一个公平的学分。成长记录是对学生学习情况的有目的的收集，它能展示学生在一个或多个领域的努力、进步和成果。学生成长记录是评估学习努力程度、进步程度、学习过程及结果的依据，也是学生对自己学习过程反思的见证。在成长记录的创建与使用中，学生自我评价和自我反思是最重要的环节。

值得注意的是，建立学生成长记录需要师生双方长期的不懈坚持和努力，尤其是起始阶段，需要教师的引导和督促。也就是说，教师需要有意识地提醒学生明确搜集材料的目的，定期进行成长记录的更新，展开学生之间的交流，甚至争取家长的支持，以便相互借鉴、共同提高。相信随着时间的推移，成长记录会成为教与学的珍贵的第一手资料。

（三）构建动态评价体系

1. 动态评价的理论框架

动态评价，简称DA，源自于社会文化理论，主要对学习者的最近发展区予以关注，强调通过对学生学习方面的变化情况进行观察和记录，对学习者认知能力的变化过程进行了解。

一般认为，评价者通过与学生展开互动，对学习者的认知过程与变化情况加以了解，从而探究学习者潜在的能力，提供给学习者恰当的干预手段，促进学习者的全面进步与发展。因此，有人将动态评价又称为"学习潜能评价"。

与传统的评价手段相比，动态评价不仅可以将学习者的英语语言实际水平反映出来，而且在评价中，教师可以发现学习者学习中存在的问题，对这些问题进行干预，保证教师的英语教学效率与学生的英语学习水平。

不同学者对动态评价研究的视角不同，得出了不同的评价模式，归结起来，主要有如下两种：一种是干预式，即对量化指标非常侧重，教师提供的帮助是预先设计好的。一种是互动式的，即对定性指标非常侧重，教师提供的帮助是师生之间展开互动。只有将两种评价手段结合起来，才能使动态评价发挥出应有的效果。

2. 建构高校英语教学动态评价模式的意义

在互联网技术下，科学有效的评估对大学生的英语学习非常重要。对教师来说，有助于改善教学环境，促进教师对自己的教学过程有清晰的了解，改进自身的教学手段和方法，搭建师生和谐的互动平台。但是，我国现有的评价模式存在明显的缺陷。基于此，基于"互联网+"的高校英语教学动态评价模式可以解决这一问题。具体来说，基于"互联网+"的高校英语动态评价模式具有如下两点意义。

（1）提升学生学习的积极性

对学生来说，英语学习兴趣是最好的老师，如果能够帮助学生建构英语学习的兴趣，那么就能够提升英语教学的效果。传统的高校英语评价模式很难调动学生学习的积极性，学生往往是被动地接收知识，持有的也是一种"完成任务式"的心态，因此很难获得较好的英语教学效果。

相比之下，"互联网+"背景下的高校英语教学的动态评价模式能够将学生的学习潜力挖掘出来，实现学生高质量的学习。实际上，学生的学习能力本身相差不大，如果采用科学的教学手段，那么就可以将不同学生的学习潜力激发出来。

同时，"互联网+"背景下的高校英语教学的动态评价模式还可以实现师生之间的和谐互动，教师改变了以往"高高在上"的局面，与学生展开互动交流，从而将学生的英语学习积极性激发出来。

（2）培养学生的学习信心

很多学生不愿意花费大量时间在高校英语学习上，而是热衷于学习自身的专业课，这主要是因为他们存在厌学情绪，而以往传统的高校英语教学评价模式也恰好能够将这一厌学情绪放大，导致学生更不愿意学习英语，甚至放弃英语学习。

互联网技术下的高校英语教学的动态评价克服了传统高校英语教学评价模式的弊端，帮助学生获取英语学习的信心。学生通过对英语学习阶段的了解，可以建构自己对英语学习的信心。实际上，学生的英语学习信心与教师有着密切的关系，如果学校建立了"互联网+"背景下的高校英语教学的动态评价模式，那么教师的整体水平就会提升，从而令学校、教师、学生之间实现和谐。

3. 从动态评价的角度改善学生的英语学习情况

情感、师生作用、环境等因素都会导致学生的英语学习问题，下面就从动态评价的角度对大学生英语学习情况进行改善。

很多大学生因为语言交际中本身存在的焦虑状态以及领会能力欠缺等问题，导致高校英语学习问题，但是通过干预式与互动式可以对其进行缓解。

语言交际的焦虑恐慌可以通过与他人交互进行缓解，交互式评价强调师生之间展开面对面的交谈。例如，教师可以将个体的口语评价划分为两大阶段。在第一阶段，主要是选择学生熟悉的话题展开交谈，对谈话内容展开静态评价，这样便于了解学生在口语学习中存在的不足之处。在第二阶段，从静态评价转向动态评价，应该采用干预式评价手段，对学习者在第一阶段存在的问题进行干预，并提供建议与帮助，这样就有助于缓解学生在口语交际中的焦虑恐慌。

在互动式动态评价中，教师可以对现阶段学生的学习动机、学习需求等差异有清楚的了解，对下一阶段学生英语学习中存在的问题进行预估，及时为学生提供干预手段。师生在交流互动中，教师对学生有清楚的了解，学生也会感到教师是关心他们的，从而产生满足感，愿意投身于英语学习中。这样由于师生关系引发的英语学习问题也可得到改善。

互联网技术下的高校英语教学的动态评价强调学生在学习了一段时间的英语后，与前段时间的英语学习进行比较，关注如何改进自己的英语学习方法，获取理想的英语学习结果。其对学生本身的发展非常关注，教师也从学生的动态互动中，对学生英语学习中的问题进行发现，从而改进自身的英语教学问题，对这些问题进行适当的干预，真正实现因材施教。

第七章
新时期高校英语教学的教材创新与教师发展

在整个教学体系中，教师、教材的作用是重大的。一直以来，人们都致力于提升教师教学能力，同时及时更新教材的内容，以适应社会发展的需求。教师专业发展受到多种因素的影响，而教材内容的更新也不是轻而易举就可以做到的。

第一节 互联网技术下英语教材的立体化发展

一、高校英语教材的特征

在新时期，英语教材作为教学的主要载体，应该能够满足教师的教学需求，更重要的是能够满足学生的不同需求，能够潜移默化地丰富学生的文化知识，培养学生的文化素养，锻炼学生的自主学习能力、语言应用能力和跨文化交际能力。可见，切实将教材的设计与学生跨文化交际能力、实践创新能力的培养相融合并落到实处十分重要。具体而言，新时代的英语教材应具备以下几个基本特征。

第一，教学内容和语言与时代发展相吻合，能够反映快速发展和变化的时代。

第二，要梳理好专业知识、学科知识和语言训练之间的关系，并处理好它们之间的关系。

第三，教材不能局限于知识的传授，要着眼于对学生思维能力、鉴赏批评能力、文化能力和创新能力的培养。

第四，教学内容要重点突出，具有针对性和实用性。

第五，教材要能够与多媒体、网络等先进的教育技术相结合，并能充分利用这些教学辅助手段。

二、新时期高校英语教材的设计原则

高校英语教材的设计往往受多种因素的制约，要想保证高校英语教材与课程需要相符，在设计中需要坚持如下几点原则。

（一）思想性

所谓思想性，即要求高校英语教材的设计要符合教学思想，其不仅将知识体系与能力体系囊括进去，还需要将思想体系包含其中。

语言是思想教育的载体与媒介，当然这也符合英语这门课程。这就要求高校英语教材的设计要做到思想性，通过高校英语教学，这种思想性能够变得更为充实与生动。一般来说，思想教育是高校英语教学中的德育，而这种德育也需要高校英语知识教学与技能教学的帮助。因此，必须处理好彼此之间的关系。

（二）灵活性

高校英语教材在设计过程中需要保持灵活性，即教学内容的灵活与教学方法的灵活。

从教学内容上说，高校英语教材在设计中要给教师留有余地，允许教师在面对课程需要时改进内容，这样有助于教师的取舍。

从教学方法上说，高校英语教材在设计中应该提供给教师多种方法，教师可以自主选择与取舍，不应该只为教师准备一两种方法，这样难以满足不同教师的需求。

（三）科学性

高校英语教材在设计过程中要坚持科学性，要符合如下几点要求。

第一，在内容上要做到循序渐进，要符合教学大纲的要求。

第二，教材要与不同阶段学生的需求相符。

第三，纸质教材的内容、目标等要形成一套系统，体现教学大纲的要求。

（四）文化性

语言与文化密切相关，因此高校英语教材的设计中离不开文化内容。也就是说，在高校英语教材中，不仅涉及语言知识与技能，还需要涉及语言背后的文化，不断扩大学生的视野，加强学生对不同文化的理解和包容。

三、高校英语数字化教材的设计

随着大学生基础英语整体水平的提升和全社会对各类通用英语需求现象日益改变的个性化现状，占主导地位的基础英语类教材建设任务为了顺应多元化的社会需求，正在挣脱传统教材设置的桎梏，向着新一轮的通用大学英语教学改革的方向发展。因此，大学英语教材的编写，因不同层次的高等教育的培养目标及学生用户的基本需求不同，势必也会呈现出多内容、多理念的编撰趋势。即便是这样，数字化大学英语教材资源的建设结构体例绝对不可以随心所欲，更不能千篇一律、简单转换，一定要坚持"将思政元素融入课堂"的中国特色指导思想，同时还要兼顾、延续多层次、多目标纸质教材的逻辑性和严谨性。诚然，数字化大学英语教材建设的编写理念、教学内容和培养目标，必须与配套纸质教材的核心培养要点相衔接、相依托，从而使数字资源与纸质教材相辅相成、合二为一，以实现数字化教学资源课程类型多元化与延伸化的整合式特征，最终达到创新纸、网便捷连接的教材形式，盘活不同用户的群体需求。

此外，从纸质教材向"互联网+教材"的全面转型与人工智能升级，在很长一段时间内始终会受到经济成本、电脑技术、人力资源等因素的影响。两者的重组过程，既相互对应又相互区别。因此，数字化大学英语教材建设的基本原则和编写大纲可通过以下方式来完成。

第一，突破纸质教材的内容限制，在核心内容中嵌入二维码，实现纸网交互的助学目的。我们应该将大学英语课程的通用知识，以动漫、情境、视频、习题测试、学习任务等更新调整的媒体形式呈现在纸质教材中，并与移动终端扫码的二维码图片相关相联，以实现从线下课堂到线上交互的自然过渡。与此同时，我们还应依据学生的个人情况和操作特点，将与教材内容相关的知识模块，以简易完整的微课形式或音视频资料形式，通过二维码的扫描与网络终端的诸多数字资源连接起来，方便为今后大学英语教学改革的增值服务奠定丰富的数字资源基础。

第二，重构交互式教材的学习知识体系，加快研发数字化大学英语教材 App 的速度，实现数字出版和云服务的个性化学习。学习资源和工具平台的交互式英语数字教材，应该是大学英语教材建设着眼于未来发展趋势的一个深度融合的大方向。互联网技术与教材编写的逻辑整合，可通过文字、图像、视频、音频、动画的技术手段和媒体表现形态，为语言教学的学习理念和认知规律提供全程化的数字支持，也为学生的开放性学习提供多维度、多角度、可互动、可跟踪的智商体验和情商体验，还能在教学资源共享的数字化层面建立能够激发学生兴趣的多媒体资源，实现师生之间的交流互动和辅助测评，以期达成操作简便、应用广泛、备受学习者/用户青睐的数字人文出版初衷。

四、高校英语教材信息化和立体化的框架模式

　　新时代的大学英语教材应该充分利用现代数字化技术将所呈现的内容进行合理分配，使教材内容和信息技术充分融合、相互促进，以便达到提升教学效果的目的。新时代立体化教材的框架主要包括网络课程、信息库、资源库和网络平台。信息库指的是与英语教学和学生学习相关的各种资源的集合体，包括电子文档资料、视频资料等。资源库不是纸质教材的电子版或者学习资源的简单堆积，而是分为教材库、习题库、文化常识库、科学常识库等。

　　网络学习平台是纸质版教材内容的拓展，网络平台的内容与教材的主题相关，但又是每个主题内容的延伸。网络教学平台还可以为教学提供管理服务和课程测评。教师可以在网络平台上监督学生的自主学习进程，详细记录学生每个阶段的学习情况，并对学生进行阶段性测评。总之，网络教学平台、纸质版教材、课堂授课三者之间相互补充，形成一个完整的教学体系。

第二节　互联网技术下英语教师的角色转变

一、互联网技术下高校英语教师的专业角色

（一）网络学习指导者和促进者

在互联网技术下，学生的学习方式发生了改变，从传统的接受学习转向自主学习、探究学习，这就需要教师也转变自身的角色，从知识的传授者转向学生学习的指导者。这是教师角色转变的跨越。也就是说，过去教师仅作为知识传授者的身份，是知识的唯一拥有者；现在，学生可以从多个渠道获取知识，因此教师不再是单独的知识拥有者，这就要求他们转变角色来促进学生的学习，具体要求做到如下几点。

第一，辅助学生对学习目标进行确定，并分析如何达成目标。
第二，辅助学生养成良好的学习习惯，对学习策略进行把握。
第三，为学生创设良好的学习环境，激发学生的学习动机与积极性。
第四，服务于学生的学习。
第五，为学生营造宽容、和谐的学习氛围。
第六，与学生一起探索真理，并承认自己存在的一些失误。

在互联网技术下，随着科技的迅猛发展，知识增长的速度越来越快，学生在校期间学得的知识随着时间的推移很可能已经过时了，人们在大学阶段也不可能掌握所有的知识，因此需要不断进行终身学习，这就要求教师教授学生终身学习的技能，让他们学会自主学习。

（二）信息资源的查询者和设计者

教学资源涉及教师、学生、教学媒介、教学内容等层面，是一个复杂的系统。要想提升教学的效果，就必须从教学设计原理出发，科学地设计教学

资源与过程。

在互联网技术下,教师应该学会运用信息技术手段,为学生创设良好的学习情境,使自身从知识传授者的角色转向教学信息的制作、加工与处理的角色。为了让学生能够主动探索与建构意义,教师在教学中应该为学生提供各种学习资源,而要想设计这些信息资源,就需要教师自身的信息素养,即将技术与教学资源紧密融合。

另外,教师还要学会运用教学课件,包括制作网络课件脚本,帮助教育技术人员制作课件,对教学信息加以浏览下载等,从而帮助学生展开自主学习。

(三)移动互联网课程研制者

长久以来,我国教师在课程改革中充当执行者的角色。互联网技术下的高校英语课程改革要求生成动态、开放的课程,并且以学生生活为中心,这样的课程就不仅仅是文本类课程,即包含教学大纲、教学计划等在内的课程,而是一种体验类的课程,即教师与学生都需要进行体验。简单理解,互联网技术下的高校英语课程不仅仅是知识的载体,还是师生共同探求知识的过程。教师与课程相结合,成为课程的研制者,教学也不仅仅是计划的执行者,而是课程内容的生成者、转化者、意义建构者。在这种新的理念下,教师的创造空间逐渐扩大。

在课程研制中,教师主要承担如下几点任务。

第一,教育部门颁布的教学计划、课程标准往往比较抽象,是宏观层面的标准,因此不能直接进入课堂之中,教师需要将这些教学计划、课程标准等具体化、细化才可以。

第二,学校承担着一定的课程开发责任,而在这之中,教师往往是主要的承担者。

第三,教师需要对课程进行评价,教学计划是否真正地实现了可靠性,是否与课程目标的要求相符,是否能够将学生的学习兴趣和积极性调动起来,都是教师作为课程研制者需要做的工作。

（四）移动互联网教育研究者

作为研究者，教师在具体的实践中遇到新问题之后，就需要对这些新的问题进行研究，从而找寻具体的答案。

教师的教学研究可以使课程、教师、教学融合在一起。我国的高校英语教学改革要求对课程功能进行调整，对课程结构加以优化，对课程内容进行更新，对教学方式进行变革，对课程管理模式加以更换等。互联网技术下的高校英语教学不仅改变了学生的学习生活，也改变了教师的生活。

在互联网技术下，教师要对高校英语课程进行充分的接受与理解，并不断对其中的问题加以改革与完善，这些都需要教师自己的主动探究，尤其是校本课程，更需要教师深入探究，这样才能真正地落到实处。

教师的教育研究还有助于推进教师的专业化发展，从而不断提升他们的素质与能力，提升教师的价值观与学习乐趣。教师也真正成为有能力、有思想的实践主体。

教师主要在第一线工作，他们获得的资料也是鲜活的资料，因此教师的教育研究主要是在实践层面展开的，可以对教学内容加以丰富与充实。

二、互联网技术下高校英语教师的基本素质

教师在教学中培养学生的语言能力和跨文化交际能力，就要向学生传授语言知识，发展学生的语言能力，提高学生的跨文化意识，培养学生的跨文化交际能力。而这也对教师的专业水平和教学能力提出了较高的要求，要求教师具备一定的跨文化教学能力，具体包含以下几个方面。

（一）教材评估、选择和使用能力

教师的教学要以教材为依据，因此教师要具备对教材评估、选择和使用的能力。具体而言，教师应从跨文化角度出发来评价和选择相应的教材，能

够根据教学需要合理地选用其他教学材料，并保证教学材料的真实性，能够根据具体教学情况和学生学习情况对教材进行调整和改编，从而达到跨文化交际教学的目标。关于教材的选择和使用，上文已有所介绍，因此这里不再赘述。

（二）跨文化课堂教学能力

跨文化课堂教学是英语教学跨文化转型的重要途径，也是培养学生跨文化交际能力的重要环节，因此教师应具备有效开展跨文化课堂教学的能力。首先，教师应对学生进行分析，了解学生对目的语文化的态度，了解学生对目的语文化知识掌握的程度；能够针对具体的教学环境、不同的教学目标和基本教学原则选择教学内容、选择教学方法、设计教学活动。其次，在教学过程中，教师要客观地看待教学，将教学视为动态的过程，积极鼓励学生参与教学活动，确保师生、生生主动地交流。最后，具体到语言文化教学，教师应适应教学的素质要求，合理运用语言文化教学方法；帮助学生掌握文化知识，比较不同文化之间的差异，避免学生在跨文化交际中出现失误。

（三）课外学习与实践的组织和指导能力

课堂活动是课堂教学的延伸与补充，二者紧密相关、相辅相成。教师除了要在课堂上做学生的引导者和帮助者，也要做学生课外的文化学习的组织者和指导者，鼓励学生积极参与课外学习和实践，扩充接触知识的途径，扩大文化知识的积累。通过对学生课外学习与实践的组织和指导，教师要能够帮助学生丰富文化知识，提高文化能力，使学生可以与来自不同文化的人们顺利进行交际；教师要能够激发学生学习文化知识的兴趣和欲望，帮助学生梳理本族文化和他族文化之间的关系，使学生树立正确的价值意识。

（四）现代信息技术使用能力

现代信息技术的快速发展以及在教育领域的广泛使用，对教学产生了巨大且积极的影响作用。在跨文化教学中，教师应充分利用现代信息技术来丰富学生的文化知识，提升学生的跨文化意识，培养学生的跨文化交际能力。教师应根据教学和学生的需要，合理运用现代化信息技术创设跨文化交际语境，为学生提供实践的机会，有效开展跨文化教学。

简单来讲，在瞬息万变的社会发展中，教师不仅要懂得语言文化知识和技能，还要紧跟时代发展的步伐，合理使用现代化信息技术，将信息技术与教学相结合，优化教学环境，提高教学效果。具体而言，教师在现代信息技术使用方面应具备以下能力。

首先，教师应具备基本的信息技术知识，对信息技术与语言教学的整合有系统的理解，能够使用常用的办公软件，能够利用PPT制作课件，了解相关的多媒体和网络知识。此外，教师应具备扎实的信息技术应用能力，能在教学中优先选择和合理地运用信息技术，并将信息技术与教学相整合，包括将信息技术用于课程准备、课程设置、课程管理等方面，能够将信息技术、信息资源和课程内容有机结合起来，高效完成教学任务。其次，教师应成为网络资源的探索者和研究者，成为促使学生有效进行网络学习的帮助这，帮助学生恰当地借助信息技术和网络资源进行语言文化学习。最后，教师应通过便利、交互的网络环境进行学术交流和学习，提升自己的专业能力，促进自身不断发展。

具体到教学实践中，教师应有效运用信息技术组织教学和管理教学。在课前结合教学内容和网络资源制作各种课件，然后将课件、教学计划和安排发布到网上，方便学生预习。课堂上充分利用多媒体和网络资源，激发学生的学习积极性，促进学生互动，使学生吸收和内化课堂知识。教师还应利用信息技术将课堂教学延伸至课外，通过E-mail、QQ、微信等聊天工具与学生、家长进行课外沟通，做好教学反馈，完善教学体系。

总体而言，信息技术教学的开展有赖于教师的努力和负责，在教学过程中，教师首先要掌握信息技术知识和技能，然后精心指导学生丰富知识，进行学习实践。

三、互联网技术下高校英语教师专业发展的策略

（一）实施校本教研，建构校本教研制度

建立学习型学校，是推进校本教研制度建设的基本前提和重要任务。学习型学校是指通过培养弥漫于整个学校组织的学习气氛、充分发挥学校成员的创造性的能力而建立起来的基础的组织。教师个人的自我反思、教师集体的同伴互助、专业研究人员的专业引领是开展校本研究和促进教师专业化成长的三种基本力量，缺一不可。

1. 正确实施校本教研

大力推动校本教研必须大胆创新，多策并举，全面推进校本教研的深入开展。

（1）创建学习型组织

努力创建学习型组织，实现教师角色转变，使之与新课程共同成长。建立教师研究课制度，搭建论坛、沙龙、研讨会、课改专栏、教师博客等一系列交流平台，引导教师敢于思辨，正面交锋，立足课堂，催生智慧，营造浓郁的研讨氛围，形成一个个智慧共生的"学习共同体"。

结合外语教学的特点，外语教师用英语组织和参与沙龙效果最好。每次一个备课组准备并负责组织，活动内容多样化，有话题辩论、教学法讨论、案例交流、点子帮助等。

（2）教学反思

积极倡导叙事研究，促进教师自我反思，形成自我构建，转变教学观念和行为。教师每个人都有体现自己失败与成功、反思与飞跃的教学反思等，记录了发生在课堂上的故事，这些凝聚自己教育智慧的表达，在教育叙事中提炼的经验，通过相互交流启迪，获得共同发展。

（3）专业引领

适时进行专业引领，给予科研指导、疑难咨询和教学示范，不断提升教师的理论修养。邀请专家学者来开讲座、参与课题研究、帮助总结经验、建

立教学资源库。学校还应注重发挥骨干教师的专业引领作用，使校本教研获得多方智力支撑。

（4）文化研修

深入开展文化研修，让文化精神和价值追求照亮教师的心扉，使每位教师感受到先进教育理念的文化光辉。学校要关注教师的生存状态和精神追求，在构建共同愿景中重塑教师的职业价值观，实现教师生存状态的升华，提升教师职业生活的品位。

（5）课题研究

不断推动课题研究，解决本校突出问题，打造学校办学特色，持续提高教育教学质量。课题研究已经成为推进校本教研的重要抓手，成为提高教育质量和教学效益的重要手段，成为提高教师专业水平的重要途径，成为出名校、名教师和改变薄弱学校面貌的重要保证。

以更新观念为先导，以科研兴教为特征，以制度考核为保证，以专题研究为依托，以案例分析为切点，以成果转化为契机，在教育实践中大胆发现课题，积极开展研究。校本教研与课程改革、课题研究、教育实际紧密结合，就能产生积极的效益。

2.校本教研层次架构

校本教研是一个多结构、多层次、多序列的复杂系统，个体的教师、学科、学校，由于受信息、资源、能力等各个方面的限制，很难将这一系统运转到极致。学校作为其中最基本的一个维度，是校本教研一切活动的出发点和最终归宿。应采取层级推进的办法，建立"自下而上"四级教研体系。

（1）自主研究

以教师个体为主体的"自主研究"：倡导"教师人人都是研究者""问题即课题、教学即教研、成长即成果"等理念，鼓励教师在开放自我、与人互动基础之上走经验加反思的成长之路，形成实践—反思—再实践—再反思的良性循环。教师通过创新性的反思生成教学智慧，提升自己的专业水平。

（2）案例研究

以学科组为单位的"案例研究"：构建教学成员共同体，加强以关注诱发学习活动动力为核心的集体备课；以焦点或问题为导向，关注课堂教学经验，促进教师专业知识和行为技能的发展；通过模拟或随堂听课，开展情境学习，体验课改先进教师的教学方法，从而提升学习者实施新课程和搞好校本教研的能力，促进专业发展。

（3）专题研究

以教研组为单位的"专题研究"：针对本学科教学中的共性问题，结合学科特色围绕某个主题而展开，发挥群体资源优势，交流探究、合作互动，引导教师由经验型向研究型过渡，走上科研型教师的专业成长道路。

（4）课题研究

以学校为单位的"课题研究"：不但可以更好地实施校长的改革理念，针对学校亟待解决的问题和追求的目标，以科研的态度和方法对学校发展进行科学规划，构建科研总课题和子课题，在宏观上给予科学、总体把握，而且可以在同伴互助、常规指导、示范观摩和经验交流等方面发挥重要作用，更好地整合全校的资源，形成雄厚的校本教研力量，有效地解决本校校本教研中普遍性的问题。同时可以更好地提炼、总结学校的成功经验，物化校本教研成果，推动工作不断向更高阶段发展，此外也更有利于吸收外界营养，吸纳智力支持，更好地实现专业引领。

（二）开展行动研究，注重教育实践

近些年来，行动研究在我国高等院校开始得以重点发展，特别对教师教育形成了专业教育的主要途径。人们开始学习行动研究的基本原则、研究步骤，了解行动研究的做法，关注和尊重他人的调查。根据行动研究结果，人们可以阐明评估项目的可行性研究，提出改进教师专业发展活动的实施方案，最终达到教师持续专业发展的长远目标。当今行动研究不仅用于教师的专业教育，而且在教育管理和组织研究、社会工作和其他专业背景等均有所研究。

行动研究是被越来越多地从业人员采用的一种方法，这种方法能够监督人们的生活和环境。在国内，行动研究最初由北京师范大学王蔷教授进行研究并且取得了显著成果，其专著《英语教师行动研究——从理论到实践》的出版不但从理论上阐述了行动研究对英语教师发展的重要指导意义，而且从实践的角度介绍了教师如何在自己的课堂上开展行动研究。目前，在我国的教育教学和教师教育改革中，行动研究已经成为一个备受关注的课题，正逐步成为实现教师专业化发展的重要途径之一，我国广大教育工作者也逐渐地理解和接受并践行这一理论，尤其是对现阶段高校英语教师的发展方向产生了一定的影响。

我国学者普遍认同，行动研究是一种以教育实践工作者为主体进行的研究，以自己在实践中所发现的问题来进一步改进教育实践。

Calhoun E. F.（卡尔霍恩）提出了"行动研究循环"方法，具体包括选择一个领域或感兴趣的问题，收集数据，组织数据，分析和解释数据并采取行动（图7-1）。

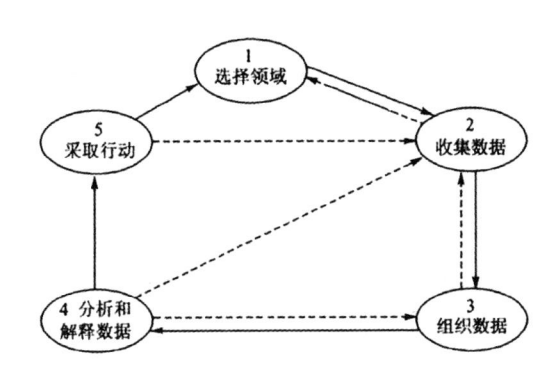

图7-1　行动研究循环[①]

我们应该知道，行动研究有着不同的方法，但它是一种真正的科学探究的方法。尽管诸种定义表述各异，常常发生分歧，但有关行动研究所强调的精神却是一致的，即强调行动研究的重点是：如何做？谁来做？为什么？可能的结果是什么？同时，行动研究者则一致认为，行动研究是基于一定的原则的，是以解决现实中的具体问题为目标。

我们可以从以下几方面帮助教师自我发展。

---

① 孔繁霞.行动研究与教师专业发展：大学英语教师方向[M].南京：东南大学出版社，2013.

（1）提高在教学环境下对教育与教学理论原理知识的认识。

（2）提高教师与教师，学生与教师，教师与管理人员合作的重要性的认识。

（3）通过教师发起的行动研究，开展课程。

（4）提倡教师进行反思性教学和自我评价。

（5）提高教师在行动研究中的角色意识。

以行动研究这一新的方式进行工作，可能会优于大多数教师之前的工作方式，这更符合教师发展的希望。教师们生活在他们的价值取向中，尽管可能仍然有很长的路要走。虽然教师们已经解决了一个个问题，但其他的问题可能已经出现。教师们需要注意，也许在解决一个问题的同时，没有预料到的其他问题已经出现了。这是无止境的，也是自然发展的实践准则，更是进行行动研究的乐趣之处，因为问题是永远存在的。

（三）全面提升英语教师的魅力

教育的问题首先考虑的是教师的问题，当然英语教学也不例外。英语教师在教学中起着指导者的角色，教师要引导学生认识学习、认识社会，教师也需要对自己进行严格的要求，逐渐使学生成为学习的榜样。

1. 提升自己的人格魅力

在教学中，教师的人格对教学情绪、学习效果产生直接的影响，那么教师该如何提升自身的人格魅力呢，主要在于坚持"四心"。

（1）敬业之心

第一，教师要对自己从事的职业有清晰的认识，即认识自己职业的意义，认识到教师需要付出自己的努力，无私奉献自己。第二，教师需要对自己的职业忠诚。随着科技不断发展，知识更新换代快，教师应该树立终身学习的观念，不断提升自身的能力和水平。教师需要用自己的智慧吸引学生，让学生悦纳自己，以高度负责的姿态，真正起到表率的作用。

（2）爱生之心

爱心是促进学生不断成长的法宝。在工作时，教师不仅要传授给学生基本的知识，更重要的应该是培养学生，教会学生做人。教师需要有一颗热爱学生的心，只有真正地热爱学生，教师才能正确地看待学生。在大学，非英语专业的学生很多基础比较薄弱，这就需要英语教师付出努力，保持工作的耐心，不能因为学生犯错就对学生置之不理，而是应该真正地爱学生，将自己的情感融入学生，这样才能与学生建立友好的关系，让学生相信自己，愿意去学习。

（3）健康之心

当前的社会节奏非常快，人际关系也非常复杂，这也给教师带来了极大的影响。尤其是现代很多家长对教师的期待很高，因此教师的压力也非常大。除了这些压力，教师还会面对自身工作、生活的压力，如教师待遇、教师工作性质等。

在学校中，学生与教师接触的时间比较长，教师的行为对于学生来说有直接的影响，是学生最为权威的榜样，教师的心理是否健康、能否承受住压力对于学生来说也至关重要。对于大学生的英语学习来说，本身比较困难，因为他们将更多的精力放在了专业课的学习上，但是一旦步入社会，英语又是不可或缺的一部分，因此面对这样的压力，很多学生心理上容易存在压力，这时教师需要从积极的方向引导学生，这就要求教师首先具有一个积极健康的心理，自身保持积极的心态面对自己的工作，让学生看到榜样的力量，学会自我调节，从而也能树立健康的身心。

（4）进取心

时代不断发展，社会不断进步，教师需要具备一颗进取心。如果一名英语教师仅仅有专业知识，显然不能满足当前英语教学的需要，因为大学生步入社会之后运用到的英语知识，往往和专业密切相关，属于专业英语，因此教师除了要具备渊博的英语知识外，还需要涉猎其他各个方面的知识，这样才能提升英语教学的质量和水平。

2. 拓展自己的英语学识

英语教师是英语知识的传播者。当今社会，知识不断更新，教师需要不断拓展自己的视野，对自己的知识结构加以完善，提升教学的质量，树立终身学习的理念，这是提升英语教师素质的基本要求。

（1）广博的知识

作为一名英语教师，他/她首先需要具备渊博的英语知识。如果教师不扩展自身的知识，在课堂上往往会表现得捉襟见肘，课堂也显得平淡无奇，无法吸引学生的兴趣。随着教学改革不断深化，科技不断进步，高校英语教师需要扩展自己的综合知识，注重知识的应用。教师只有对广博的英语知识掌握清楚，做到融会贯通，才能学会积极思考，发现问题并解决问题。

（2）先进的理念

英语教师具备广博的知识是他们开展教学行为的前提和基础。先进的英语教学理念是展开英语教学的灵魂。只有基于先进英语教学理念的指导，教师才能不断更新教学观念，提升英语教学的境界，为英语教学指明新的方向。在教学模式下，基于先进教学理念的指导，英语教学才能从"授业"转向"授业＋传道"，提升学生的英语素质，促进学生的综合发展。

随着社会不断发展，出现了很多先进的英语教学理念，这就需要教师提升自己的敏感性，能够真正地做到与时俱进。教师需要从学生实际、专业实际出发，在教材内容的基础上融入当前的时事，这样不仅能够传授给学生基本的英语知识，还能吸引学生学习的兴趣和积极性，从而获得成功。

（3）双师的素质

高校英语教学的特色在于提升学生的英语技能。当前，作为一名高校英语教师，需要具备双师素质，即教师不仅掌握渊博的英语理论知识，还能够运用理论知识指导实践；不仅可以从事理论教学，还可以对学生的英语学习实践进行指导。也就是说，高校英语教师只有将自身的实际工作能力与英语课程整合起来，才能将理论知识讲活，为学生的专业课学习打下基础。

为了提升教师自身的实践能力，广大教师应该参与到具体的实践中或者利用假期参与培训学习，从而提升自身的实践水平，以便于更好地指导自己的学生。同时，在学生的实际训练中，教师能够娴熟地展开讲解，从而吸引学生的兴趣，使学生真正地获取英语知识与技能。

（4）科研的能力

高校英语教师还需要具备一定的科研能力。教学中如果没有科研作为底蕴，教育就如同没有灵魂一般。科研工作对于高校英语教师来说，无疑是在拓展自身的专业知识、对自己的学科结构加以丰富、提升自身的教学能力和水平。教师开展科研工作，可以让自己更加主动、自觉地思考教学中存在的问题，从而获取新知识，寻求解决问题的方式和方法。

作为高校英语教师，需要认识到科研的作用，不断提升自身的科研能力和水平，具体来说，主要培养如下五种能力。第一，获得信息的技能。第二，广泛地进行思考的能力。第三，勇敢地攻克难关的能力。第四，勇于创新的能力。第五，将成果进行转化的能力。

3. 提高自己的英语教学能力

学校的学习不是将知识从一个脑袋进入另外一个脑袋，而是教师与学生之间每时每刻都在进行心灵的接触。教育属于一门艺术，课堂教学是教师彰显魅力的体现，其中最为关键的魅力就是上好一堂课。高校英语教师要想让自己的课堂更有魅力，应该从师生之间的交流展开。如果英语课堂中没有交流，那就称不上真正的课堂教学。高校英语教师要想让自己的课堂更有魅力，应该多与学生之间展开对话与共享，一起发现问题、解决问题。当然，英语课堂也必须是真实有效的，拒绝花架子的课堂，其中需要融入基础知识的讲解、思维的拓展、真实的教学活动，能够用最短的时间将知识传授给学生，让学生学到好的知识与技能。具体来说，教师的英语教学能力主要展现为如下几点。

（1）个性化的教学设计

高校英语课堂教学的能力首先体现在对英语教学的设计上。所谓教学设计能力，即教师在开展英语教学之前，从英语教学目的出发，设定英语教学程序，制订英语教学方法，选择恰当的英语教学内容。当前，很多教材都包含现成的教学课件，因此很多教师并未付出辛苦在教学设计上，而往往拿现成的课件展开教学。但是，真正的教学设计要求教师能够吃透所要教授的内容。对学生的学习状态有清楚的了解，从而确定教学目标，选择恰当的方法，设计出独特的教学思路。英语教师进行教学设计的过程，实际上就是创造的过程，但是在进行教学设计时，要求灵活、简洁，并且真正做到以学生为中心，在设计时也要体现出预见性。

（2）整合性的教学能力

所谓整合性教学，即要求在教学中将学科的各个环节与要素、不同方法有机地整合在一起，使教学更具有程序性。整合性教学要求教师拥有良好的知识结构，具有程序化的教学技能，具有丰富的教学策略，能够付出较少的努力就可以完成各项教学任务，帮助学生实现英语学习。

高校英语课堂教学的首要任务就是激发起学生英语学习的兴趣，吸引学生的注意力。现在的高校英语课堂中存在很多低头族，并且已经成为高校中的一道靓丽风景：不管讲台上教师讲得多么用心、用力，下面的学生多数在玩手机、刷微博、看朋友圈等，他们可能忘记带教材，但是也不会忘记带手机和充电宝。面对这样的高校英语课堂，教师需要对其进行有效的组织。

另外，在语言上，教师应该确保表达的准确性与针对性，做到突出重点、清晰精练。教学技能也要不断提升和创新，要时时改变授课手段，延伸教学模式，创新考核手段。

4.修炼自己的形象魅力

近些年，不断出现"最美教师"，这说明进入新时代，大家对任何职业都有了较高的要求，不仅仅对教师的能力有要求，还要求教师的形象。在新时代，教师应该具有朝气，这主要体现在教师也应该努力追求美，外在美、仪表美也是能够吸引学生的一大关键。外形仪表体现的是一名教师的气质、素养以及审美观，也能表露出美好的心灵。教师清丽脱俗的气质、优雅的风采、巧妙的语言、豁达的性格等，往往能够吸引学生的注意力，陶冶学生的思想情操。

（四）培养英语教师的信息化教学能力

关于英语教师的信息化教学能力，要想有效促进其发展，需要采取相应的培养和发展策略。这方面的策略有很多，为了便于理解和操作，可以将这些培养策略大致分为三个方面：一个是促进英语教学信息化教学能力发展的外部环境条件——宏观策略；一个是促进其发展的方法论——中观策略；还有一个是促进其发展的内部系统和直接条件——微观策略。每一个策略又包含了很多具体的内容。

1. 宏观策略

英语教师信息化教学能力培养的宏观策略，主要包含社会发展的需求、国家政策的保障、教育改革的引导、学校组织的支持以及教师成长的动力这几个方面内容（图7-2）。外部环境的建设是英语教师信息化教学能力培养发展的重要基础

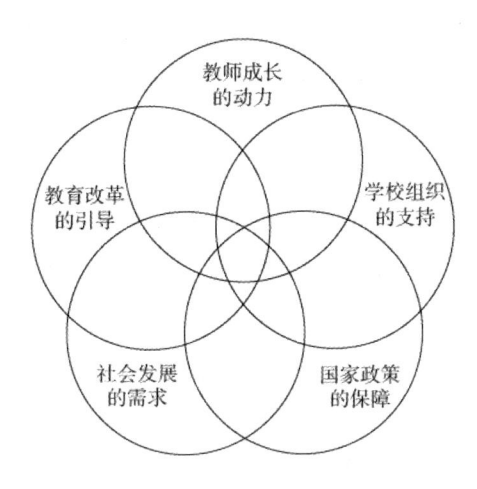

图7-2 英语教师信息化教学能力培养的宏观策略

（1）社会发展的需求

信息化社会的一个显著特点就是信息量激增，知识更新周期缩短。对于英语教学来说，教育的信息化已经渗透其中，因此，作为教育实施者的英语教师信息化教学能力的培养至关重要。信息化社会对信息化人才的培养要求是要具有创新精神和实践能力，因此，从英语教师自身的角度来说，自身的信息化发展就显得尤为重要了。可以说，英语教师信息化教学能力的培养，不仅是信息时代对英语教师的能力要求，同时也是信息技术深入渗透教育的发展需要。关于英语教师在信息化社会中需要培养的教学能力，可以大致分为三个方面，一个是信息化学科知识，一个是信息化教学法知识，还有一个是信息化学科教学法知识。

（2）国家政策的保障

关于国家在政策方面对英语教师信息化教学能力培养策略的支持与保

障，主要从相关通用教师教育技术能力标准的颁布与实施、教师相关信息技术能力的国家层面的培训项目支持等方面得到体现。从国家政策保障的层面来说，英语教师信息化教学能力的培养和发展，要重视英语教师教育技术能力中教师信息化教学能力相关的明确要求，根据实际情况来对教师相关能力标准的规范进行适当调整，同时，也不能忽视了教师相关能力的培训、考核与认证等方面的工作内容。经费投入方面也是需要重点关注的方面，由此来保证英语教学信息化教学能力发展的基础和条件。这样，才能从政策和资金等方面有效保证英语教师信息化教学能力的培养和发展，使其多层面和终身化的实现得到保障。

（3）教育改革的引导

教育教学的改革成为现代社会促进教育教学发展的一个重要路径。应该说，教育教学改革在课程体系、实践教学、教学方法策略等方面，已经有了很大的改革与引导。英语教师教育改革往往跟不上基础教育课程改革的步伐。这在英语教师相关信息技术能力的培养和发展过程中也有着突出的表现。因此，英语教师信息技术能力的相关培养和发展，不能仅仅局限于教师信息化教学能力的提升，也要涉及其能力标准、相关教学评价以及相关科学研究等各个方面。

（4）学校组织的支持

学校是教师教育教学活动的场所，教师教学能力的发挥也需要在这样的平台上来实现。对于英语教师信息化教学能力的培养与发展来说，这一目标是需要在一定的支持条件下才能实现的，而重要的条件之一就是学校组织的支持。具体来说，这一支持包含着丰富的内容，比如，校长的支持、资源的准备、培训的参与、教学的交流等。

（5）教师成长的动力

英语教师的信息化教学能力培养和发展要具备重要的条件，这一条件主要是指外部因素，而起到关键性作用的是内因，换言之，英语教师自身必须具备培养和发展的最终内驱力，才有可能实现信息化教学能力培养和发展的目标。一般而言，英语教师信息化教学能力培养和发展的内因主要包括英语教师自身的自信心、正确的态度、时间保证、知识的准备等。同时，信息化社会英语教师的专业成长需要也对英语教师信息化教学能力的培养和发展起到了积极的促进作用。

2. 中观策略

英语教师的信息化教学能力培养与发展，在方式、方法和策略方面也有一定的需求，也就是要有促进其发展的方法论，即教师信息化教学能力发展促进策略的中观层面。在这一层面中，促进英语教师信息化教学能力培养与发展的关键环节是职前培养、教学实践、在职培训、协作交流、自主学习。关于英语教师信息化教学能力培养与发展的中观策略，主要有以下几个方面。

（1）职前培训与在职培训相结合

教师信息化教学能力发展是一个系统的过程，并且整个发展过程实现了动态、开放、多元、协作、终身能力发展的转变。职前培养与在职培训在英语教师信息化教学能力培养和发展的过程中是处于非常重要的环节，两者之间有着紧密联系。其中，职前培训所涉及的主要是英语教师的技术知识、技能的学习和模仿，虽然也有一些教学实践环节，但总体上要以英语教师信息化教学知识和技能的获得为主；在职培训所涉及的内容主要为知识、技能在新情景中的动态应用实践，当然也包括一些技术知识、技能的学习。

（2）传统方式与网络在线相结合

在现代信息化社会中，尽管获取学习信息资源的渠道已经多元化，并且对英语教师信息化教学能力发展的网络在线途径的重视程度比较高，但是，这并不是唯一，传统的方式也不能完全被忽视，也要适当采用，从而保证其知识获取、教学经验分享、教学研讨、协作教学等的顺利实施，实现与传统方式的有机结合。

（3）技术知识与实践应用相结合

英语教师信息化教学能力的获取，是由处于基础性地位的英语教学技术知识，经过教育教学实践，而转化成的教学应用能力，因此，也可以将英语教学的信息化教学能力，理解为英语教师技术知识与实践应用相结合的结果。这两个方面，缺少了任何一方，英语教师的信息化教学能力都不可能实现，因此，将两者有机结合起来是非常有必要的。

（4）自主学习与协作交流相结合

在信息化社会，英语教师不仅要有自主学习的意识，还要有自主学习的能力，这样，才能与社会发展变化和教师专业成长的需要相适应。英语教师信息化教学能力发展所具有的开放性、动态性、终身性特征，都离不开英语教师的自主学习能力。信息化社会的英语教师同样也需要具备协作交流的素质，这主要包括两个方面的内容，一个是教师同行间的教学交流、教学观摩、教学研讨等，一个是英语教师与学生、教师与专家的交流对话。教师的信息化协作教学，能有效共享集体的知识、经验与智慧，形成教师信息化教学的共同体。

3. 微观策略

英语教师信息化教学能力培养与发展的微观层面的促进策略，大致可以分为三个方面。

（1）以自主学习为主的知识积累

对于英语教师的信息化教学能力的培养和发展来说，教师的自主学习是非常重要的基础条件和动力源泉，同时也是英语教师专业发展的内驱力。通过自主学习，能使英语教师实现技术知识积累，促进教学，促进学生的发展。这在英语教师的职前培训和在职培训中都有所涉及。某种程度上，通过自主学习，能够使英语教师在信息化教学能力不同发展阶段获得的离散知识更具系统化，使得信息化社会中教师的专业发展更具动态化、可持续、终身化。

（2）以教学实践为主的应用迁移

关于英语教师信息化教学实践的形式，可以将其理解为英语教师教学技术知识、技能在具体情景中迁移应用的体现，是一种"理论化的实践"。因此，英语教师要以教学实践为主，在不同的信息化教学情景中，实现信息化教学融合与信息化教学交往，在实践中反思，在反思中成长，最终实现英语教师信息化教学智慧的生成与创造。

（3）以协作教学为主的对话交流

英语教师的信息化教学能力包含的子能力有很多，其中之一就是信息化协作教学能力。教学观摩、教学研讨、协作交流、协作科研等都属于英语教师的协作化教学能力的范畴。某种意义上，英语教师在信息化社会中以协作教学为主的对话交流策略，是对现代社会的一种体现，具有显著的时代性特点。

第八章

新时期高校英语ESP教学的创新

ESP是English for Specific Purposes的简称，中文翻译为"专门用途英语"。这门学科起源于20世纪60年代，是建立在英语知识与专业需求基础上的应用型学科。在我国，当前很多院校兴起了高校英语ESP教学，因为其应用性极强，因此受到了各大高校的重视。本章就对新时代高校英语ESP教学进行研究。

第一节 英语ESP教学理论研究

一、ESP的定义及其分类

（一）ESP的定义

ESP的全称是English for Specific Purposes，也就是"专门用途英语"，如商务英语、法律英语、旅游英语、广告英语等都属于这一类。随着科技的不断进步，金融、贸易等交往更为频繁，而英语作为一种通用语言，应该向各个领域靠拢，以符合社会发展对英语人才的要求。

ESP教学具有明确的目标与针对性，并且实用性很强。其具备两大特点。

第一，ESP的学习者主要面向成年人，或者是那些正在从事某职业的专业人才，如金融类、商业类、旅游类等，或者是在校的学生，因为他们学习也是为以后的工作服务的。

第二，ESP学习者学习英语主要是为了将英语视作一种工具，展开专业化的学习，以满足不同学习者的需要，提升自身的专业能力。

（二）ESP的分类

随着社会的发展，ESP教学不断壮大，下面介绍一些学者对于ESP教学的划分。

1. 达德利·埃文斯和圣约翰的两分法

达德利·埃文斯和圣约翰是以职业领域为基准，将ESP分为两大类，如图8-1所示。

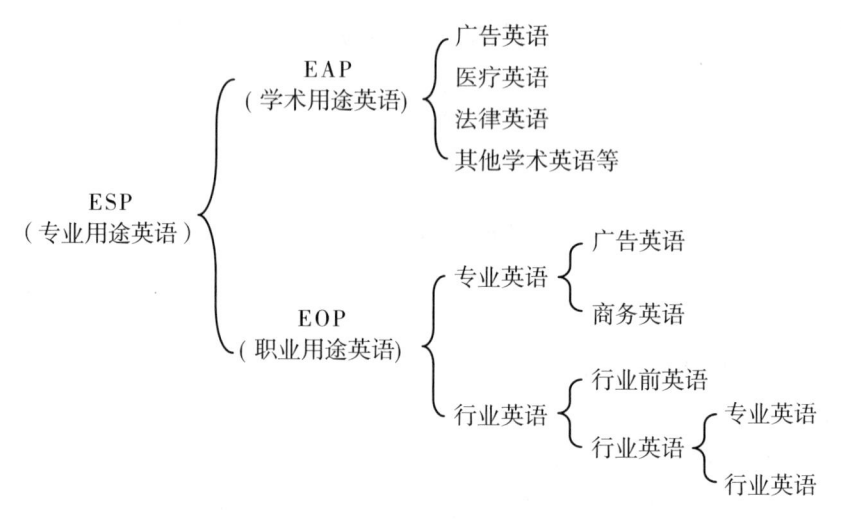

图8-1 达德利·埃文斯和圣约翰的两分法

2. 哈钦生和沃特斯的三分法

哈钦生和沃特斯以科目类别为基准，将ESP分成了三类，即科技英语、商务英语以及社科英语，如图8-2所示。

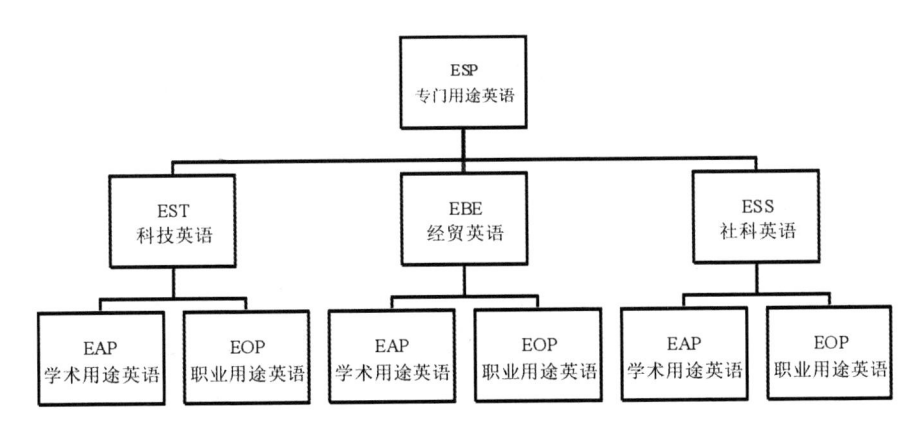

图8-2 哈钦生和沃特斯的三分法

（资料来源：张雪红，2014）

3. 乔丹的两分法

乔丹是在哈钦生和沃特斯的基础上将三分法简洁化，主要是以语言使用目的和语言环境为基准，具体分类如图8-3所示。

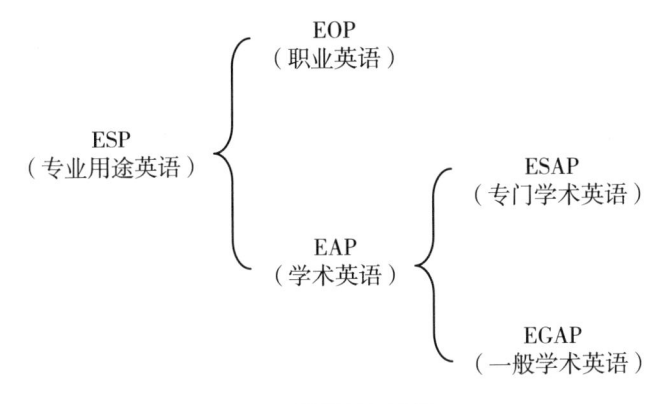

图8-3 乔丹的两分法

4. 罗宾逊的两分法

罗宾逊主要是以学生的经历为基准进行划分，将ESP划分成职业英语和学术英语，如图8-4所示。

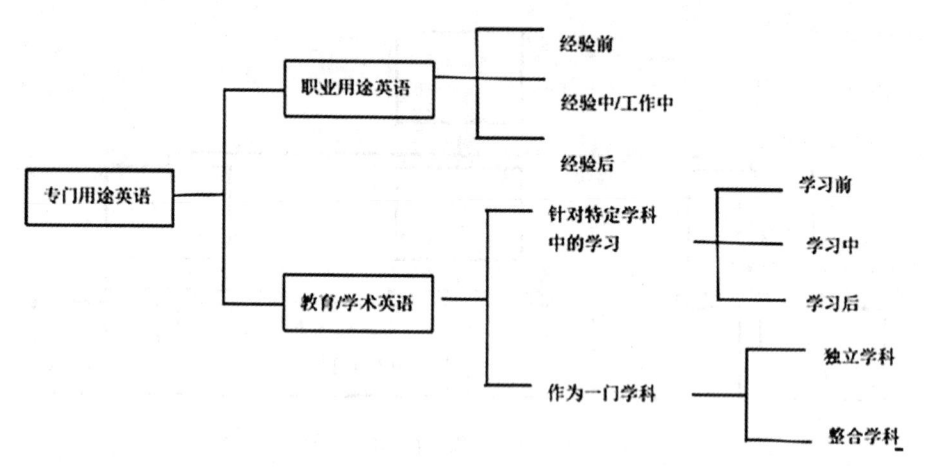

图8-4　罗宾逊的两分法

当然，如果不将通用英语和专门用途英语加以区分，那么对专门用途英语的研究也就失去了意义。因此，我们将罗宾逊的分类方法进行修正，如图8-5所示。

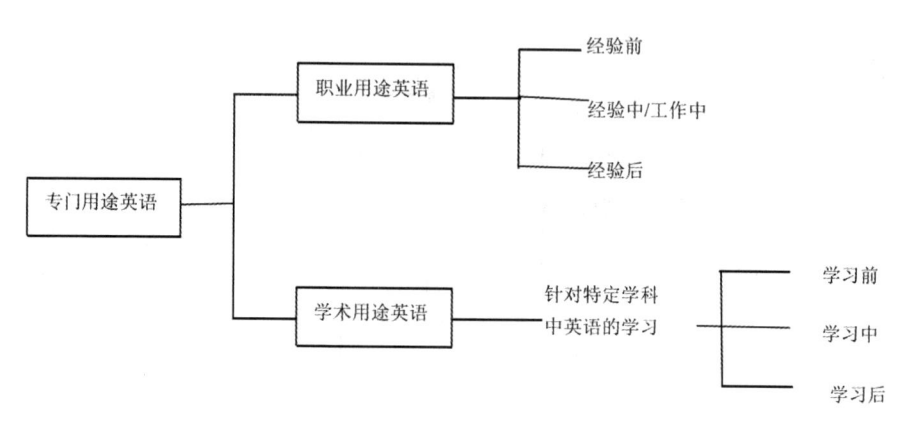

图8-5　ESP分类结构图

（资料来源：张雪红，2014）

二、高校英语ESP教学的优势

英语教学的最终目的在于让学生从对语言的学习转向对语言的使用，让学生在特定的职业中能够将英语运用得恰到好处。英语课程不仅需要打好学生的语言基础，还需要培养学生实际运用英语语言的能力，尤其是运用英语进行日常生活与交流的能力。因此，高校英语教学必须从学生的学习需求与用人单位的需求出发，满足不同专业对教学的要求，培养出符合用人单位需要的专业人才。ESP教学使语言教学为专业学习服务，这就说明在实际的工作中，学生需要了解各个专业的发展动态，让英语学习与具体的实践相连接。在高校英语教学中引入ESP教学，就是与相关的专业联系起来，这样培养出的人才不仅具有较强的外语能力，还具有专业性。

ESP教学是社会语言学给语言教育制订的高标准，也是社会实践的基本要求，运用专门用途英语理论指导高校英语教学是可行的。

（一）ESP教学原则符合高校英语教学要求

专门用途英语坚持以学生为中心、真实性原则、需求分析原则，这三大原则与高校英语教学的要求相符合。

1."以学生为中心"的原则

ESP的目标非常明确，即成年人，但是这些成年人的时间有限，因此设计的教学大纲往往是考虑他们以后的工作。这就要求ESP教学应该以学生为中心，主要培养学生的交际能力。

教学目标、教学内容等的设计，需要从学生学习英语的原因出发来考量，要根据学生的实际需要来确定。哈钦森与沃特斯指出，虽然对语言使用的强调可以说明语言教学的目的，但是在ESP教学中，语言使用并不是教学而定目的，而是语言的学习。①真正如何展开ESP教学必须基于对语言学习过程充分了解的层面。这里的语言学习指的是能够让学生产出教学方法与学习策略。对语言学习的强调，实际上是抓住以学生为中心这一理念，这一理念恰好与高校英语教学理念相符。

在当代的高校英语教学中，需要对传统的以教师为中心的形式加以改变，在课堂教学中强调以学生为中心，设计的课堂活动要多样化。从课程需求出发，语言水平不同的学生，设置不同的课堂学习任务，从而调动学生的积极性，将学生的主观能动性发挥出来，从而不断培养学生的跨文化交际意识与能力。

2."真实性"原则

在ESP教学中，需要坚持真实性的原则，这一原则是ESP教学的灵魂。具体而言，教材内容应该是与专业密切相关的语料，课内活动、课外活动以及练习的设计也需要与英语社会文化情境相符合。当然，只有具备真实的语篇，再加上学生真实的任务，才构成ESP教学的特色。

当然，真实的材料还需要考虑体裁的特点，考虑听、说、读技能的训练以及学习策略的培养。高校英语教学应该尽可能使用真实的材料，便于学生在毕业后能够运用到自己的岗位中，这样高校英语教学的实用性也被呈现出来。

3."需求分析"原则

需求分析是ESP教学大纲制订、教材编写的前提。在ESP教学中，需求分析涉及两点内容。

第一，对学习者的目标需求加以分析，即分析他们可能遇到的交际情境。

第二，对学习者的学习需求进行分析，即涉及哪些层面的知识、技能，哪些知识、技能需要先掌握，哪些需要后掌握等。

---

① 梦红.ESP框架下应用型本科院校高校英语教学模式研究[M].长春：吉林大学出版社，2015.

一些学者认为，学习需求分析涉及对教学环境的考查，因为教师队伍、校园氛围等因素，也会对教学产生影响。对于高校学生来说，他们自身存在着明显的差距，运用英语的能力也明显不同，因此高校英语教学强调以实用为主，基于学生的实际需求展开教学。[①]

从不同学生的基础出发，对教学层次展开调整，凸显职业岗位的能力，凸显侧重点，促进学生各项能力的协调发展。高校英语教学的课时安排是有限的，应从学生的专业需求出发，传授给学生必要的知识技能，从而提升学生的学习水平与效率。ESP教学基于需求分析理念，对学习者的不同需求进行分析，通过学习与使用相结合，为高校学生获取自身所需的交流形式提供了可行性。

就上述内容而言，ESP教学体现了高校英语教学与学习是为职业岗位服务的，这有助于调动学生学习的积极性与主动性。ESP教学的原则也与高校英语教学的尊重学生的理念相契合，都是侧重于以学生为中心。

（二）ESP教学理念与未来高校英语培养目标一致

ESP教学基于专业的需求，探究一种英语与专业的结合形式，其侧重实用性，体现专业性，注重培养学生的语用能力。这与现阶段我国高校英语教学强调的培养与职业能力相匹配的英语使用能力这一目标一致。

ESP教学对于学生交际能力的培养非常侧重，主要目的是为了让学生能够在以后的岗位中能够适应。现阶段，我国高校英语教学的培养目标也是让学生能够在某个岗位运用英语这门语言。

ESP教学目标的设置将需求分析视作教学的落脚点，提炼出与专业或者职业相匹配的英语运用能力，然后对词汇、语法等知识进行整合，形成一个具有针对性与实用性的教学途径。现阶段的高校英语教学也以职业、岗位作为目标，培养学生能够在以后的工作中运用英语完成任务。可见，ESP教学为教师提供了实现高校英语教学的手段。

---

① 梦红.ESP框架下应用型本科院校高校英语教学模式研究[M].长春：吉林大学出版社，2015.

（三）高校学生具备接受ESP教学的基础

如前所述，ESP的学习者都是成年人，甚至其中包含某一职业的高级人才，甚至有些正在某一岗位上接受培训，或者也包含一些在校学生。对于他们而言，学习英语的目的是为了能够在其自身的岗位或者职业、专业上有所突破，从而有效地完成某项工作。

对于高校学生来说，他们在高中已经具备了英语语言基础，对一些语言能力有清晰的掌握，即不管学生以后从事什么类别的工作，这些语言基础知识是必须的。学生的词汇量、语法知识等已经能够帮助他们完成基本的工作，基于这样的知识，进行ESP教学，为学生传授高于现在的知识，那么他们就能够在某一专业上有所突破，从而激发学生的学习兴趣与积极性。

ESP教学是EAP教学的拓展，是从基础英语能力转向英语应用能力的过渡。高校学生通过掌握一定的专业词汇、专业会话，对一些专业说明、操作指南等能够阅读，对行业英语写作规范有所熟悉等，实际上是对自身专业能力的补充，是为了他们的终身学习做准备。

（四）高校教师具备ESP教师的潜质

从EAP过渡到ESP需要一个过程，ESP教学需要ESP教师具备较高的英语水平，具备一定的专业知识，是普通英语教师与专业英语教师的融合。

高校英语教师要想具备ESP教师的能力，需要经过不断的培训，从而使他们具备综合语言技能。对一些英语水平较高的教师进行专业培训，鼓励年轻教师攻读硕士、博士等，从而壮大ESP教师的队伍。

另外，高校英语教师与专业教师之间应该不断合作，展开跨学科的交流，对彼此知识的不足加以弥补，不断提升教师的专业素质与能力，建构一个专业知识与英语知识都过硬的队伍。当前，高校与企业也不断合作，以此提升高校英语教师的动手能力。对学科专业知识与实践有更深层的了解，从而为ESP教学奠定基础。

第二节　英语ESP教学的创新与优化

一、高校英语ESP教学的创新与优化原则

（一）教学以需求分析为基础

高校英语ESP教学要建立在学习分析的基础上，其主要有如下两点表现。

第一，教学目标在设定时需要进行需求分析，教学目标要从社会与学生的需求出发，使培养出的学生不仅具备学术素养，还具有职业素养。

第二，教学内容的选择需要进行需求分析，在明确了目标之后，就需要对教学内容进行选择，教师要从本校的实际出发，对教材进行选择，因为教学内容主要体现在教材上。教学内容的选取需要遵循需求分析原则，应该从社会与学生需求着眼，采用恰当的手段展开目标情景分析。

（二）实现英语教学与专业教学相融合

为了推进高校英语ESP教学，应该在课程上保证英语学习与专业学习的结合，从单一的语言教学转向多学科英语教学，从而真正将语言学习融入具体专业中。换句话说，就是实现师生的教学相长，通过彼此之间的互动，实现知识的深度融合。并且，这种互动是双向的互动，学生能够通过与教师的平等交往，对高校英语ESP教学的内容有清楚的了解，并获得与自身相关的英语专业技能。

（三）遵循主体性原则

虽然高校英语ESP教学受到多个因素的影响，但是以学生为主体这一原

则并未改变。也就是说，在高校英语ESP教学中，应该凸显学生的主体地位，对学生的不同特征有清楚的了解，将学生的内在潜能挖掘出来，调动他们学习的兴趣。

高校英语ESP教学主要是培养学生的实际运用能力。学生在教学活动中始终占据主体的地位，教师也是为学生服务的。在具体的高校英语ESP教学中，教学的设计、教学策略的应用等都需要从学生的主体性上考量，要能够将学生的主观能动性发挥出来，促进学生在知识、技能、情感等层面的发展。

（四）多元教学方法相整合

高校英语ESP教学具有多元性的特点，因此要实现英语教学与专业英语的结合，不仅要对传统的教学方法予以保留，还需要选取新的教学手段，真正做到教学方法的多样化。只有这样，才能将学生的兴趣和积极性激发出来。具体来说，主要从如下几点着眼。

首先，教学方法要具有针对性与多样性，丰富教学手段与形式，让学生多进行互动与反思。

其次，教师可以采用角色扮演、案例教学等多种特色的方法，引导学生参与到具体的实践中。

最后，不同的学生，其学习需求与英语基础不同，因此教师可以采用个性教学或者分层教学。这就要求教师对学情有清楚把握，然后对学生进行合理的分层，为他们制订相符合的教学目标与内容，展开合理的教学评价。

三、高校英语ESP教学的创新与优化步骤

要想实现高校英语ESP教学的效果，就必须建立一个科学、专业的大纲。另外，还要对课程内容与考核评估进行优化。下面就具体分析这些层面。

（一）优化教学大纲

课程设计好坏直接影响着高校英语ESP教学的效果。从目前来说，高校英语ESP教学最突出的一个问题在于科学、专业大纲的缺乏。那么，到底高校英语ESP教学的大纲有什么具体要求呢？显然，其必须与学生的特定需求相符合。学者哈钦生和沃特斯指出，虽然学生的学习需求非常复杂，但是一旦满足了其需求，就能够构成一个循环的过程，如图8-6所示。

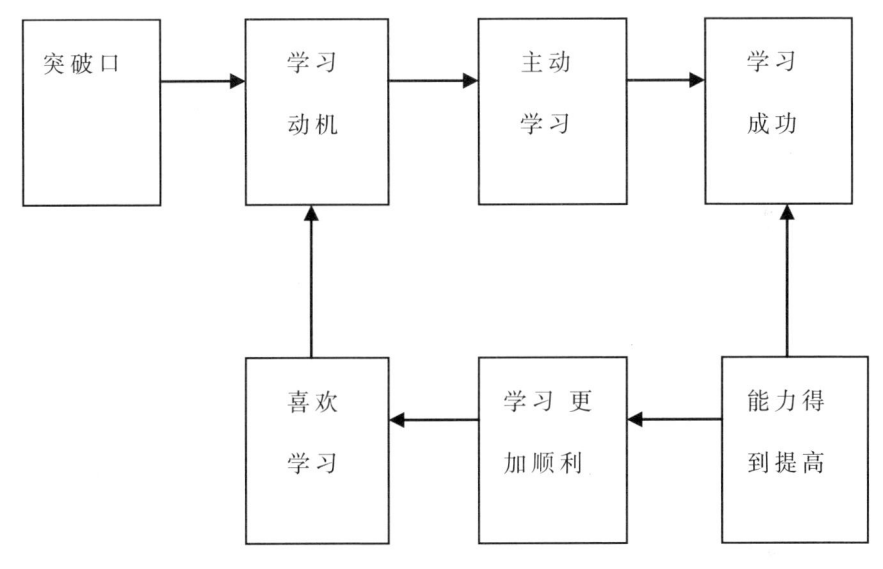

图8-6 学习动机循环图

（资料来源：Hutchinson & Waters，1987）

另外，对大纲进行设定不能靠想象，而是应该基于需求分析。具体来说，需求分析有学术需求与职业需求两个层面，并且这些需求会随着政治、经济等发生改变，因此高校英语ESP教学大纲也应该从需求出发来进行调整。也就是说，高校英语ESP教学大纲是一个动态的大纲，并且强调学习过程，如图8-7所示。

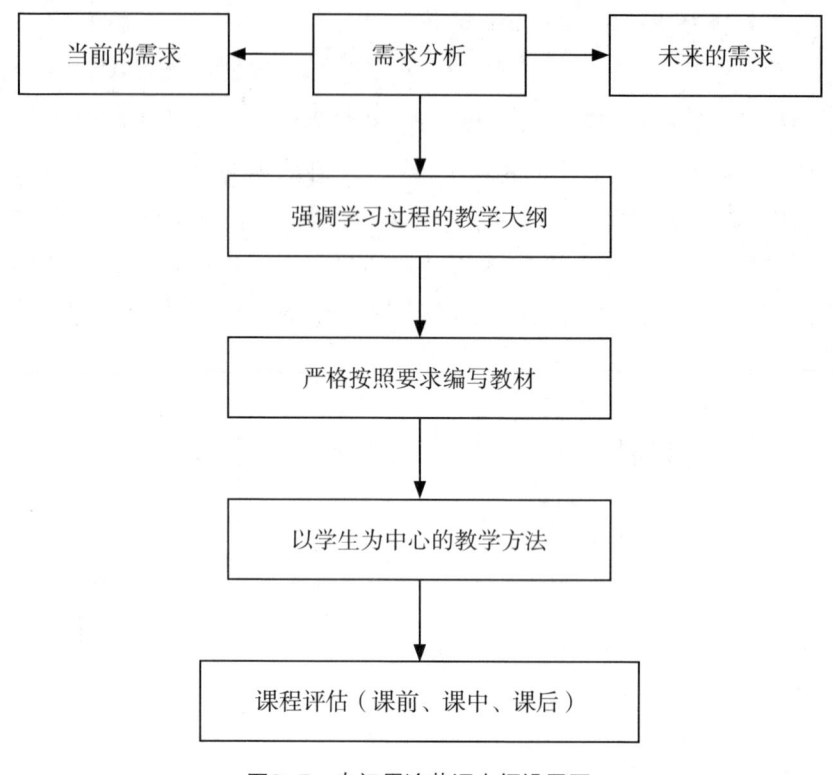

```
┌─────────┐      ┌─────────┐      ┌─────────┐
│当前的需求│ ←── │ 需求分析 │ ──→ │未来的需求│
└─────────┘      └─────────┘      └─────────┘
                      │
                      ▼
              ┌─────────────────┐
              │强调学习过程的教学大纲│
              └─────────────────┘
                      │
                      ▼
              ┌─────────────────┐
              │严格按照要求编写教材│
              └─────────────────┘
                      │
                      ▼
              ┌─────────────────┐
              │以学生为中心的教学方法│
              └─────────────────┘
                      │
                      ▼
          ┌───────────────────────┐
          │课程评估（课前、课中、课后）│
          └───────────────────────┘
```

图8-7　专门用途英语大纲设置图

（二）优化课程内容

要想优化课程内容，应该将基础课程在高校英语教学的高级阶段优化成高校英语ESP教学的初级阶段，其优势在于对传统的教学模式加以转变，使教师、学生都能够从自身需求着眼，对教学材料、内容、方式等展开自主的选择。另外，优化后的课程内容应该避免与高校英语教学阶段的内容重复，从而真正将学生的学习状态引入高校英语ESP学习中。

（三）优化考核评估制度

与传统的高校英语教学相比，高校英语ESP教学对于学生的实际应用能力更为注重，其课程设置也推崇灵活性。因此，其考核制度也需要不断变通。具体而言，技能课的考核可以参考学生是否能够运用英语技巧查阅材料、是否做到了听讲座记笔记、是否可以写应用文等。专业知识桥梁课主要考核的是他们对专业的熟悉度，尤其是专业课的文本特点以及最新的学术动态。专业英语的考核标准在于学生能否运用英语获取知识。

第三节 互联网技术下英语ESP教学的建构路径

一、创新英语ESP教学的目标，完善教学设计

要想推进ESP教学改革，首先需要对教学目标加以创新，对教学设计进行完善，对教学内容加以确定。一般来说，教学内容往往是基于教学目标建立起来的。高校英语ESP教学是英语基本知识与专业知识的融合，因此教学内容可以划分为两部分：一部分是学术知识，另外一部分是专业知识。前者指的就是英语基础理论，后者指的是学科知识，二者有着紧密的联系。并且，英语基础理论知识是学科知识的前提与基础，学科知识是基础理论知识的扩展。高校英语ESP教学就是要实现二者的融合。具体来说，可以从学生的实际情况出发，对课程加以设计，对传统的英语教学内容加以安排，并将专业知识融入普通教学中，满足学生的实际需求。

在具体的高校英语教学中，应该采用渗透式教学与分层教学相结合的模式，有助于学生适应不同的教学模式。两种教学模式相结合就是对高校四年的ESP教学的综合设定，即在大一、大二主要讲述基本的英语技能，同时渗透ESP教学的知识，到了大三可以设置ESP教学，并从不同的专业出发进行课程设计，这样才能符合不同学生的专业发展。

在教学活动的设计上，要注意英语语言与教学内容的融合，可以鼓励学生采用小组形式展开学习。合作学习强调对知识的建构，教师要在熟悉教学

内容的层面上创设一定的情境，让学生在小组讨论中对专业内容进行积极的建构，从而不断提升学生的语言运用能力。其中情境的创设有助于学生明确学习目的，激发他们学习的兴趣和积极性，最终提升教与学的效果。

二、充分利用空间，建立多元交互的英语ESP课程体系

在高校英语ESP教学中，要实现课程设置与教学风格的一致，这是基本的前提条件。因此，教师在高校英语ESP课程的设计中要付出一定的辛苦和精力，具体来说要注意如下两点。

第一，要将必修课与选修课充分利用起来。例如，当学生进入学校之后，可以进行摸底测试，测试学生是否可以直接接触ESP课程，并从学生的个人专业、自身水平出发，选择适合他们的专业英语。另外，可以从难易程度上，对课程展开划分，简单的课程可以用作对必修课的补充，让学生在富裕的时间进行学习，难度较大的课程可以到了大三在学习，当然不同的高校要根据学生的实际情况自行制订。

第二，要建构多元交互的课程体系。这一体系主要基于通用英语教学，目的是对学生的基础知识加以巩固，并将ESP教学作为核心，目的是脱离传统的教学模式，让学生接触专业英语，并让学生学会将专业英语用到具体的实践之中。同时，设置跨文化交际课程，拓宽课程范围，对教学内容加以丰富，并基于基础英语、专业英语等，让学生运用网络对中西文化差异有清晰的了解，以培养学生的人文素养。

三、利用互联网，拓展英语ESP学习的空间

随着互联网技术的进步与发展，学生知识获取的途径变得更为丰富，一些碎片化的学习机制也不断出现，这些变化对于ESP教学有很大的影响。

首先，要充分发挥互联网技术的作用。高校英语ESP教学主要是为了培养具备国际视野的专业英语人才，因此在教学中采用互联网技术，将慕课、微课等多种教学模式引入其中，有助于激发学生的学习兴趣，也便于扩充学生的学习内容。

其次，要营造学生学习的氛围，为学生拓宽学习的空间。教师可以为学生设置学习情境，让学生身临其境地感受，这样便于学生转变角色，以与专业需求相适应。

四、注重英语ESP教材的多元性，开发辅助资料

无论什么学习，教材都是其重要载体，也是教学的一部分。当前，高校英语ESP教学始终处于辅助地位的原因就在于教材的缺乏。英语基础知识与专业知识无法联系在一起，导致教师无法深入地开展ESP教学。因此，必须开发适合的ESP教材。各大高校可以从教学大纲、学校宗旨等出发，选择合适的教材。当前，高校可以组织教师对ESP教材加以编写，但在编写的过程中需要注意如下几点。

第一，教材要具有衔接性与实用性。高校英语ESP教学是由多个模块组成的，因此在编写教材的时候，需要各个模块之间的衔接。另外，高校英语ESP教学的性质也要求其教材的编写要更为专业与实用，要从市场与学生的需求出发。

第二，教材要具有趣味性，同时也要考虑职业性。也就是说，教材不仅要有助于学生专业知识的学习，还需要具备趣味性，这样才能激发学生的学习积极性，真正做到寓教于乐。

第三，开发利用辅助资料。如果教师仅仅依靠教材，是很难提升教学效果的，因此还需要一些配套的资料。因此，在编写ESP教材的时候，应该注重复制材料的开发。具体来说，可以构建基于互联网技术的ESP学习资料库。将相关专业的语料包含在内，扩大ESP学习的资料。

第九章
新时期高校英语教学其他方面的创新探索

在新时期，随着生态理论与大学英语改革的发展，高校英语生态教学理念诞生，即以生态学作为视角，分析高校英语教学的现状，从而优化语言生态环境，构建生态教学策略，以此改变高校英语教学的生态危机，促进高校学生知识与身心的发展。另外，立德树人是高校的一项根本任务，因此思想政治教育也是一项非常重要的课程。高校英语作为一项学时最长的学科，也需要承担向学生传递价值观、培养学生崇高人格的作用。因此，高校英语教学中也需要融入课程思政的内容。本章就从这两大创新视角着眼分析与探究。

第一节　互联网技术下英语生态教学的创新

一、英语生态课堂的定义

生态课堂是从生态学的视角出发，对生态状态下的课堂加以研究的学科，其强调教师、学生、教学信息与组织、教学环境、教学平等等环节要实现和谐统一，是对师生关系、课程结构等进行的新型建构，是一种各个环节之间彼此联系与和谐共生的教学形态。

教育要以人为本，因此英语生态教学也应该这样。人的生命发展具有多元性，而学生个体的发展具有多样化，这包含他们身心和谐的发展、个人的求知欲、与他人和谐相处的能力等。但是，学生个体的发展不能牺牲他人，因为教育面向的是全体学生，因此要兼容并包，对其他学生要予以尊重。

二、高校英语生态教学的理念

无论对于教师还是学生而言，高校英语生态课堂都是一个全新的教育观念，需要每一位教师付诸自己的心血来经营和追求。要想构建一个完整的高校英语生态课程系统，这个过程是十分困难的，包含创设课堂环境、和谐师生关系、加强课堂互动、构建多元评价机制等。下面就来具体分析这几项内容。

（一）创设和谐生态课堂环境

对于师生而言，课堂是他们演绎生命意义的舞台。创设一个和谐的课堂环境，是师生能够自由成长的基础与前提。生态课堂创设，不仅涉及物理环境的创设，还涉及心理环境与文化环境的创设。

1. 物理环境创设

高校英语生态教学中生态课堂的物理环境，是由自然环境和一些教学设备构成的，自然环境包含照明、光线、噪声等，教学设备包含教师布置、书桌布置等。这些在课堂教学互动中发挥着不同的生态意义与功能。

（1）适当的光线和照明

在课堂中，适当的照明与光线对于教师和学生都有重要作用，尤其是对学生的健康与心理等。例如，如果光线太弱，那么学生在学习中就会感到视觉疲劳，甚至产生厌倦心理；如果光线太强，那么学生就会受到过度的刺激，导致对健康产生影响等。

（2）降低噪声

噪声会对人的生理机能产生影响，这是不容置疑的，而且会让人感觉到非常的不舒服，也会影响学生的心理，如使他们感到焦虑，记忆力下降，甚至思维变得迟钝等。在教室中，噪声大小与教室位置、班级学生密度有关，与位于城市的位置有关。也就是说，班级人数多，那么噪声就偏大；离城区越近，噪声就越大。

另外，学生对噪声的承受能力会因为个性、性别等产生差异。因此，要想够建一个英语生态课堂，在位置上要远离城市中心或者比较喧嚣的地方。对于班级的规模也应该予以控制。一般来说，公共英语的班级较大，教师应该根据具体的情况，对不同形式的教学活动进行安排，从而减少噪声。

（3）布置教室

作为课堂活动的场所，教室的教学设备、内部构架等都需要精心的设计与安排。教室内课桌的摆放以及墙壁等的布置，是否整洁干净等，都会让师生感觉到精神上的舒适感与愉悦感。

形状不同的教室，其有着不同的优点。一般来说，梯形的教室适合讲座，长方形的教室适合课堂讲授，因为这样的教室便于安排座位；圆形的教室适合小组交流与讨论，这样座位的布置也是圆形的。

2. 文化环境创设

在高校英语生态课堂中，文化环境包含物质文化环境与精神文化环境两类。前者指的是符号化与物化的结果，属于一种表层的文化环境；后者指的是态度、情感等，属于一种深层的文化环境。

在高校英语生态课堂中，物质文化包含课本、教室、教学设备等这些硬性文化，或者可以称为显性文化，这些文化会对人的行为产生不知不觉的影响，因此在创设生态课堂文化时，应调动各种物质文化的积极性，如班训、班报等，这样可以使课堂更富有气息等。

生态课堂中的精神文化环境包含学生个体的思想与个性发展、学生群体的精神风貌与其他学生之间的关系、师生关系等，这种文化是隐性的，属于一种软文化。对生态课堂中精神文化环境的创设需要将课堂中各个力量凝聚起来，形成具有特色、集体观念的生动课堂。

3.心理环境创设

在高校英语传统课堂中，很多学生受学业压力的影响，存在一定的心理问题。因此，为了减轻学生的压力，教师需要考虑学生的健康情况，为学生创设一个自由、轻松的环境。

首先，家长要转变教育观念，对孩子的期待也要有一个限度，不能给孩子施加过多的压力，这样才能让孩子成为一个健全的人，而不仅仅是一名"好学生"。

其次，教师要做到以德育人、以理服人、以知教人，做到与学生和谐共处，平等相待。

最后，学校应该设立心理辅导课，发现学生的各种心理问题，并给予恰当的解决方法。

（二）确立民主平等师生关系

在高校英语生态课堂中，要保证师生关系的民主与平等，可以考虑从如下两点着手。

就教师层面来说，应该充分考虑学生的实际需求，对学生的问题都要认真对待，发挥学生的主动性与积极性，尊重学生的人格与个性发展，并多与学生交流，真正地了解每一位学生的情况。

就学生层面来说，应该充分尊重教师，并接受教师的指导与帮助，在日常学习中也要积极地配合教师。

总之，师生之间应该建立一种平等对话的关系，彰显课堂的活力，彼此之间没有压力与猜疑，共同探讨与研究，学生可以畅所欲言，从而使课堂呈现一种和谐之美。

三、新时期高校英语生态教学的优化原则

新时期，高校英语生态教学的优化需要按照一定的原则展开，从而保证优化目标的明确。具体来说，需要坚持如下几项原则。

（一）稳定兼容原则

随着互联网技术逐渐融入英语生态教学中，必然会对一些教学环境产生干扰，进而影响系统内部各个教学要素的关系。这时候，本身兼容的各个要素之间也会因为新要素的引入呈现不和谐现象，这时候就要求教师、管理人员、学生等都需要进行一定程度的改变，从而促进互联网技术与各个要素之间的融合与发展。就教学管理层面而言，要改变传统的管理模式，给予教师充分的知识，优化教学的环境，从而使互联网技术与各个要素更好地融合与发展。就教师层面而言，教师要不断转变自身角色，不能仅作为分析者与讲解者。就学生层面而言，学生也应该发挥自身的主动性与积极性，从而主动探究知识。

可见，各个要素只有在自己的生态位上发挥应有的作用，才能实现兼容，才能保证教学结构的稳定与平衡。

（二）制约促进原则

互联网技术的介入使学生能够自主学习、个性学习。实际上，在教学中出现很明显的互联网技术误用情况，如对互联网技术的过度使用、滥用使用、低值使用等，这些误用对学生的个体发展是极其不利的，导致我国学生的自主学习能力与应用能力下降。互联网技术的使用要考虑具体的教学目标，以学生为中心，运用恰当的方法，不可过度使用，也不能不使用，从而促进学生的发展，保证各个要素都能在各自的生态位上发挥作用，并且彼此之间相互依存。当然，功能的发挥需要设定在一定的范围内，不能随意扩大，也不能丧失他们的作用，要综合看待各个要素的功能，从全局出发进行

把握，也不能失去微观意识。

总而言之，制约是为了更好地促进，促进又是合理制约的结果，这样英语生态教学才能更自然的进步与发展。

（三）可持续发展原则

可持续发展是21世纪教育的根本。1992年，巴西里约热内卢召开的联合国环境与发展大会上提出了《二十一世纪议程》，其中明确应该面向可持续发展对教育进行重建，从而将这一理念融入教育之中。

英语系统是高等教育的一个生态系统，要求应该坚持可持续发展原则。而社会的可持续发展主要归结于人的可持续发展，因此英语生态教学的发展也必然依赖师生的这些教学主体的可持续发展。就学生而言，要想培养学生的可持续发展能力，在这一观念下，教学的目标不仅在于知识的传授。

现代教育包含四大支柱：教会学生认知、做事、共同生活、生存。学生的能力也是随着这些理念逐渐发展起来的。英语教学改革的目的在于提升学生的英语学习可持续发展能力。这种能力指的是学生在校阶段及以后的学习和生活中应该不断完善自我，不断发展。

从学科性质上说，这种能力指的是学生自主学习与自觉学习的能力。教师应该对学生的个性特点予以尊重，发挥学生学习的积极性与主动性，培养他们的探索意识与自身潜能，完成教学实践。

从教师层面上来说，要想实现教育的国际化，教师也需要遵循可持续发展原则，即如果仅仅是一些传统的教学理念，显然不能满足当前教学的要求，因此教师应该考虑国际化的形式，努力拓展自己的视野，拓宽自己的知识领域，培养自身的学术能力与思辨能力。

但需要指出的是，教师、学生与其他生态因子都是教学生态系统可持续发展的重要组成成分，因此这些因子之间不能损害各自的利益，任何一个因子的缺失都会影响其他因子的发展，影响稳定性与和谐性。

四、新时期高校英语生态教学的优化策略

新时期,高校英语生态教学系统的优化需要在坚持上述原则的基础上,结合各个生态因子之间的关系,采用恰当的优化策略。当然,这是一个复杂的过程,在这一过程中,需要以教师作为突破,因为教师在英语生态教学中的作用非常关键,教师教学的态度、理念等如果发生改变,那么就会影响具体的教学情况。因此,只有保证教师的生态化发展,才能保证教学的优化。具体来说,需要从如下几点做起。

(一)促进教师的生态化发展

只有拥有好的教师,才能搞好教育。因此,要努力打造一支技术精湛、道德高尚的教师队伍,这是当前教育改革与发展的重要目标。

就教育生态学而言,教育生态系统主要由教师、学生、环境等构成,在这一系统中,教师是一个重要的生态主体,其对整个生态系统起着非常重要的作用。教师与其他环境要素之间要多进行能量与物质上的转换,因为其生存、发展是周围环境相互作用的结果。同样,英语教师在整个生态教学系统中也发挥着巨大的功能,教师的行为、理念等会对学生、教学等其他因子产生巨大影响。要促进教师的生态化发展,需要做到如下两点。

1. 优化教师的生态位

在教育生态系统中,各生物主体之间与环境间是直接、间接的关系,这种关系可能是竞争关系,也可能是共生关系,他们共同对系统中的资源进行消耗。在系统中,每一个生物主体的位置都是特定的,这就是所谓的生态位。在生态环境中,教师要服从学校中的各种要求与规则,从而保障生态系统的稳定,同时还需要不断发展自我,不断适应变化的环境。显然,教师几乎与系统中的各个部分都有着密不可分的联系,生态位在这之中起着中介的作用。

在高校英语生态教学中,教师需要明确自己的地位,以学生作为中心与

出发点。新时期，教师需要有强大的适应能力。可见，教师是新时期英语生态教学整合的关键层面，对英语生态教学的发展起着十分重要的作用，并且随着环境的改变而不断完善与发展。

2.提高教师的专业素质

一名合格的英语教师需要具备如下素质。

第一，专业知识扎实，专业技能充足，即词汇、语法知识与听、说、读、写、译能力。

第二，人品修养与个人性格较高，即好学、谦虚等品质。

第三，现代语言知识具有系统性，也就是英语教师要系统了解语言的本质与规律，并能够用语用知识对教学进行指导。

第四，外语习得理论知识要把握清楚，尤其是要了解外语习得与外语教学的特殊性质。

第五，掌握一定的教学法知识，将教学法的优劣把握清楚，并取长补短。

当然，进入21世纪，除了具备上述素质外，教师还需要具备互联网技术知识，不断转变自己的观念，提升自己的专业素质，从而向生态化方向发展。从内部来说，教师需要培养自身的反思精神，从外部来说，教师需要创建外在生态学习网络，通过参与与分享，不但提升自己的科研意识与水平，实现英语知识结构的更新，促进个人生态的进步与发展。

（二）建立和谐的师生关系

高校英语生态教学系统是相互联系的整体，在这一整体中，师生之间通过不断的交互，构成一个整体。在高校英语生态教学中，师生无疑是最重要的关系，是一种和谐共生的关系，他们通过交流与对话达成一致，教师以特殊的方式对自己的灵魂进行塑造，学生在教师的心里留下印记。

第一，真实，即真诚，要求师生之间在交往时应该坦诚相待，诚实表达自己的观点与看法，教师不能将自己的意愿强加给学生。

第二，接受，即教师要相信学生能够进行学习，接受学生遇到问题时的那种犹豫和恐惧，同时要接受学生的冷漠。

第三，移情性理解，即教师要对学生的内心世界、生活环境等有所了解与把握，从学生的角度看待问题，真心地为学生着想。

可见，师生之间的交往活动不能仅依靠教师的话语来实现，还要与学生紧密相连，如果没有学生的发展，教学的价值荡然无存。英语生态教学不仅是为了传输知识，还是师生之间情感的互动，而要想实现教学目标，与这样的互动是分不开的。

高校英语生态教学属于一种人文教学，即培养素质与人格的过程。就语言学习层面来说，学是首要的任务，而不是教，因为学习的过程就是在教师的指导下传递情感与信息的过程。师生之间要建立和谐的关系，需要做到如下几点。

首先，师生之前的地位要平等。这是开展课堂教学的前提条件，也是英语生态课堂的基本特征与心理环境，能够保证课堂生态系统的平衡，激发学生学习的动力与积极性。在英语生态教学中，师生这两大教学主体是有思想、有感情的人，彼此作为独立的生态因子，应处于平等的地位。

其次，师生之间要不断增进交往，拉近彼此之间的距离。由于中国学生谦虚、不张扬的性格使得他们很少与教师展开交流。尤其是当学生进入之后，教师上课来下课走的情况更使得彼此之间交流甚少，师生之间关系比较淡漠，缺乏互相了解，这让教学活动很难有效地展开。既然学生不能主动找教师，那么教师就需要多和学生接触，努力创造了解每一位学生的机会，使学生对教师产生依赖感与信任感，或者通过邮件或者QQ、微信等进行交谈，这样避免了面对面的交谈，也使得学生减少一些尴尬。

（三）转变教学环境中的限制因子

教育生态学中的限制因子定律具有自身的特殊性。在教育生态学中，所有的生态因子都可能被认为是限制因子，如果某些生态因子的量比临界线低时，就可能出现限制作用，但是如果某些生态因子的量比临界线多时，也可能会产生限制作用。教育生态系统中的有机体不仅对限制因子的作用具有适应性的作用，而且能够采用恰当的方法，创造条件对限制因子进行转换，成为非限制因子。这一定律对于英语生态教学是非常适用的,即在英语生态教学之中,每一个生态因子都可以进行转换,限制因子同样可以转换成非限制因子。

教学生态系统即将复杂人际关系包含在内的系统,是一个集合智力、非智力等因素的系统,也是一个复杂的信息管理系统。要想对英语生态教学过程中的失衡现象加以调节,不断提升英语生态教学的质量,就需要明确这些限制因子,并将它们找出来加以改善,只有找准这些因子,才能对其进行转化。当然,要想找到这些限制因子,首先就需要进行观察,要认识到这些限制因子的限制界限,以及这些限制因子是如何阻碍教学发展的。

就目前的英语生态教学而言,教师需要从当前形势出发,使用互联网技术展开教学,当然使用互联网技术并不是说过多使用互联网技术,要把握好使用的度。实际上,互联网技术就是一种限制因子,因为如果学生不能进行网络自主学习,也同样对其自身发展不利。

当然,只找到限制因子还不充足,还需要将这些限制因子转变成非限制因子,这样才能将这一复杂过程进行简化,发挥师生的主观能动作用,加强交流与合作,创造有利条件,消除限制因子的不利方面,推动英语生态教学健康、和谐的发展。

(四)构建开放和谐,多维互动的语言环境

在生态系统中,生物并不是孤立的成分,而是与其环境有着紧密的联系。环境对生物产生影响,生物也会对环境产生影响。受生物影响发生变化的环境又可以对环境产生反作用,二者是不断协同进化的过程。因此,在英语生态教学中,要对自然、社会中的物质环境、人文环境展开分析和探讨。

课堂是教学的主体,是教师、学生与环境组成的基本系统。英语生态课堂的物质环境不仅对师生的身心健康产生影响,还会对学生自主学习能力的发展产生影响。因此,课堂良好的物质环境能够使课堂更有活力。英语生态教学的课堂可以被认为是一个小的自然生态系统,其不仅需要广阔的场地,还需要光线、温度等因素,还不能有噪声的影响。只有这些物理环境达到标准,才能实现彼此之间的协调。同样,教室内座位的编排也是非常重要的,

因为在课堂这一系统中需要时时刻刻的交互活动，这样才能保证课堂的动态性。

构建开放互动的语言环境，还需要为语言学习营造氛围。在英语生态课堂上，只有愉快、和谐的氛围才能让学生在学习的过程中得到解放，才能将自己生命的活力展现出来。在具体的教学过程中，教师应该考虑英语学习的特点，通过演讲、小组活动等，为学生创设语言交际的情境。

语言学习并不是将知识机械地传输给学生，而是多种因素综合的结果和行为。用语言展开交际是语言学习的目的，需要语言参与其中，因此教师需要从教材出发，做到将教材中的教学情境真实化，这样才能让知识的教授更加生动。当然，在英语生态教学中，还需要为学生创设轻松的心理环境，这样有助于师生之间的交往，促进班级的和谐。

第二节　互联网技术下英语课程思政教学的创新

一、高校英语教学中融入课程思政教学的原因

长期以来，高校英语教学中融入课程思政教学一直未得到应有的重视。在高校英语教学中，很多教师对于语法、词汇、结构等进行过多的讲解，学生学习的目的也多是进行必要的考试，进而顺利毕业，然后期待毕业后能找到适合自己的工作。这样的教学更多是教书功能的展现，忽视了育人功能。简单来说，当前的高校英语教学过分注重知识的传授，忽视了让学生认识世界与中国发展的大势，也忽视了让学生树立共产主义远大理想与中国特色社会主义共同理想的信念。因此，在高校英语教学中，课程思政教学的融入有助于提升学生的思想素质与道德素质，有助于培养学生树立正确的价值观与人生观，使自己努力成为建设社会主义的接班人。

二、新时期高校英语课程思政教学的目标

基于经济全球化的背景,中国提出了"一带一路"的倡议,这就要求中国应该努力培育出一批英语专业能力强、能够展开跨文化交通的全方位人才。基于此,在互联网技术下,高校英语课程的思政改革需要从如下几点着手。

(一)发扬中华文化精髓,培养大学生的文化自信

中华文化有着五千年的历史,到了今天,中华文化的价值理念一直为人类文明的进步提供重要启示。对中华优秀的传统文化进行研究与传承,有助于树立中华民族的文化自信。习近平总书记认为,没有高度的文化自信,没有文化的繁荣兴盛,就很难实现中华民族的伟大复兴。因此,高校英语课程的思政建设需要融入文化自信,让学生逐渐树立中华文化的自豪感。

(二)立足国际,胸怀理想

未来世界的竞争主要体现在国际人才上,能够从全球的角度对问题进行观察、处理等,是对未来国际人才的要求。随着世界一体化的推进,学生需要具备国际视野,这也是我国人才培养的一项重要目标。

当代大学生不仅需要具备爱国主义情操,还需要具备与国际接轨的能力,让自己逐渐成为具备多元价值观的公民。

(三)助推心理健康,构建完善人格

受功利主义的影响,传统的教育主要强调成绩,只有成绩好,学生才能树立自己的认同感,也能够得到教师、家长的认同。如果成绩不好,学生很容易产生抵触情绪,也比较容易出现挫败感。显然,自尊在学习中非常重要,有助于学生发挥主观能动性,只有具有明确的理想,才能够对自己的生

活、学习安排处理得当，也能够处理好人际关系。课程思政教学就是要树立大学生的完善人格，从而帮助学生树立崇高理想，使大学生成为德才兼备的人才。

三、新时期高校英语课程思政教学的策略

（一）增强高校英语教师的"思政意识"

基于互联网技术，为了将课程思政融入高校英语教学，应该从教师的角度着眼，对教师的教学观念进行转变，让教师认识到对高校学生展开思政教育的意义，不断提升教师的思想政治素养，构建一批具备高素质的英语教师团队。

作为课程思政理念的实施者，高校教师本身应该具备较高的思想政治素质，并且不断提升自身的思想政治教育的专业能力，为了提升这一能力，可以从如下着眼。第一，学校应该为教师提供这一层面的培训，让教师不断提升思政教学的观念，让教师对思想政治课的教材进行研读，充分挖掘出英语这门课程与思想政治教育课程之间的关联性。同时，将国家对高校英语教师的要求传达给教师，让教师知道这一方针政策，并根据这一方针政策制订相应的教学方案和策略。第二，教师应该努力学习中国传统文化知识，在英语课堂上引入中国传统文化，从而将英语文化与传统文化结合起来，提升学生对本土文化的自豪感。第三，高校要不断对教师的课堂教学效果进行评比，鼓励落实思想政治课堂的政策，利用激励手段，促进教师认真钻研，从而为学生提供包含德育因素在内的高效课堂。

（二）丰富高校英语教材的"思政内容"

教材是高校英语课堂的一项重要资源，是教师展开教学的一项重要辅助工具，是学生进行英语学习的重要材料。对教材内容的编排非常重要，不仅

要思考学生英语学习的效率，还需要考虑内容中渗透其他理念。为了不断提升高校英语课堂的思政功能，需要对高校英语教材的大纲进行调整，将思政元素融入其中，对教材内容加以丰富，将充满重要意义的思政要素与高校英语教材结合起来，在教材中凸显政治文化与中国的良好形象，从而在教学中帮助学生构建良好的社会主义核心价值观。

在选择教材、安排课程的时候，教师需要将典型的政治、经济、文化元素融入其中，或者在英语练习中加入中西方文化交流的内容，通过中西方文化的对比与辨别，推进高校英语教学。例如，教师在为学生讲解西方传统节日的时候，可以先用英语介绍我们国家的一些节日，在具体教学中将思想政治文化内容引入，促进学生不断对比中西方的节日，增强自身对本国节日文化的了解，增强自身的爱国主义情感。

（三）完善英语教学"课程思政"的教育模式

首先，教师要努力提升自身的思政水平，在自身的英语课堂中融入思想政治的理念，从而让学生不断形成对我国社会主义核心价值观的认同。

其次，高校英语教师应该在实际工作中引导学生建立高尚道德素养，提高学生的人文水平，为学生传递正确的价值观。

最后，在高校英语教学中，要深入分析和研究课程思政，研究出高校英语课程思政的创新路径，挖掘高校英语课程思政的要素，创新教学手段，掌握课程思政的融入方式，引导学生在英语学习中不断提升自身的语言水平，强化自身的爱国主义情怀，培养学生正确的价值观、人生观。

参考文献

[1]蔡昌卓，刘振聪.英语教学研究与论文写作[M].桂林：广西师范大学出版社，2002.

[2]蔡基刚.中国大学英语教学路在何方[M].上海：上海交通大学出版社，2012.

[3]蔡先金等.大数据时代的大学：e课程 e 教学 e 管理[M].济南：山东人民出版社，2015.

[4]陈静，高文梅，陈昕.跨文化交际与翻译[M].成都：电子科技大学出版社，2017.

[5]陈俊森，樊葳葳，钟华.跨文化交际与外语教学[M].武汉：华中科技大学出版社，2006.

[6]陈勇.新课程有效教学疑难问题操作性解读高中英语[M].北京：教育出版社，2008.

[7]崔长青.英语写作技巧[M].北京：中国书籍出版社，2010.

[8]龚芸.高职学生学习倦怠问题研究[M].北京：北京理工大学出版社，2015.

[9]何广铿.英语教学法教程：理论与实践[M].广州：暨南大学出版社，2011.

[10]何少庆.英语教学策略理论与实践应用[M].杭州：浙江大学出版社，2010.

[11]贾冠杰.英语教学基础理论[M].上海：上海外语教育出版社，2010.

[12]剧锦霞，倪娜，于晓红.大学英语教学法新论[M].北京：中国书籍出版社，2013.

[13]康莉.跨文化视角下的大学英语教学：困境与突破[M].北京：中国社会科学出版社，2014.

[14]柯清超.超越与变革：翻转课堂与项目学习[M].北京：高等教育出版社，2016.

[15]孔繁霞.行动研究与教师专业发展：大学英语教师方向[M].南京：东南大学出版社，2013.

[16]黎茂昌，潘景丽.新课程小学英语教学理论与实践[M].成都：四川大学出版社，2011.

[17]李莉文.英语写作教学与思辨能力培养研究[M].北京：外语教学与研究出版社，2011.

[18]李鑫.英语教学的理论与实践[M].北京：知识产权出版社，2012.

[19]刘明阁.跨文化交际中汉英语言文化比较研究[M].开封：河南大学出版社，2009.

[20]刘润清，韩宝成.语言测试和它的方法（第2版）[M].北京：外语教学与研究出版社，1991.

[21]梦红.ESP框架下应用型本科院校高校英语教学模式研究[M].长春：吉林大学出版社，2015.

[22]庞维国.自主学习——学与教的原理和策略[M].上海：华东师范大学出版社，2003.

[23]任美琴.中学英语有效教学的一种实践模型[M].宁波：宁波出版社，2012.

[24]任庆梅.英语听力教学[M].北京：外语教学与研究出版社，2011.

[25]隋铭才.英语教学论＝English Language Teaching[M].南宁：广西教育出版社，2001.

[26]孙慧敏，李晓文.翻转课堂，我们在路上[M].杭州：浙江大学出版社，2018.

[27]王笃勤.小学英语教学策略[M].北京：北京师范大学出版社，2010.

[28]王琦.信息技术环境下的外语教学研究[M].北京：中国社会科学出版社，2006.

[29]王素荣.教育信息化：理论与方法[M].北京：社会科学文献出版社，2006.

[30]王亚盛，丛迎九.微课程设计制作与翻转课堂教学应用[M].北京：机

械工业出版社，2015.

[31]王哲.互联网环境时代背景下的初中英语教育形态[M].哈尔滨：黑龙江教育出版社，2013.

[32]武尊民.英语测试的理论与实践[M].北京：外语教学与研究出版社，2002.

[33]夏征农.辞海[Z].上海：上海辞书出版社，2002.

[34]严明.大学英语自主学习能力培养模式研究：体验的视角[M].哈尔滨：黑龙江大学出版社，2009.

[35]严明.跨文化交际理论研究[M].哈尔滨：黑龙江大学出版社，2009.

[36]杨涛.外语学习倦怠与动机关系研究[M].北京：科学出版社，2015.

[37]杨仲明.困境与解说：人的潜力开发及心理疗法[M].北京：人民出版社，1989.

[38]于永昌，刘宇，王冠乔.大数据时代的教育[M].北京：北京师范大学出版社，2015.

[39]战德臣等.MOOC＋SPOCs＋翻转课堂：大学教育教学改革新模式[M].北京：高等教育出版社，2018.

[40]张豪锋.教育信息化与教师专业发展[M].北京：科学出版社，2008.

[41]郑茗元，汪莹.网络环境与大学英语课程的整合化教学模式概论[M].北京：中国水利水电出版社，2015.

[42]钟玉芹.大学英语混合式教学探究[M].北京：电子工业出版社，2017.

[43]周文娟.大数据时代外语教育理念与方法的探索与发现[M].上海：上海交通大学出版社，2014.

[44]朱鑫茂.简明当代英语语音[M].北京：外语教学与研究出版社，2003.

[45]崔冬梅.翻转课堂视域下的大学英语教学状况研究[D].吉林：辽宁师范大学，2015.

[46]郭琬.微课的应用及其开发研究——以初中语文为例[D].西安：陕西师范大学，2015.

[47]黄兰.微课在初中课堂教学中应用的现状分析与对策研究[D].宁波：浙江师范大学，2015.

[48]李莉莉.跨文化交际中的非语言行为[D].黑龙江：黑龙江大学，2004.

[49]闵婕.思维导图在高中英语阅读教学中的应用研究[D].聊城：聊城大学，2017.

[50]潘清华.微课在中职英语教学中的应用[D].济南：山东师范大学，2016.

[51]齐婉萍."微课"在高中语文教学中的运用[D].哈尔滨：哈尔滨师范大学，2015.

[52]王曼琪."慕课"教学模式评析及实施建议[D].呼和浩特：内蒙古师范大学，2015.

[53]赵富春.大学英语口语探究式教学研究[D].南京：南京航空航天大学，2010.

[54]陈新汉.自我评价活动论纲[J].北京师范大学学报（社会科学版），2007，（1）.

[55]邓道宣，江世勇.略论中学英语语法教学的原则与方法[J].外国语文论丛，2018，（12）.

[56]高频.多媒体和网络环境下大学英语词汇教学改革初探[J].凯里学院学报，2008，（2）.

[57]郭淑英，赵琼.大学英语自主学习学生自我评估调查研究[J].黄石理工学院学报，2008，（1）.

[58]胡铁生，黄明燕，李民.我国微课发展的三个阶段及其启示[J].远程教育杂志，2013，（4）.

[59]胡铁生.微课：区域教育信息资源发展的新趋势[J].电化教育研究，2011，（10）.

[60]黄志成.布鲁姆对影响学习的变量的系统研究综述[J].外国教育资料，1990，（4）.

[61]霍玉秀.基于"项目式学习"模式与学生综合能力的培养[J].语文学刊·外语教育教学，2013，（11）.

[62]焦建利.微课及其应用与影响[J].中小学信息技术，2014，（4）.

[63]黎加厚.微课的含义与发展[J].中小学信息技术，2013，（4）.

[64]李松林，李文林.教学活动理论的系统考察与方法论反思[J].外国中小学教育，2008，（1）.

[65]梁为.基于虚拟环境的体验式网络学习空间设计与实现[J].中国电化教育，2014，（3）.

[66]刘红霞，赵蔚等.基于"微课"本体特征的教学行为涉及与实践反思[J].现代教育技术，2014，（2）.

[67]刘卉.大学英语文化教学中阅读圈教学模式的构建与探索[J].教育现代化，2018，（45）.

[68]刘建达.学生英文写作能力的自我评估[J].现代外语，2002，（3）.

[69]刘俊玲，曾薇.慕课在高校英语教学中的应用研究[J].课程研究，2016，（5）.

[70]刘梦雪.通过自我评估训练促进自主式英语学习的实证研究[J].疯狂英语（教师版），2009，（4）.

[71]刘艳晖.多媒体网络环境下的英语词汇教学[J].湖南第一师范学报，2009，（2）.

[72]马慧丽.高校英语语法教学回归的必要性及可行模式研究[M].英语教师，2019，（24）.

[73]欧阳日辉.从"+互联网"到"互联网+"——技术革命如何孕育新型经济社会形态[J].人民论坛·学术前沿，2015，（10）.

[74]彭睿.大学英语听力水平影响因素及对策[J].安阳工学院学报，2019，（1）.

[75]邵敏.大学英语听力教学实践与研究[J].课程教育研究，2018，（48）.

[76]沈彩芬，程东元.网络多媒体环境下的外语教学特征及其原则[J].外语电化教学，2008，（3）.

[77]宋艳玲，孟昭鹏，闫雅娟.从认知负荷视角探究翻转课程唐——兼及翻转课堂的典型模式分析[J].远程教育杂志，2014，（1）.

[78]苏小兵，管珏琪，钱冬明，祝智庭.微课概念辨析及其教学应用研究[J].中国电化教育，2014，（330）.

[79]隋志娟.高职英语混合式教学模式研究［J］.中国教育学刊，2014，（12）.

[80]滕星.教学评价若干理论问题探究[J].民族教育研究，1991，（2）.

[81]汪晓东，张晨婧仔."翻转课堂"在大学教学中的应用研究——以教

育技术学专业英语课程为例[J].现代教育技术，2013，（8）.

[82]王广新.微课设计与制作的理论与实践[J].远程教育杂志，2014，（6）.

[83]王珏.基于慕课环境的大学英语翻译教学[J].湖北函授大学学报，2016，（18）.

[84]王坦.合作学习的理念与实施[M].北京：中国人事出版社，2002.

[85]魏亚琴.新课程下学生评价方式的变革——浅谈表现性评价[J].辽宁教育行政学院学报，2004，（110）.

[86]吴竞.图式理论在商务英语翻译过程中的运用[J].科技信息,2012，（7）.

[87]夏兴宜.运用图式理论提高商务英语翻译的水平[J].科教文汇（中旬刊）,2011，（1）.

[88]肖亮荣，俞真.论计算机网络技术给大学英语教学带来的机遇和挑战[J].外语研究，2002，（5）.

[89]谢大滔.体验式教学在大学英语自主学习学习中的应用[J].教育探索，2012，（9）.

[90]杨惠元.课堂教学评估的作用、原则和方法[J].汉语学习，2004，（5）.

[91]尹苗苗."互联网+教育"在我国的发展历程探析[J].文教资料，2016，（16）.

[92]曾春花.网络多媒体辅助下的英语语法教学探究[J].福建广播电视大学学报，2015，（4）.

[93]张楠楠.基于慕课时代的大学英语课堂教学模式探索与研究[J].科技创新导报，2014，（36）.

[94]张平.客观认识当前互联网形势[J].群言，2014，（2）.

[95]张忠魁.电影配音在口语教学中的尝试[J].上海工程技术大学教育研究，2012，（2）.

[96]赵蜻宏.慕课对大学英语写作课堂教学的影响[J].科技教育，2016,（2）.

[97]郑小军，张霞.微课的六点质疑及回应[J].现代远程教育研究，2014，（2）.

[98]朱艳华.通过自我评估培养非英语专业大学生自主学习能力[J].黑龙江教育学院学报，2009，（8）.

[99]A1Fally,I.The role of some selected psychological and personality traits

of the rater in the accuracy of self-and peer assessment [J].*System*, 2004, (3).

[100]B. Tuckman. *Evaluating Instructional Programs*[M]. Boston: Allyn & Bason Inc., 1979.

[101]Berwick, R. Need assessment in language programming: from theory to practice[A]. *The Second Language Curriculum*[C]. In R.K. Johnson (ed.). Cambridge: Cambridge University Press, 1989.

[102]Cook, S.& Burns, A. Integrating Grammar in Adult TESOL Classroom[J]. *Applied Linguistics*, 2008, (3).

[103]Hall Edward T. *The Silent Language*[M]. New York: Anchor Books, 1959.

[104]Harmer, J. *The Practice of English Language Teaching*[M].London: Longman, 1990.

[105]K. Montgomery. *Authentic Assessment: A Guide for Elementary Teachers*[M]. Beijing: China Light Industry Press, 2004.

[106]Larsen-Freeman, D. *Teaching Language: From Grammar to Grammaring*[M]. Beijing: Foreign Language Teaching and Research Press, 2005.

[107]Lewis,M. *Second Language Vocabulary Acquisition*[M]. Cambridge University Press, 1997.

[108]Richards, J. C. & R. Schmidt. *Longman Dictionary of Language Teaching and Applied Linguistics*[M]. London, UK: Longman, 2002.

[109]Rubin, J. An Overview to "A Guide for the Teaching of Second Language Listening" [A]. *A Guide for the Teaching of Second Language Listening*[C]. D. Mendelsohn & J. Rubin. San Diego, CA: Dominie Press, 1995.

[110]Slavin, R. E. Cooperative learning[J]. *Review of Educational Research*, 1980, (50).

[111]Ur, P. *Grammmar Practice Activities: A Practical Guide for Teachers*[M]. Beijing: Foreign Language Teaching and Research Press, 2009.

[112]Widdowson, H.G. EST in theory and practice[A]. *Explorations in Applied Linguistics*[C]. In H.G. Widdowson (ed.). London: Oxford University Press, 1979.